ALÉM DA PEIXADA E DO BAIÃO

ALÉM DA PEIXADA E DO BAIÃO

Histórias da alimentação no Ceará

FOOD HISTORY IN CEARÁ:
FROM THE SEA TO THE HINTERLANDS

Organização
Valéria Laena
Domingos Abreu
Fátima Farias

SENAC CE • FORTALEZA • 2018

Presidente do Conselho Regional
Luiz Gastão Bittencourt da Silva

Diretora do Departamento Regional
Ana Cláudia Martins Maia Alencar

Diretor de Educação Profissional
Rodrigo Leite Rebouças

Diretor Administrativo-Financeiro
Sylvio Britto dos Santos

Conselho Editorial
**Ana Cláudia Martins Maia Alencar
Rodrigo Leite Rebouças
Sylvio Britto dos Santos
Denise de Castro
Sidarta Nogueira Cabral**

Editora
Denise de Castro

Consultor de Produtos Educacionais - Gastronomia
Ivan Prado

Consultora Pedagógica - Editora
Josefa Braga Cavalcante Sales

Fotografias
**Maurício Albano
José Albano**

Projeto gráfico
Denise de Castro

Diagramação e finalização
Kelson Moreira

Ilustrações
Lederly Mendonça, Freepik (Fwstudio, Jannoon028, Kues, Zirconicusso)

Versão para o Inglês
Andre Botelho

Revisão
**Ana Saba
Cleisyane Quintino
Daniela Panchorra**

© Senac Ceará, 2018

Editora Senac Ceará
Rua Pereira Filgueiras, 1070 – Aldeota
Fortaleza – CE – CEP 60160-194
editora@ce.senac.br
www.ce.senac.br

Todos os direitos reservados. Nenhuma parte deste livro pode ser reproduzida ou transmitida de forma alguma ou por meio algum, eletrônico ou mecânico, incluindo fotocópias, gravações ou por qualquer sistema de armazenagem e consulta de informações, sem a permissão, por escrito, do editor.

Governo do Estado do Ceará

Governador
Camilo Sobreira de Santana

Secretário da Cultura
Fabiano dos Santos Piúba

Instituto Dragão do Mar
Centro Dragão do Mar de Arte e Cultura

Presidência
Paulo Sérgio Bessa Linhares

Diretoria de Planejamento e Gestão
Roberto Freire

Diretoria de Formação e Criação
Elisabete Jaguaribe

Diretoria de Ação Cultural
João Wilson Damasceno

Diretoria de Museus
Valéria Laena

Diretoria de Articulação Institucional
Rachel Gadelha

Diretoria de Conteúdo e Mídias
Isabel Andrade

Ouvidoria
Nathalia Sobral

Gerente do Museu da Cultura Cearense
Márcia Bitu Moreno

Auxiliar Administrativo
Patrícia Martins

Núcleo de Ação Educativa
Ícaro Sousa

Núcleo de Conservação e Documentação
Maria Batista Aparecida, Magda Mota

Núcleo de Pesquisa Cultura e Memória
Evandro de Lima Magalhães, Maria de Fátima Farias de Lima, Maria Rosalete Pontes Lima, Nahyara Estevam Marinho, Rafael Ricarte da Silva, Vanessa Paula Ponte, Vládia Eufrásio Lima.

Núcleo de Mediação Sociocultural - Projeto Acesso
Marcia Bitu Moreno, Carlos Viana, Lara Lima, Talita Souza.

Dados Internacionais de Catalogação na Publicação (CIP)
Bibliotecária Katiúscia de Sousa Dias CRB 3/993

Além da peixada e do baião: histórias da alimentação no Ceará. / Organização, Valéria Laena, Domingos Abreu e Fátima Farias; Fotografias de Maurício Albano e José Albano. - Fortaleza: Senac Ceará, 2018.

300 p. il. color.

ISBN: 978-85-99723-36-4

1. Gastronomia. 2. Culinária regional – aspectos culturais. 3. Culinária cearense – receitas e preparo. I. Laena, Valéria. II. Abreu, Domingos. III. Farias, Fátima. IV. Título.

CDD 641.5092
641.59813

Sumário

Comida é cultura 10
Paulo Linhares

Apresentação 15
Valéria Laena,
Domingos Abreu
e Fátima Farias

**Histórico e metodologia
do projeto Comida Ceará** 25
Valéria Laena

**Ceará: comer
é pertencer** 39
Raul Lody

GULOSEIMAS DE MANDIOCA, MILHO E TRIGO 49

Merendar no Ceará 51
Fátima Farias e Domingos Abreu

**Filó (Piroca do Osnar):
interseções entre comida
e sexualidade** 65
Fátima Farias

**Bolinho esquecido
– difícil de esquecer** 75
Rosalete Lima

CONTOS E MISTURAS: DA VACA, DO PORCO E DA CONCHA 89

**A carne de sol do senhor Babá:
parada obrigatória** 91
Vanessa Ponte

**Peleja de marisqueiras: narrativas
de mulheres buscadoras** 99
Vanessa Ponte

**Sociabilidade e afeto:
fortaleza no mangue** 109
Vanessa Ponte

**A tripa de porco mais famosa
de Jaguaruana fica às margens
do Rio Serafim** 123
Vanessa Ponte

**O queijo de manteiga, a mala
de couro e outras memórias** 133
Fátima Farias

Lugares, cores e sabores 149

Mercados de Fortaleza: dinâmicas culinárias e pluralidades do comer 151
Evandro Magalhães

Apaziguar o calor, saborear causos e sentir o gosto das frutas do Ceará: sorveteria Juarez 161
Vanessa Ponte

As comidas do caminho: restauração à beira de estrada 171
Rafael Ricarte da Silva

Rigores da fome e da vontade de comer: diversidade de critérios alimentares 181

Astúcias culinárias na escassez 183
Vládia Eufrásio Lima

Café agroflorestal – Maciço de Baturité 193
Nayara Marinho

Glossário 214

Food History in Ceará: from the sea to the hinterlands 219

Comida é Cultura

Paulo Linhares

Quando se fala hoje em gastronomia, refere-se à alimentação e ao consumo de bens materiais de forte carga simbólica. O conhecimento sobre ingredientes, técnicas de preparação e uso de utensílios confere, cada dia mais, distinção na estrutura social e forma o gosto – cuja criação tem um sentido de distinção por excelência –, permitindo separar e unir pessoas, criar laços sociais ou constituir divisões de grupos de forma quase invisível.

As gastronomias regionais no Brasil se constroem por intermédio das escolhas feitas a partir de fios invisíveis que interligam posições sociais. A valorização da cultura gastronômica se estabelece então na intercessão entre o advento de um mundo de identidades culturais europeias consolidadas e a descoberta de uma trama de gosto construída numa continuidade antropológica local.

No nosso caso, a dialética dos pares sertão-mar, vaqueiro-jangadeiro, boi-peixe se mistura à introdução de ingredientes e técnicas gastronômicas importadas.

Assim, quando analisamos os padrões da gastronomia local, observamos três tendências articuladas entre si que compõem o universo da nossa socialização do gosto gastronômico. A primeira tendência é a gastronomia vernacular, nascida a partir da economia do sertão (boi, carne, leite, farinha) e dos ingredientes vindos do mar (peixe, frutos do mar). A segunda é a gastronomia transplantada da Europa, que tem acesso dificultado para as classes populares. A terceira é a gastronomia que nasce com os chefs e a gourmetização da vida social, mesclando alta gastronomia com ingredientes locais.

Compreendemos então, a nossa alimentação como cultura. E com essa visão a Diretoria de Museus do Instituto Dragão do Mar organizou este livro sobre a temática, que foi pesquisada por meio do Museu da Cultura Cearense com o objetivo de compreender os vários percursos e caminhos que se cruzam, revelando o cotidiano de saberes locais junto a mestres culinaristas. Um esforço colaborativo de parcerias institucionais que contou, sobretudo, com a acolhida generosa dos entrevistados gerando descobertas, invenções e formas de aproveitar o alimento em meio a uma cozinha simples e, ao mesmo tempo, sofisticada.

Venham conosco nessa viagem de saberes e sabores.

Paulo Linhares é Doutor em Sociologia da Cultura, professor da Universidade Federal do Ceará e, atualmente, exerce o cargo de Presidente do Instituto Dragão do Mar.

Apresentação

Valéria Laena, Domingos Abreu e Fátima Farias

Este não é exatamente um livro de receitas, embora aqui se encontrem algumas bem próprias do Ceará. Mais que receitas, apresentamos uma cozinha com identidade, um patrimônio de transmissão oral. É um livro para curiosos sobre o entorno ecológico, geográfico e social de uma comida que, muitas vezes, é um luxo de simplicidade, outras vezes, fascinante gastronomia e símbolo de qualidade de vida. Então, cabe a pergunta: o que estamos servindo nesta publicação?

A coletânea pode (e certamente deve) ser lida em função da curiosidade do leitor, haja vista ela situar-se no cruzamento de diferentes áreas de interesse. Em ordem puramente alfabética, o interessado pode encontrar, a título de exemplos, as seguintes abordagens: antropologia da cultura, gastronomia, história das práticas culturais, receituário de pratos típicos, sociologia das artes de se nutrir, etc.

Claro que o eixo central gira em torno do preparo de pratos comumente feitos no Ceará. No entanto, que nosso leitor não se engane, este livro não relata "os pratos típicos do Ceará" como um todo. Escolhemos receitas e alimentos que são importantes em uma determinada região e, por vezes, são desconhecidas em outras partes de nosso Estado. É o resgate de "segredos" de cozinha, que moradores do local apreciam e disponibilizaram para o restante do mundo. Os registros da diversidade de preparos alimentares, da criatividade dos atores sociais, das astúcias na privação, das inovações culinárias, das memórias e tradições certamente muito influenciaram nossa escolha dos relatos aqui apresentados.

Uma das características das grandes mesas, seguramente, é o desejo de tornarem-se conhecidas. O local desejando ser saboreado pelo universal! Assim, um dos ingredientes deste trabalho é a divulgação destas pérolas culinárias que nos foram oferecidas durante a longa e saborosa jornada realizada. Que possamos nos reconhecer em padrões culinários próprios, ou seja, para além da homogeneização tão comum no processo atual. Gastronomia de luxo? Certamente não. No entanto, cozinhas que estão sendo lentamente preparadas, sem pressa, melhoradas a cada reprodução. Convidamos o leitor a estudá-las, saboreá-las, reproduzi-las.

Gostaríamos que o usuário se apropriasse deste trabalho como o comensal diante de um bufê variado, cheio de histórias, receitas, causos, percursos de vida. Uma verdadeira estação de autosserviço (*self-service*?). Mais que isto, propomos uma verdadeira experiência de fusão culinária (*fusion cuisine*), em que estão confrontados diferentes relatos de práticas alimentares.

O livro está dividido em quatro partes aqui enunciadas:

Guloseimas de mandioca, milho e trigo

O tripé mandioca, milho e trigo sustenta todo um complexo e dinâmico sistema alimentar no Ceará. Isso inclui não apenas diversos modos de utilização desses três ingredientes de base, mas também múltiplos significados e memórias que fomentam tais usos, dando sentido e senso de continuidade a estes consumos. Eles em muito superam, portanto, a condição de meros tubérculos, cereais ou nutrientes. Nos relatos deste livro, aparecem como fundamentos de práticas que extrapolam, inclusive, o próprio comer: são comunicadores de sobrevivência, de afetividade, de saliências e de travessuras. Informam sobre o saber acumulado com o passar do tempo e das gerações acerca do comestível e dos protocolos de seu uso. E evidenciam o cotidiano mais comum, circunscrito e subjetivo de cearenses da capital e do interior do estado, que deles se apropriam, interpretando-os e reinterpretando-os na intimidade de suas cozinhas. Nos textos que se seguem, as culturas da mandioca, do milho e do trigo, no sentido agrícola e antropológico do termo, são tocadas no entrelaço com trajetórias e percepções de culinaristas locais, na leitura que fazem de sua experiência alimentar.

São textos que relatam também uma forma de perceber o mundo dos negócios que nem sempre está completamente ajustado ao mercado capitalista: vender ou comprar uma merenda, nas falas de nossos interlocutores, nem sempre é apenas um ato regido pelo interesse somente do lucro. Encontrar pessoas, romper a rotina das lidas cotidianas, laborar também pelo prazer de estar com vizinhos ou conhecidos foram razões elencadas para realizar o ofício de preparar, consumir ou vender um alimento.

Relatos: Bolinho esquecido, merendas e filó.

Contos e misturas: da vaca, do porco e da concha

Misturar é juntar, tornar heterogêneo, compor com elementos diferentes. É desse verbo que advém a palavra *mistura*, de uso ordinário na linguagem culinária no Ceará. Mas a origem etimológica, nesse caso, não necessariamente garante a continuidade semântica. Isto porque a mistura, no dizer cearense, pode ser, inclusive, uma coisa só: geralmente, uma proteína (carnes de peixe, frango, bode, capote etc.). O termo se afina melhor ao referido verbo na medida em que expressa a comida que *se junta* ou *se acrescenta* ao restante da refeição (isto é, as chamadas *guarnições* – o que acompanha, provê), completando o prato. Para muitos cearenses, conforme percebemos em nossas pesquisas, são as guarnições que garantem o sustento – sendo comum, entre cearenses das mais variadas regiões e classes sociais, o gosto pela tradicional combinação de arroz, feijão e farinha de mandioca. Por isso mesmo, podemos afirmar, *a mistura* compõe um elemento de luxo do prato, pode fazer falta, mas não é indispensável. Não à toa, nos tempos de escassez, é a primeira coisa de que se abre mão. E é também, frequentemente, interpretada como um marco distintivo entre comedores: são rápidas e costumeiras as associações entre o tipo de mistura disponível (como mortadela e ovo) ou ausência dela às situações de pobreza, por exemplo.

Mas a diferenciação por meio da comida, convém lembrar, é sempre contextual e relacional, dinâmica. Um mesmo alimento pode ser produzido, material e simbolicamente, de muitos modos, a depender de sua localização histórica, geográfica e social. Assim, cada contexto desdobra usos e compreensões específicos das misturas – remodelando, inclusive, seu *status* no prato. Os relatos abordam comidas que podem ser consideradas misturas cearenses, feitas a partir da vaca, do porco e da concha. São *misturas* finas, reconhecidas nas diferentes classes sociais do nosso povo como dignas de serem provadas. São o que os germânicos chamariam de *delikatessen*, pratos e petiscos fora do uso cotidiano. São histórias que descrevem comidas, tecendo outros contos sobre formas outras de mistura, de entrelaçamento, de trocas e encontros, que dão o ponto e a textura de práticas alimentares cearenses.

Relatos: Carne de sol, mariscos, queijo de manteiga e tripa de porco.

Lugares, cores e sabores

Assim como são múltiplas as comidas e as formas de comer no Ceará, são igualmente diversos os espaços de produção e consumo alimentar. O que se serve à mesa, há tempos, rompeu as fronteiras do doméstico, sendo apropriado como mercadoria e objeto de cozinhas profissionais. Comer fora de casa tornou-se não apenas uma experiência comum e necessária no contexto das modernas relações de trabalho, mas também uma prática desejada, uma forma de lazer. Compreender, portanto, as culturas alimentares cearenses implica considerar esse universo de comercialização da comida, evitando reduzir tais espaços aos interesses mercantis que lhes são evidentes.

Os lugares apresentados nesta parte do trabalho são abordados como canais de observação do universo de significações que permeia e fecunda as práticas alimentares. Eles são indicativos dos acordos e conflitos à mesa, das relações entre comida e saúde, dos discursos sobre o nutrir e suas dimensões contraditórias (sanitaristas, indenitárias, hedonistas etc.). Transbordam cores e sabores (além de muitas histórias) particularmente cativantes, expressivos de modos de vida locais, de costumes e crenças, de tecnologias e de produtos próprios do culinário bem como de saberes do comestível.

Relatos: A comida dos caminhos, mercados e sorvete Juarez.

Rigores da fome e da vontade de comer: diversidade de critérios alimentares

A fome não é apenas sintoma biológico da emergência da nutrição. É também uma expressão de corpos culturalmente informados. Se a escassez torna menos rigorosos os critérios de seleção do que pode ser consumido, o corpo faminto tece estratégias de sobrevivência com base em antigas referências alimentares. Mesmo na condição de onívoros, buscamos aquilo que é conhecido e reconhecido como comida. É nesse sentido que se torna possível falar da existência de uma certa *cultura culinária da fome* no Ceará: saberes e sabores compartilhados entre cearenses em expressivos tempos de seca, de dificuldades financeiras, de formas variadas de carência. Tais referências alimentares evocam sentimentos e lembranças diversos, paradoxais. Ao mesmo tempo em que compõem, para algumas pessoas, o quadro das memórias gustativas mais duras e de sofrimento, para outras, apesar dos contextos em que conheceram esses alimentos, passam a figurar como preferências à mesa – inclusive mobilizando saudades, quando a relativa abundância de recursos conduz a novos padrões de consumo.

Se o Ceará é conhecido pela seca que limita em certos tempos a água necessária ao plantio e à agricultura, ele é ainda pouco reconhecido pela produção que abastece a *grande mesa*. Se por aqui encontramos pratos cuja criatividade é capaz de satisfazer a necessidade driblando a escassez, nos deparamos também com produtos muito sofisticados, apreciados e buscados pelos *gourmets*. Cá entre nós é plantada, aguada, podada, cultivada e colhida grande parte das mais saborosas frutas exportadas pelo Brasil: sejam melões, melancias, cajus, mangas ou outras pepitas de igual quilate. Países do norte da Europa importam nosso café, produzido artesanalmente há gerações, para apreciar o gosto proporcionado pelo sabor e pelo odor que nós conhecemos desde os tempos de nossos antepassados.

Relatos: Astúcias culinárias na escassez e café agroflorestal.

Este é, principalmente, um livro sobre a cozinha doméstica cearense com fotografias de tudo o que gira ao seu redor. É comida que se come na merenda ou nas refeições principais, é comida que se come na rua e em restaurantes, à beira dos caminhos.

Que nas páginas a seguir o leitor encontre o prazer de uma mesa em boa companhia, ou uma boa mesa em companhia; que, como um desejo por um doce não saciado, as histórias deixem o gosto de querer mais.

EQUIPE COM KARINA DANTAS, EM QUIXERAMOBIM.

Histórico e metodologia do projeto Comida Ceará

Valéria Laena

Comer, além de ser uma necessidade biológica, implica um complexo sistema de significados sociais, religiosos, políticos, éticos, sexuais e outros. Nesse sentido, o tema da alimentação é caro ao Museu da Cultura Cearense (MCC), pois trata-se de um campo por meio do qual é possível observar as culturas, no movimento da história e da composição das memórias que afetam experiências coletivas de pertencimento. As práticas alimentares constituem, assim, um canal de investigação histórica de costumes, são instrumentos de compreensão das sociedades, localizadas no tempo e no espaço.

É nessa perspectiva que nasceu o projeto *Comida Ceará*, buscando realizar uma leitura complexa e dinâmica dos sistemas alimentares cearenses. Tais sistemas são compreendidos nos moldes propostos pelo sociólogo francês Poulain (2006), em seu *Sociologias da Alimentação*, como um conjunto de estruturas tecnológicas e sociais que interliga o universo de produção de alimentos (insumos), o processo de produção/transformação do alimento, os rituais, os lugares (de produção e consumo), os instrumentos, as representações (inclusive a de comestível), a fabricação, a distribuição até o consumo deles. O *Comida*, portanto, intenciona um olhar sobre as práticas alimentares em todo seu percurso até a boca dos homens e mulheres, pois entende que comida é cultura não apenas quando consumida, mas também quando produzida e preparada (MONTANARI, 2006).

Assim, o projeto vem buscando compreender os significados que a alimentação assume na vida local, objetivando a documentação de acervos e a valorização e divulgação desse patrimônio culinário. Pretende-se como um trabalho contínuo de pesquisa das práticas alimentares, de sua diversidade e tradição inventiva, possibilitando diferentes modos de interação com a sociedade a partir dos produtos gerados pelo museu ou do estímulo à construção de parcerias. É também um dos propósitos do *Comida* fortalecer o museu como espaço de aprendizagem e trocas geracionais sobre os saberes que a comida, seus artefatos e narrativas mobilizam. De tal forma, estimula o diálogo entre especialistas de várias áreas com "mestres" dos saberes tradicionais entrevistados, assim como a construção de rotas gastronômicas que valorizem o alimento local e o pequeno produtor.

Entre os anos de 2008 e 2011, percorremos cerca de 30 mil quilômetros, visitando 63 municípios (mais de 100 localidades) e registrando mais de 789 processos culinários. O acervo do projeto acumula, atualmente, cerca de 300 horas de entrevistas, 48 mil fotografias e 1.500 objetos relacionados ao mundo da cozinha. De passagem por um Ceará molhado pelas chuvas, em períodos do ano que aqui chamamos costumeiramente de inverno, vimos como produtos são tratados ou cultivados, como mares e açudes são explorados, encontramos ingredientes raros e comuns e aprendemos sobre suas formas de preparação. Intencionamos, aqui, narrar pequenos trechos de uma história ainda pouco contada sobre uma cadeia que começa no produtor e termina no prato.

Com a orientação inicial de Raul Lody (antropólogo que também compõe o quadro de colaboradores desse livro), elegemos alguns alimentos como representativos dos sistemas alimentares cearenses: feijão de corda, caju, coco, milho, cana-de-açúcar, leite, mandioca, algumas carnes e peixes. Consideramo-los possíveis eixos interpretativos para entender os gostos e a produção alimentar no Estado. O cotidiano de pesquisa, contudo, movimentou nossa reflexão, ampliando e remodelando essas definições inicias.

Além de Lody, muitos outros profissionais contribuíram com os fundamentos teórico-metodológicos do *Comida*, bem como com as práticas de pesquisa propriamente ditas, em campo. Não só pela dinâmica das produções para coleta de dados e acervos ou pela complexidade de alguns processos culinários, mas para somar outros olhares e saberes na busca dos sentidos e significados que os sujeitos da pesquisa trazem em suas narrativas, contamos também com profissionais das áreas de História, Sociologia, Nutrição, Engenharia de Alimentos, etc. Estes juntavam-se a produtores e fotógrafos, bem como à Gerência e ao Núcleo de Acervo e Documentação do MCC[1], alternando-se os grupos em visitas a Fortaleza e Região Metropolitana e viagens ao interior ou litoral do Estado.

A metodologia de pesquisa contou com algumas particularidades, seguindo modelos de projetos institucionais com relação à aquisição de acervos, contratação de pessoal e uma logística própria relacionada à produção de viagens.

....
1 Acerca destes, lembro a contribuição de Márcia Moreno, socióloga, especialista em Gestão Pública, Master Universitario en Educacion y Museos: Patrimônio, Identidad y Mediación Cultural; e Magda Mota, técnica em Conservação, Documentação e Restauração de obras de arte, que orienta montagem de exposições no MCC.

No museu, enquanto uma equipe discutia as dimensões mais propriamente teóricas da investigação, outra conduzia uma pesquisa preparatória/exploratória, intencionando sondar as práticas alimentares nos municípios. Esta equipe tinha o difícil trabalho de selecionar, em toda a diversidade culinária das regiões cearenses, apenas alguns preparos que seriam registrados na fase posterior. Assim, com a ajuda de informantes locais, concentravam suas buscas em pratos que desfrutassem de certo reconhecimento por parte da população, que tivessem história para contar. Por fim, compunha-se uma agenda de visitas para a fase seguinte, em que eram realizados os registros fotográficos e as entrevistas.

Feita esta primeira seleção, uma equipe maior era deslocada ao campo. Geralmente, esta parte da pesquisa era iniciada com um grupo focal ou roda de conversa com informantes-chave, identificados na fase anterior. Eram gestores municipais e seus assistentes de várias secretarias, memorialistas, historiadores, técnicos agrícolas e/ou homens e mulheres comuns, moradores da região. Munidos dessas primeiras informações, a equipe era dividida para cumprir a agenda de visitas anteriormente mencionada – há de se registrar, contudo, que não nos prendíamos a esta agenda: na medida de nossa inserção em campo, outros processos culinários iam aparecendo e, sempre que possível, estes eram também agregados à rotina da pesquisa.

ENTREVISTA EM ICAPUÍ-CE E VISITA A ASSOCIAÇÃO DE PSICULTORES DA JUREMA, ORÓS-CE.

Estas equipes eram formadas por, no mínimo, dois pesquisadores, um fotógrafo, um documentalista e um orientador de campo, além de um produtor (responsável pela logística) e o motorista que conduzia a equipe. Os pesquisadores eram os responsáveis pela condução da entrevista e da observação dos processos culinários, bem como da escrita de relatos sobre a experiência vivenciada. Como o projeto tinha inclinações etnográficas de pesquisa, ainda que não seja possível dizer que realizamos etnografias no sentido clássico do termo, estes profissionais eram instruídos a buscar o modo como os pesquisados viviam, percebiam e nomeavam suas práticas alimentares, interpretando os sentidos e as significações associados ao universo estudado[2].

No que tange à fotografia, tivemos o privilégio de contar com os irmãos cearenses José e Maurício Albano – este, lamentavelmente, já falecido. Ambos assinaram a *reportagem fotográfica* do projeto, como gostava de dizer Maurício, que também ressaltava seu prazer de "historiar com fotos", para as gerações futuras, "o de comer"[3] do que chamava de "o Ceará profundo" – fazendo menção ao empenho do *Comida* em acessar os lugares mais remotos, de difícil acesso, e as cozinhas menos lembradas do Estado. As belas imagens reunidas nesta obra são fruto do olhar e do trabalho caprichosos desses dois irmãos. E, é preciso lembrar, elas não são meros objetos decorativos: constituem uma forma particular de interpretação e registro, apropriadas em campo como recurso metodológico de compreensão das práticas analisadas.

Aos documentalistas[4], função dividida entre bolsistas sob a orientação da documentalista do museu Magda Mota, cabia o olhar mais apurado para objetos artesanais, sua tipologia, usos e funções tradicionais, mas também àqueles cujos

---

2 Os seguintes pesquisadores contribuíram com o projeto: Bruno Xavier, Cícera Barbosa, Delano Pessoa, Elias Veras, Evandro Magalhães, Fátima Façanha, Fátima Farias, Herbert Monteiro, Kally Damasceno, Karla Torquarto, Luís Gonçalves, Nayara Marinho, Rosalete Lima, Vanessa Ponte e Vládia Eufrásio Lima.

3 A expressão segundo Clea Valle no seu *O de Comer no Ceará*, Ed. Fundação Cultural de Fortaleza, 1994, é muito frequente na linguagem popular e abrange o comer e o beber, não importando se a refeição é de sólidos ou de líquidos.

4 Anderson Souza, Daniel Barros, Iran Monte, Isabel Mulato, Luana Pierre, Magda Mota e Thiago Shead.

usos foram subvertidos. Por exemplo, uma furadeira que é transformada em batedeira, copos de liquidificador que só servem para medir água, caibros que servem como réguas para cortar massas, colher de pedreiro para raspar a massa da bacia, pneus de caminhão cortados viram tinas para mandioca e sua massa, caixa d'água como tanques de leite para produzir queijo coalho, estruturas de cama velha que se transformam em grade ou balcão de secagem de manzapes, etc. A criatividade é, certamente, um ingrediente muito presente nas cozinhas cearenses.

O olhar do documentalista concentrava-se, assim, no registro de dados sobre os objetos utilizados em cada preparo acompanhado no projeto – desde o material que os compunha até as formas e o tempo de uso, e o modo como eram nomeados por quem os utilizava. Nesse levantamento, chamou-nos atenção a ampla utilização de objetos de plástico, alumínio e pneu, enquanto o flandre torna-se cada vez mais raro, tanto quanto as árvores de cuia (*arbórea Crescentia cujete*), frequentemente mais presentes na paisagem de décadas atrás, quando a cuia ou coité[5] era de múltiplos usos.

Eram igualmente responsáveis, os documentalistas, como o nome já sugere, pelos documentos da pesquisa, a exemplo do termo de consentimento, solicitado aos entrevistados para uso de fala e imagem. Já o orientador, além de auxiliar na condução das entrevistas, tinha por função sugerir à equipe as melhores formas

....
5 Fruto desta árvore, colhido no tempo certo de maturação, cortado ao meio, retirado o miolo ou o "fato", como é popularmente conhecido, permitindo-se depois de secas ao sol o uso como bacias ou similares.

de abordagem dos sujeitos a serem pesquisados[6]. Atentos a todo o movimento da equipe e à dinâmica peculiar de cada lugar visitado, orientavam sobre os caminhos possíveis de condução de cada procedimento da pesquisa.

Trabalhando em conjunto, estas equipes seguiam tentando fazer o acompanhamento de todo o processo produtivo da comida: desde as atividades primárias (cultivo de plantas ou criação de animais) até as formas de processamento, comercialização, embalagem, conservação e aproveitamento das sobras. Interessava-nos observar as tecnologias de produção, os saberes tradicionais e sanitários, as técnicas de transformação do alimento, os instrumentos de cozinha, os ritos e crenças, as simbologias, os aspectos relativos à memória e à afetividade.

Finalizada a fase de pesquisa em campo, a equipe de pesquisadores reunia-se para avaliar o material acumulado e pensar formas de sistematização e análise, por meio da escrita de relatórios. Além da descrição de cada experiência de pesquisa singular, tais relatos incluíam também reflexões temáticas, por exemplo, sobre festividades, religiosidades, profissões, cozinhas, merendas, comidas de mercados e feiras, restaurantes, bebidas, doces, entre outros.

Vale destacar a quantidade e qualidade do material recolhido e a necessidade de organização deste segundo critérios de classificação de acervos de museu, mas também de arquivos de história oral, sem falar na amplitude do arquivo digital de fotografias. São poucas as instituições museológicas que constituem uma linha de acervo, arquivamento e conservação de entrevistas gravadas e a socialização destas. No tocante aos objetos da cultura material com fins de exposição, a temática pesquisada leva ao museu não só o alimento ou a cozinha, mas os ofícios ligados a eles por meio de várias tipologias artesanais e objetos industriais.

....

6 Passaram pelo Projeto Comida, como orientadoras, Ana Carla Sabino (Profª. Drª. do Departamento de História da Universidade Federal do Ceará – UFC, com projetos realizados no campo do patrimônio, memória, história e educação no Iphan. Foi orientadora científica do NPCM por quase três anos); as sociólogas Simone Lima (Mestre em Sociologia pela UFC e Professora da Universidade de Fortaleza – Unifor) e Priscilliana Morais (Doutora em Sociologia pela UFC, professora e coordenadora do curso de Ciências Sociais da Universidade Estadual do Ceará – UECE); e a nutricionista Maria Lúcia de Sá Barreto (Doutora em Ciências pela Faculdade de Saúde Pública da USP e Professora da UECE. Faleceu no ano de 2013).

Por meio desse trabalho, muitas possibilidades de reflexão se abrem sobre o universo da culinária no Ceará. É preciso ainda explorá-las com calma, mergulhando em profundidade na riqueza do acervo que o projeto dispõe até o momento. Percebemos, por exemplo, as cozinhas como um dos lugares mais mutantes e conservadores das últimas décadas. Lugares paradoxais, onde novas práticas e tecnologias não apenas assumem o lugar de antigos hábitos, mas também convivem com eles. As cozinhas são espaços que celebram as heranças ou acompanham modismos, onde os potes e filtros (embora menos usados hoje) ainda se acham ao lado de garrafões de plástico. Numa mesma casa, tantas vezes, encontramos juntos os fogões a gás e a lenha, os dois em pleno uso. Assim como o pilão e o moinho, substituídos pelo liquidificador, também não deixam de ser instrumentos lembrados ou guardados para uso em momentos especiais. As palavras de Eduardo Campos formam imagens que também presenciamos: "pelos caibros as cascas de laranja em fita, dependuradas, para dar sorte ou acudir, tornadas chá. (...) A tábua de picar carne, os temperos, por exemplo – cebola, tomate, coentro – e, adiante, o rapa-coco, pendurado". Cada vez menos, contudo, encontram-se os "ralos de flandres e a bacia de ágata para a lavagem mais apressada de copos, pratos e talheres".[7]

7 Campos, Eduardo. *Gramática do Paladar, antipasto de velhas receitas.* Fortaleza: Casa José de Alencar, 1996. Sobre as cascas de laranja, observamos que são também utilizadas para apressar o fogo.

O *Comida* não apenas movimentou nossas ideias sobre a alimentação em si, mas também nos levou a pensar sobre o papel do museu na composição da memória social. Há tempos temos nos preocupado em dar voz e visibilidade aos cearenses de um modo inclusivo, capaz de contemplar as diversidades aqui encontradas nos modos de ser, agir e pensar. Este projeto fortaleceu esses empenhos, na medida em que nos permitiu aprender sobre comida com cearenses comuns, em seu dia a dia mais simples e ordinário – também nesse tipo de cozinha, é preciso lembrar, há muita sofisticação. Eles não desfrutam do *status* social dos grandes *chefs* locais, mas guardam consigo a experiência e a sabedoria dela oriunda para a composição de preparações igualmente extraordinárias – e são *reconhecidos*, em suas regiões, por essas habilidades maravilhosas. Por isso mesmo, uma das intenções do projeto é promover esses *Mestres do Saber Culinário Popular*, retirando-os do anonimato e incentivando a compreensão de saberes tradicionais relacionados ao universo da alimentação.

Nos textos que seguem, é possível encontrar alguns desses culinaristas, desfrutar de suas histórias, invenções e sabores. Tais narrativas provam o quanto o diálogo entre os profissionais do *Comida* e os protagonistas da pesquisa vai além do cumprimento de agenda e preenchimento de formulários. Trata-se de uma experiência muito rica de pesquisa, de um encontro de olhares e de versões sobre o universo da comida. De muitos modos, fomos tocados por esse exercício de escuta e escrita do outro – e, estou certa, também tocamos nossos interlocutores, deixamos um pouco de nós com eles, assim como deixaram conosco. Somos imensamente gratos por essa partilha, esse aprendizado.

Especialmente no tocante aos pesquisadores, é gratificante perceber a influência de um projeto desta natureza em suas vidas. São momentos de intensa troca, e aqueles que já traziam suas bagagens tiveram seus horizontes ampliados. Alguns, inclusive, encontraram nesse movimento objetos de pesquisa para seus investimentos acadêmicos – o *Comida* mobilizou curiosidades que, atualmente, se desdobram até em tese de doutorado[8]. Decerto, trata-se de um projeto coletivo, com um trabalho investigativo de grande envergadura que vem contribuindo para a formação interdisciplinar dos estudantes e para o aprimoramento de pesquisas não só no museu, mas também na universidade.

Além disso, tal projeto representa o compartilhamento afetuoso de uma experiência única, marcada por muitas conversas, sons, gestos, cheiros e sabores. O trabalho desafiador e focado – e, não raras vezes, cansativo – da equipe de pesquisa rendeu também muitos momentos de descontração e alegria, dos quais não esqueceremos. Compartilhamos a mesa, tantas vezes, nós e nossos informantes. Adentramos juntos os currais, as plantações; aproveitamos as conversas à beira dos rios e mares, tentando entender como se processam esses recantos de produção de alimentos. Fomos acolhidos nas mais diversas cozinhas, geralmente um dos lugares mais íntimos e familiares da casa. Mas nossa curiosidade era do tamanho da hospitalidade reconhecida, partilhada, provando o quanto, afinal, comer é uma experiência social.

Sobre as receitas apresentadas nessa obra, não se pode esperar muita precisão, no sentido matemático do termo – embora, em alguns casos, seja mais possível encontrá-la. Isto porque elas nos foram compartilhadas, no geral, por culinaristas, cuja experiência é a medida e nela se encontra sua precisão. A quantidade dos ingredientes, por exemplo, pode ser mensurada apenas "no olho" (só de ver) ou na representação do "punhado". Assim, tais receitas constituem, antes de qualquer coisa, ideias para combinações de ingredientes que desafiam a criatividade e a imaginação do leitor que desejar experimentá-las. Elas representam mais que desafios culinários: são expressões dos modos de comer que comunicam histórias do Ceará.

Hoje a figura do cozinheiro é muito exaltada na mídia, o tema da comida preenche conversas, estamos mais abertos a provar novos sabores, arriscar

....

8 A exemplo da cientista social Fátima Farias, colaboradora dessa obra, cuja aproximação com o universo da produção queijeira cearense, por meio do projeto Comida Ceará, conduziu-a à tese que atualmente desenvolve, no doutorado em sociologia pela Universidade Federal do Ceará, sobre o queijo coalho de Jaguaribe.

experimentações culinárias. Mas o interessante é que também vemos a importância de redefinir a terra e o lugar como um dos fenômenos mais importantes no mundo da gastronomia atual e olhamos com igual interesse os saberes tradicionais e a redescoberta de alguns ingredientes.

Nesse sentido, fica aqui a contribuição do *Comida Ceará*. Boa leitura, boa experimentação, bom apetite!

PESQUISADORA KARLA TORQUATRO ENTREVISTANDO DONA ZEZA DA LOCALIDADE DE JARDIM, PRÓXIMO A MARANGUAPE.

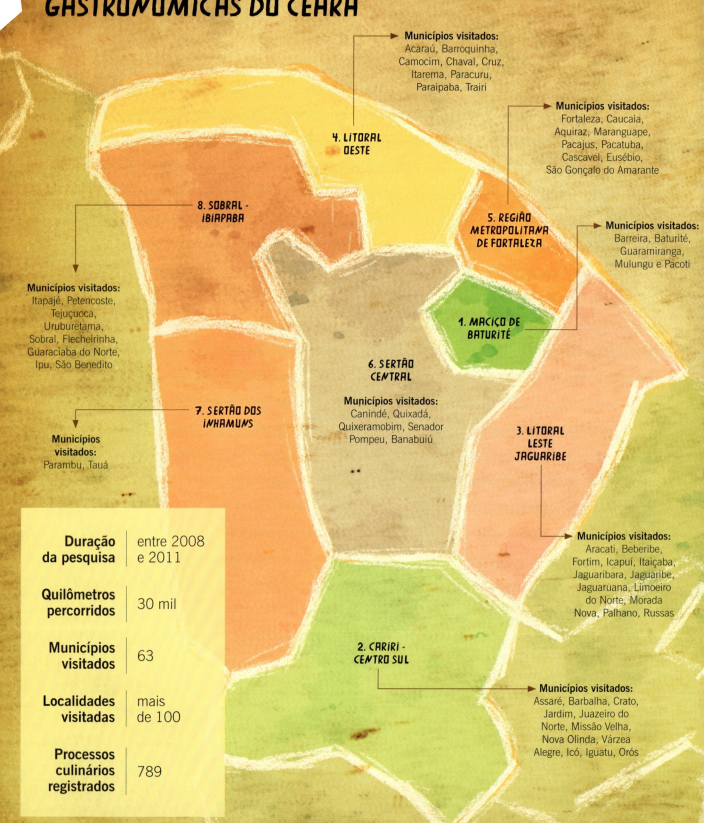

1. MACIÇO DE BATURITÉ

Processos culinários registrados:
doces, café, cachaça, colorau, fruta-pão, hortaliças, baião de dois de fava, pato, capote, mel de abelha, gostosinho.

- Observação participante na Feira de Baturité.

2. CARIRI - CENTRO SUL

Processos culinários registrados:
baião de dois, tilápia, tucunaré, traíra, chapéu de couro, pão de arroz, picolé, pequi, tapioca de amendoim, tapioca recheada, picolé, filhós, pão de ló, linguiça, sonho salgado, rapadura, doce de gergelim, camarão seco.

- Observação participante na Feira do Crato, Mercado do Crato e Mercado de Juazeiro.
- Grupo focal no Engenho Arajara.
- Grupo focal na Festa do Piqui.

3. LITORAL LESTE - JAGUARIBE

Processos culinários registrados:
queijo coalho, tripa de porco, tilápia, baião de dois, caranguejo, lagosta, caldeirada, camarão, bulim, rosca de goma, caju, bruaca, leitão a lenha, angu de ovo, leitão, cafofa de café, mingau de casca de jatobá, pastel de arraia, peixe moqueado, buzo, bolo quarenta, mel de abelha, arroz de leite, curimatã, ova de curimatã, carne de sol.

- Observação participante no Mercado de Limoeiro do Norte, na Feira de Cascavel e no Mercado de Aracati.

4. LITORAL OESTE

Processos culinários registrados:
farinhada, caju, peixe com caju azedo, grolado de peixe, algas, rosca de goma, chá de burro, peixe seco, bolinho esquecido, baião de dois com leite de coco, buzo, bolo quarenta, fubá de gergelim, sururu (Maria-Isabel, farofa de moelinha, omelete).

- Observação participante no Mercado de Camocim.
- Grupo focal com pescadores em Camocim.

5. REGIÃO METROPOLITANA DE FORTALEZA

Processos culinários registrados:
tapioca, caranguejo, caju, caldos, aluá, baião de dois, cuscuz de milho, bulim, rosca de goma, carne de jia.

- Observação participante no Mercado São Sebastião, no Mercado Central e na Feira de Messejana.
- Grupo pocal na Festa da Carnaúba.

6. SERTÃO CENTRAL

Processos culinários registrados:
carneiro, queijo coalho, galinha caipira, mugunzá salgado, carne assada, traíra, cuscuz de milho, baião de dois, camarão sossego.

7. SERTÃO DOS INHAMUNS

Processos culinários registrados:
manta de carneiro, queijo coalho, baião de dois, cuscuz de milho, linguiça de carneiro.

8. SOBRAL - IBIAPABA

Processos culinários registrados:
torresmo, doce de jaracatiara, caldos, fartes, frutas, hortaliças, doces, licores, mariola, alfenim, manzape, peta, cuscuz de milho, linguiça, buriti, sarapó.

- Observação participante no Mercado de Sobral, Feira de São Benedito, engenhos e alambiques.

CEARÁ: COMER É PERTENCER

Raul Lody

"Pão de macaxeira, sarrabulho, bolo Luís Felipe, fartes, mão-de-vaca, licor de jenipapo, cajuína, baião de dois seco, baião de dois molhado, rapadura de mamão, caldo cabeça de galo, bolo de puba, sequilho, fofa, geleia de caju, pão cheio, alfenim, peixe com banana, tapioca, aluá, mugunzá salgado, filhós, doce de gergelim, queijadinha, buchada de bode, cachaça serrana, pizza de peixe, peixe ao molho de coco, caldo de carne, peixada, carne de sol, recheado, arroz de bode, bife de flor de jerimum, manzape, pamonha, doce de jaca em calda, rosca de leilão, baião de dois com pequi, pequizada, doce de amendoim, doce de jambo, feijão com cuscuz, caldo de cana, rapadura de jaca, cozinhado, baião de dois com feijão de andu, baião e mistão, baião de dois com toucinho, baião de dois e capitão com leite de coco, baião de dois com feijão branco, baião de três, baião de quatro, fumim, tabaca da senhora, pau do senhor, sururu, puba, paçoca de pilão, cafofinha de café, bolo de manzape, goma grossa da terra, pão de arroz, angu, pirão, (...)".

Comidas da mesa cearense. Cada uma traz um sentido emocional, um desejo de representar uma pessoa, um lugar. E cada vez mais a comida é valorizada como uma manifestação de sensibilidade e de comunicação entre as pessoas.

A comida exige que se use todos os sentidos, e sentimentos, para que seja verdadeiramente integrada ao corpo e ao espírito, pois certamente na boca começa o coração.

É justamente no paladar, apoiado pela visão, audição, olfato e tato, que a comida é integralmente entendida, assimilada, e cerimonialmente assume e ganha o seu valor simbólico.

Comer não é apenas um ato biológico complexo, é antes de tudo um ato que traduz sinais, que reconhece formas, cores, texturas, temperaturas, sabores e estéticas. Comer é um ato que une memórias e desejos para representarem pessoas, famílias, comunidades e regiões. O valor simbólico do ato de comer é cada vez mais entendido como um ato cultural.

A comida brasileira é plural desde sua formação histórica com os sistemas alimentares dos povos nativos, povos milenares das Américas. A partir deste contexto, o homem português, um homem multicultural, e já mundializado, aproximou o Ocidente do Oriente quando trouxe da Índia, da Indonésia, da China, do Ceilão, e de outras localidades, ingredientes que facilitaram as longas viagens por mares nunca dantes navegados. Pois navegar é preciso.

Assim, a boca do brasileiro, desde as suas primeiras relações com a Europa, e também a África, é enriquecida com sabores de diferentes partes do mundo que se uniram aos sabores nativos dos nossos povos tradicionais, os indígenas.

Produtos da Ásia, como a própria cana-de-açúcar e as pimentas secas, e produtos de Portugal, como a farinha de trigo, o queijo, entre outros, são até hoje conhecidos como do Reino: farinha do reino, queijo do reino, pimenta-do--reino, porque chegaram pela mão do homem lusitano. E há os produtos que são chamados da Costa por marcarem a procedência africana, pois tudo aquilo que chegava do continente além-mar, pelo Atlântico, era conhecido como da Costa

PANELAS DE BARRO, PIMENTAS VARIADAS E CASCA DE ÁRVORES. UTENSÍLIOS E ALIMENTOS EM BANCAS DE FEIRAS.

Africana ou da Costa dos Escravos. O inhame, por exemplo, é até hoje chamado de Inhame da Costa, especialmente no Nordeste. Outros produtos são também assim conhecidos: búzio-da-costa, palha-da-costa, pano-da-costa, pimenta-da--costa, que é a pimenta grão-do-paraíso.

Há também os produtos chamados "da terra" para os produtos nativos, locais, aqueles encontrados aqui pelo colono oficial português após a "descoberta". Assim, a mandioca, o milho, diferentes pimentas frescas, frutas, carnes de caça, vegetação, insetos e as técnicas culinárias indígenas como o moquém, os tamales, comidas embaladas em folhas, como é a pamonha, ainda o beiju, chamado de pão da terra, o tucupi, entre outros alimentos que fazem parte dos nossos cardápios.

Ainda da mandioca, há os diferentes tipos de farinha seca que fazem parte de uma importante base alimentar e, com certeza, é o ingrediente mais brasileiro de todos os ingredientes.

Assim, pela boca, pelas escolhas, pelos pratos e pelas formas de integrar a comida à vida, isso tudo faz o brasileiro se sentir mais brasileiro e, desse modo, ele fortalece o seu lugar de pertencimento a uma cultura, a um povo, a uma Nação.

Destaque também para um Brasil que é doce, temperado com muito açúcar, e que desta maneira vai também temperando as suas relações sociais que são ativadas no cotidiano, nas festas e nas experiências de viver e de se reconhecer numa receita.

RAPADURA, ALFENIM E BATIDA. PRODUTOS DERIVADOS DA CANA SACARINA.

O doce é um tema central na formação dos nossos cardápios regionais e marca decisivamente a nossa história social e econômica a partir do século XVI. Os conventos em Portugal e, de certa maneira, também no Brasil foram os grandes laboratórios para os experimentos de receitas. Muitas destas estão incluídas nos hábitos das casas, dos restaurantes, das confeitarias, das doceiras. Neste cenário, destaque para o papel da mulher na doçaria e para o rico acervo de doces e bolos.

Ainda no âmbito do doce, destaque para a presença muçulmana no Magrebe, região Norte do continente africano, área mediterrânea. Receitas como do alfenim, massa feita de açúcar e água, com a qual se constrói flores, corações, pássaros e também o cuscuz e o filhós, atestam novamente a forte presença desta civilização na Península Ibérica.

Um importante exemplo desta civilização é o cuscuz, que no caso brasileiro é feito a partir da farinha de milho, um produto americano, e o cuscuz de massa de mandioca com coco ralado, que ampliam a presença afro-mulçumana nos nossos hábitos alimentares.

MOLHANDO A FARINHA DE MILHO COM ÁGUA PARA O PREPARO DO CUSCUZ.

E assim os sistemas alimentares vão ganhando os seus territórios e formando os seus contextos de identidade e de pertencimento dos ingredientes, das receitas e das comidas.

O próprio imaginário popular já aponta e valoriza a relação comida/identidade: "Você é o que você come" ou "dizes o que comes e dir-te-ei quem és".

Um ingrediente, um tipo de utensílio, um tempero, ou mesmo a organização da comida no prato, formam um texto visual e estético que indicam território, matrizes étnicas, e identificam pessoas, povos e culturas.

> "(...) quando novos, o casal comia muito arroz doce, feijão, mucunzá salgado, cuscuz, caldo de chambaril, pirão deste caldo, pirão de costela, feijão com pequi e fava, capote (...) no final de semana comem mais galinha e peixe curuman (...). Caçou muito pássaro burguesa para comer, (...)".
>
> (Relatório Comida Ceará, rota Cariri, pesquisadora Cícera Rozizângela Barbosa Ribeiro, s/d)

Os cardápios nascem das oportunidades ecológicas, sociais, econômicas e, em especial, pelo que eles representam simbolicamente no encontro entre a pessoa e a sua história. Assim, as escolhas dos ingredientes singularizam a relação homem/comida e lugar/território.

Entende-se que território é uma construção de pertença que acontece também por meio da comida. E com isso é possível mostrar a produção agrícola, a pesca, os tipos de criatórios de animais e outros temas que fazem da alimentação um lugar de autorreconhecimento para a pessoa e para o seu grupo social. O que se come por tradição é uma atestação de soberania alimentar e de patrimônio alimentar. E aquilo que se come é também uma ação de recuperação de memórias ancestrais, ou ainda para a construção de uma história recente e contemporânea.

As comidas são preferencialmente interpretadas como processos sociais dinâmicos que interagem dentro de complexas relações sociais. Por exemplo, no acarajé, come-se parcela da África que ali está representada; no baião de dois, come-se a cultura do gado, do queijo, do feijão, no Sertão; e quando se come um *hot dog* ou um hambúrguer, come-se a cidade e tudo aquilo que é considerado urbano, além de serem emblemas do *fast-food* nas sociedades globalizadas.

Comidas, rituais de alimentação, sistemas culinários, gastronomia; cozinha/espaço físico, cozinha/espaço ideológico; receituários tradicionais, cadernos domésticos e familiares, transmissões orais; cardápios para os mais variados segmentos sociais e econômicos apontam para processos amplos de comportamento e de estilos de vida.

Tudo é importante nos processos culinários: o pote de barro, a peneira, a colher de pau, a pimenta, o açúcar, as panelas, as formas de cocção, as receitas de elaboração autoral ou coletiva, as regras que dão à comida uma função social que se representa em cada prato e/ou bebida. Pode-se também dizer que, neste âmbito da comida, há um rico acervo interpretado enquanto sabedoria tradicional, que, na prática, funciona como uma verdadeira salvaguarda desses processos culinários.

> "(...) segundo dona Valdira, o aluá é uma bebida simples de preparar (...). Os ingredientes utilizados no preparo são os seguintes, além do coco babão, da água e do açúcar, acrescenta-se também a erva-doce e o cravo para temperar o aluá (...) após se ter um balde cheio de coco descascado, coloca-se a água em uma vasilha e despeja o coco descascado dentro cobrindo a "boca" da vasilha com um pano (...) o coco é deixado então de molho por três dias (...) é preciso temperar o aluá (...) é preciso pisar o cravo (...) em seguida, é a vez de fazer (...) o outro tempero, a erva-doce (...) acrescenta-se também o açúcar (...) dona Valdira "mexe, mexe, mexe" o aluá".
>
> (Relatório, Comida Ceará, rota Pitaguaris, Pacatuba, pesquisadora Karla Torquato dos Anjos, 9 de agosto de 2009)

Se há um forte desejo de revelar, *salvaguardar*, documentar e *registrar* esses fenômenos que têm evidente concentração de identidade é porque as sociedades contemporânea e pós-moderna revelam um sentimento de crise de identidade, pois a identidade só se torna uma questão quando está em crise.

No caso especial da comida, este cenário de valorização patrimonial é uma espécie de recuperação de acervos, como os processos tecnológicos e os saberes, com todos os sinais de tradição, de família, de região, de etnia, de religiosidade, e a comida é o resultado destes processos sociais. Por exemplo, para se fazer o manzape, começa-se com o aproveitamento da rapadura.

"O preparo do mel da rapadura (...). O que elas chamam (...) de rapadura é, na verdade, o que é conhecido na região por batida, que é semelhante à rapadura que sendo temperada com cravo e canela (...) que é levada ao fogo (...). Quando o mel está pronto, é levado para uma mistura com massa de mandioca já bem peneirada. Aqui também entra a canela que já foi pilada (...). A massa é misturada com as mãos o que elas chamam de traçar a massa (...) é momento de levar a massa ao forno. Aqui ela é embrulhada na folha da bananeira. Antes de ser embrulhada, uma outra quantidade de canela (...). Deixa lá em cima do forno até que a folha da bananeira fique amarelecida (...)".

(Relatório Comida Ceará, rota Guaraciaba do Norte, pesquisador Thiago Schead, 18 de dezembro de 2008)

DOCES EMBALADOS EM CASCA DE BANANEIRA COMUMENTE CHAMADOS MANZAPES, UMA VARIAÇÃO DOS TAMALES AFRICANOS.

Os tempos das memórias são múltiplos e plurais, e alguns exemplos mostram tecnologias milenares americanas como a dos tamales, comidas que são embaladas ou embrulhadas em diferentes tipos de folhas e passam por um processo de cocção. Pode-se dizer que o manzape é uma variação do tamal.

As comidas, os sistemas alimentares, as dietas, que formam conjuntos de estilos para se viver os processos de fazer a comida, juntamente com todos os seus rituais sociais agregados, vêm ganhando reconhecimento patrimonial no Brasil e no mundo, que tem o desejo de salvaguardar estes saberes tradicionais que formam os acervos culinários.

BAIÃO DE DOIS. MISTURA DE FEIJÃO E ARROZ COZIDOS JUNTOS.

Um caso exemplar, quando se trata dos sistemas alimentares do Ceará, é o tão celebrado baião de dois, em que há uma diversidade de tipos, de processos culinários, de estilos autorais nas suas receitas, pode-se dizer que é uma comida de forte identidade e valor patrimonial enquanto uma referência do homem cearense.

> "(...) para preparar o baião de dois seco, Jô cortou cebola, pimentão e tomate. Em seguida, refogou essas verduras com azeite de oliva e sal, para depois jogar uma conchada de arroz branco para ser refogado com a verdura. Alguns minutos depois, jogou um pouco de água e finalmente misturou o feijão de corda já cozido, duas conchadas".
>
> (Relatório projeto Comida Ceará, rota Uruburetama, pesquisador Elias Ferreira Veras, 11 de dezembro de 2008)

O tradicional feijão com arroz, em uma das suas muitas interpretações nos sistemas alimentares, é mostrado como um baião, uma comida que recebe diferentes ingredientes: nata, queijo de coalho, queijo de manteiga, carne, entre tantos outros. Ele é um símbolo deste rico imaginário da comida do Ceará.

Sem dúvida, o caminho experimentado pelo longo e amplo trabalho de etnografias e interpretações de sistemas alimentares em diferentes lugares do Ceará, por ocasião do projeto Comida Ceará, mostra a diversidade e a pluralidade de olhares e de maneiras de trazer acervos culinários que identificam as bases sociais e culturais do Ceará. É um mergulho sensível e plural para conhecer o homem cearense por meio de um dos mais notáveis meios de reconhecimento que é a comida.

Muito, muito além dos verdes mares de esmeralda, das lagostas, das jangadas, do imaginário da seca, da carne salgada, da carne de sol, vive e se manifesta o Ceará pela sua rica e patrimonial alimentação.

GULOSEIMAS DE MANDIOCA, MILHO E TRIGO

Merendar no Ceará

Fátima Farias e Domingos Abreu

Merendar não é qualquer comer. Tampouco se reduz a "lanchar", como muitos suspeitam. No Ceará, merendar é palavra com identidade e múltiplos usos. Despercebida no cotidiano, ela se ilumina de graça e afeto quando ouvida por muitos cearenses que estão longe de casa. É um dispositivo que ativa a memória de lugares, uma referência construída ao longo de nossa história. E melhor se define pela negação: trata-se de um tempo diferente de alimentar-se, que nem é almoço nem jantar. Embora possa parecer, algumas vezes. Nos mercados da Capital e do interior, muitos boxes oferecem um café da manhã (também merenda) com jeito de refeição completa: panelada, buchada, mão-de-vaca, sarrabulho etc. Quase tudo combinando bem com cuscuz, arroz ou baião de dois e paçoca. Sustança para quem precisa de força para enfrentar um dia de trabalho duro ou restauração para os ressaqueados de uma noite de farra.

Mas esclareçamos: a merenda não tem a soberba dos almoços e jantares. Ela dispensa mais facilmente as formalidades, os protocolos. Merendar é menos burocrático. Se a "hora do almoço é sagrada", a hora da merenda se ajusta, se adapta, se encaixa. Para ela, não há tempo oficial nas rotinas de trabalho: quem decide é a fome, a vontade de comer, o desejo de "beliscar" – isto é, de provar. A comida faz a merenda, mas merendar não é só comer. É também abrir um parêntese na rotina de trabalho e estudo: um instante para "sossegar o juízo" e recompor as energias. Neste caso, o verbo merendar é sinônimo de pausa, recreio ou intervalo. Merendar junto, então, é desculpa para estreitar laços, jogar conversa fora, abrir o coração. É compartilhar e fazer história. Por isso mesmo, não se trata apenas de nutrir o corpo, mas também de alimentar nossas formas de ver e habitar o mundo. Talvez, neste último sentido, este intervalo para a alimentação (do corpo e do espírito) seja o modelo inspirador da prática discreta – mas de resistência e de certa subversão da tentativa de controle do corpo pela produção – que é a "pausa do cafezinho" naqueles locais ou momentos onde merendar é verbo que não se conjuga, seja pela urgência da obra, o frenesi da reunião ou qualquer outra necessidade que se apresenta como mais importante que o ventre e o prazer.

Acompanhamos a feitura de muitas merendas, em todas as regiões do Estado, e conversamos com uma diversidade de cearenses sobre o que significa este momento à mesa. Em nossas buscas, deparamo-nos com merendas as mais variadas e reconhecidamente apreciadas como expressões das cozinhas locais. Além dos pratos culinários já citados aqui, encontramos muitas formas de tapioca e cuscuz, bolachas, broas, bolos, bulins, caldos, bruacas, pamonhas, canjicas etc. A lista é grande. E entre tantas opções identificamos também algumas que são produzidas e consumidas há muitas décadas em localidades cearenses, mas que pouco conhecemos ou associamos como comida do Ceará – seja porque permaneceram vinculadas a regiões específicas do Estado, seja porque perderam espaço no mercado, mais contemporaneamente, em função das novas dinâmicas alimentares. Nas páginas que se seguem, é possível acessar quatro dessas receitas. São elas: o *bulim de goma,* o *filhós,* o *chapéu-de-couro* e o *pão de ló de goma.*

O bulim de goma, como o próprio nome sugere, é um biscoito à base de mandioca. Quem nos apresentou esta iguaria foi o senhor Luiz Moreira Couto, hoje com 69 anos, morador da Tapera, em Aquiraz. Aprendeu a fazê-los ainda muito jovem, com 14 anos, e segue até hoje nesta produção. É conhecido em sua região como "o homem do bulim", mas prefere o título de artesão. Para ele, o segredo do sucesso de seu produto está no zelo e na honestidade com que executa seu trabalho: "o negócio é caprichar, não vou fazer coisa falsificada". Os ingredientes devem ser sempre os mesmos. Ele não aconselha, por exemplo, trocar a goma por outro tipo de farinha. O leite de coco, do mesmo modo, não é comprado pronto; ele mesmo faz este produto, batendo pedaços da polpa do coco no liquidificador com um pouco de água, e separando, posteriormente, o bagaço do leite com a ajuda de uma peneira. Convém também atentar, ele explica, para um cuidado especial com o fogo: de preferência, deve-se optar pelo fogo a lenha, pois o bulim ficará ainda mais macio e saboroso se assado deste modo. E para quem está preocupado com a dieta, o senhor Luiz garante: o bulim é "digestivo" e "não engorda de jeito nenhum, pode comer à vontade!".

Receita do bulim de goma

Ingredientes:

1 litro de leite de coco;

4 ovos;

200 g de manteiga;

1 quilo de açúcar;

Goma grossa (não usar polvilho).

Modo de preparo:

Misture o açúcar com o leite de coco e mexa até desmanchar. Depois acrescente a goma, a manteiga e os ovos. Bata tudo no liquidificador até "fazer uma papa" [ponto de mingau] e deixe descansar por 12 horas até que fique bem macia.

Em seguida modele pequenos pedaços da massa boleando-os com as mãos para formar pequenas esferas.

Distribua as bolinhas em uma assadeira previamente polvilhada de goma e leve ao forno durante 10 minutos.

Caso não seja um forno a lenha, deixe-os até dourar.

O filhós é um salgado branco que também tem por base a mandioca e é frito no óleo de coco babaçu, de acordo com nossa informante. Filha do Cariri, Dona Marilene dos Santos Oliveira é uma "filhozeira". Ela tem, há mais de 15 anos, um ponto de venda da iguaria no centro da cidade do Crato, na Praça da Sé. Ela não apenas comercializa, mas também produz o salgado. E tudo no mesmo dia. Segundo "Marilene dos filhós", como é mais conhecida, a massa, uma vez pronta, não pode ser guardada senão "não cresce bem". Esta senhora tem mais de 30 anos de experiência na feitura desta guloseima e vem aprimorando a receita que aprendeu com a mãe.

Receita de filhós

Ingredientes:

2 litros de água;

1 quilo de goma que não teve contato com nenhum cítrico (limão, laranja etc.);

40 g de sal;

1/2 litro de óleo refinado de coco babaçu.

Modo de preparo:

Ponha a água para ferver em uma panela grande e, quando começar a borbulhar, diminua o fogo. Coloque a goma em uma bacia. Vá retirando a água da panela, jogando-a sobre a goma. "Trace" (misture) a goma e a água com uma "paeta" (espátula ou colher) de madeira. Vá acrescentando mais um pouco da goma seca para unir melhor a massa com as mãos até ficar "escaldada" (massa completamente unida, soltando da mão).

Transfira a massa para uma superfície de madeira e, novamente, amasse-a com as mãos. Polvilhe a goma nas mãos a todo instante para não grudar na massa (a mão vai parecer, durante este processo, como vestida de uma luva de goma). Depois enrole a massa em longos e finos tiras que, em seguida, devem ser cortadas do tamanho da palma da mão. Os filhós não devem ser refrigerados para evitar ressecar a massa. Deixe-os descansar por uma hora.

Aqueça cerca de 400 ml de óleo de coco babaçu e, em seguida, jogue alguns filhós para fritar (em função do tamanho de sua panela). Acrescente, então, mais 100 ml de óleo frio para evitar que "estourem". Vá mexendo e virando-os para mantê-los "banhados no óleo", evitando que ressequem. Estão prontos quando "incharem" (crescerem).

Outra receita que esta "filhozeira" nos confiou foi um princípio de felicidade comercial: não se preocupar com o número exato de salgados que uma determinada quantidade de massa deve produzir. Surpreso com a ideia? Pois é isso mesmo! Como já ensinava sua mãe, quando você conta quantos filhós foram feitos, você sabe qual vai ser seu ganho e, caso alguém pegue sem pagar, no fim do dia o vendedor "sente falta daquele dinheiro". Do alto dos seus quase 60 anos de vida, ensina: se a pessoa "não conta", não "liga que alguém leve alguns".

As últimas duas merendas (o chapéu de couro e o pão de ló de goma) nos foram apresentadas pela senhora Maria Ferreira Leandro, de 64 anos, mais conhecida por Maria de Manel. Natural de Várzea Alegre, ela chegou em Iguatu na década de 1970, para trabalhar na roça com o marido. Aí fixou a família. Naquela época, contou-nos, eles dispunham apenas de "redinhas de dormir", "pratinho de comer" e "panelinhas de barro". Tiveram 11 filhos, dos quais nove sobreviveram. Estes foram criados com "muito sofrimento", lembra, amenizado pelo apoio que teve e ainda hoje tem dos vizinhos e familiares que a acolheram com "muito afeto". As receitas que ela nos apresentou são significativas desses laços comunitários, do apoio mútuo vivenciado, de modo especial, por mulheres do distrito de Gadelha em Iguatu. A feitura e o consumo desses quitutes têm uma dimensão coletiva evidente. Parte dos procedimentos relativos ao preparo é feita nas casas das vizinhas de Dona Maria, já que ela não dispõe de pilão, por exemplo, indispensável à produção do chapéu de couro. É comum, ainda, que uma auxilie a outra na condução das receitas. Tamanha é a sintonia entre elas e o domínio em relação aos preparos mencionados que até a conversa ou os questionamentos são dispensados: os ingredientes vão sendo misturados, pelas mãos de uma ou de outra, com um grau de confiança mútua que convoca a atenção de quem observa. A convivência e o tempo, ao que parece, afinaram o saber assimilado no movimento preciso e harmônico dos corpos na cozinha.

Mas, é claro, nem sempre é assim. Nos dias de festa, por exemplo, quando a música embala as preparações e a cozinha está repleta de mulheres que misturam dança e culinária, nem tudo sai como previsto. Rememorando esses dias, quando é comum a preparação das merendas apresentadas a seguir, a senhora Maria lembrou um ditado popular da região: "em panela de muitos mestres, a comida sai insossa ou salgada". Apesar desse risco, diz que adora esses momentos de interação, pois "fica uma coisa mais aferventada, mais gostosa".

A receita do chapéu de couro é fruto de um aprendizado antigo, compartilhado entre mãe e filha. Ainda hoje, quando está sozinha em casa e prepara esta espécie de bolo, relembra com carinho o jeito como sua mãe o fazia, que ela aprendeu só de observar. Entre as diferenças que percebe, daquele tempo para cá, é que no passado era comum o uso do fogão a lenha e de assadeiras de barro. Também se fazia este bolinho enrolado em folha de bananeira, o que hoje não é mais tão frequente, já que ele agora costuma ser assado em frigideira. Por isso mesmo, é também conhecido como "bruaca de milho", uma espécie de panqueca grossa – formato que ajuda a entender o nome do prato, assim como sua associação à festa junina.

Ela recomenda este petisco como merenda para a criançada, sobretudo para ser levada na hora do recreio da escola (chapéu de couro e tapioca era o lanche comum dos seus filhos). Dona Maria indica o bolinho também acompanhado de um café no começo da manhã ou no meio da tarde, conforme se costuma fazer na região. Uma vez pronto, o chapéu de couro dura até três dias, desde que não seja conservado em geladeira, pois assim endurece e perde o sabor original. A receita apresentada é básica, mas dona Maria recomenda também acrescentar à massa, para deixá-la mais saborosa, leite de gado ou de coco, coco ralado e/ou nata. O ideal é que seja feita com milho moído – nossa interlocutora usa o milho de seu próprio roçado, diz que o bolinho fica melhor assim. Mas caso não seja possível, também pode ser feito com massa fina de milho processada, facilmente encontrada nos supermercados.

Receita de chapéu de couro

Ingredientes:

6 ovos;
2 quilos de massa de milho;
1 xícara de açúcar;
1 colher de sopa de canela;
1 pitada de cravo pilado e peneirado;
Óleo para assar.

Modo de preparo:

Coloque o milho de molho até que fique bem mole – de preferência, deixe de um dia para outro imerso em água. Depois, deve ser moído e, posteriormente, peneirado. Reserve. Separe as gemas das claras, batendo estas até o ponto de neve. Junte as gemas, em seguida, e mexa – dona Maria sugere o uso da colher de pau, mais eficiente para a feitura dessa receita, em sua opinião.

O próximo passo é acrescentar o açúcar e misturar bem até que tudo fique homogêneo. Aos poucos, junte a massa de milho até dar o ponto: não deve ficar "nem muito mole nem muito duro". Depois, é só misturar o cravo (dona Maria enrola os cravos em um guardanapo de pano e bate com uma "mão de pilão" até virar pó, depois passa por uma peneira antes de colocar na massa). Feito isso, é hora de acrescentar o fermento e misturar em movimentos circulares, no sentido horário e anti-horário.

Aqueça a frigideira com um pouco de óleo e, quando estiver quente, despeje massa suficiente para cobrir o fundo da panela. Quando "as beiradas tiverem coradas" (quando as bordas estiverem douradas), vire a massa para que ela asse igualmente do outro lado.

61

O pão de ló de goma é também uma receita muito antiga e apreciada na região. É conhecida como "a merenda do Natal", pois nesse período a vizinhança se junta para assar esses bolinhos como um modo de celebrar o nascimento do menino Jesus. Diferente do chapéu de couro, considerado mais rústico, o pão de ló de goma é um bolinho mais leve e fino. Uma vez mais, são as mulheres do distrito de Gadelha, aqui representadas por dona Maria de Manel, as detentoras desse saber fazer. A mãe de nossa anfitriã também fazia este bolo, igualmente tomando-o como referência do dia de Natal – uma tradição culinária, portanto, compartilhada entre gerações. Assim como naquele tempo, ainda hoje a massa é assada em forminhas improvisadas, feitas com latas de sardinha ou de doce reutilizadas.

Embora seja frequentemente associada ao Natal, vez ou outra também é consumido como merenda para acompanhar o café, especialmente à tarde e nos finais de semana. O prazer maior, entretanto, pelo que pudemos perceber, está em juntar a vizinhança e a família para preparar em grande volume essa merenda, já que assar em forno de barro é trabalhoso, mas fundamental para a conquista do melhor sabor, conforme entende a senhora Maria. Entretanto, não dispondo de tal recurso e desejando-se fazer em menor quantidade, basta diminuir na mesma proporção os ingredientes e usar o forno a gás.

Receita de pão de ló de goma

Ingredientes:

12 ovos

1 quilo de goma refinada

Cerca de 1/2 quilo de açúcar

1 colher de sopa de fermento

1 pitada de cravo pilado e peneirado

Modo de preparo:

Separe a gema das claras e, depois, bata estas em ponto de neve. Misture as gemas, em seguida, e o açúcar. Acrescente a goma e misture – dona Maria prefere iniciar com movimentos circulares, seguidos de batidas na massa, de cima para baixo, usando o fundo de uma concha. Experimente para ver se o doce está no ponto desejado e, caso seja preciso, acrescente mais açúcar. Por fim, misture o cravo e o fermento.

A massa deve ser despejada nas formas, untadas com óleo, apenas até a metade, pois deve crescer.

Os bolinhos ficam prontos em cerca de 10 ou 15 minutos de forno.

Filó (Piroca do Osnar): interseções entre comida e sexualidade

Fátima Farias

> Já na escola primária sabíamos sobre as bananas. E sobre as salsichas. Havia piadas horríveis no refeitório nos dias em que cachorros-quentes estavam no cardápio.
>
> Bunny Crumpacker

As conexões entre comida e libido são longas e profundas. Entre a fome de alimento e o apetite sexual, muitas são as pontes e rápidas são as travessias. O prazer da mesa tem na embriaguez do sexo seu rival mais próximo e íntimo. Por isso mesmo, não raro ganham as comidas interpretações sensuais[9], enquanto o corpo humano, do mesmo modo, transborda sabor em formas sinuosas – que o digam as mulheres-frutas que ganharam a mídia nacional, nos últimos anos, com suas curvas fartas e seus movimentos sugestivos, embalados por *funks* cujos sentidos dúbios alimentam a volúpia no imaginário social.

O filó, produto que encontramos na região do Alto, em Jaguaruana, é expressão dessas múltiplas interseções entre o alimentar e o sexual. Espécie de pão frito, comprido e cilíndrico, ele guarda

---

[9] Basta lembrar os nomes de conchas que citamos baseados nos relatos das marisqueiras: "pau do senhor" e "tabaco da senhora". Se os termos precedentes fazem clara alusão às genitálias humanas (pau/pênis e tabaco/vagina), o termo "fumim" para uma das conchas nos fez pensar na hipótese de outra referência ao sexo feminino (fumo<tabaco<vagina). Vide texto sobre as marisqueiras.

em sua forma sentidos que geram rubores e risadas, como nos foi possível constatar na longa conversa que tivemos com o senhor José Carlos Monteiro Filho, mais conhecido por Zé Carlos, produtor desse tipo de alimento há mais de 15 anos. Antes de adentrarmos, de forma mais direta, nas particularidades da produção e do consumo de filó, conheçamos um pouco da história de luta desse jovem padeiro de 35 anos, que, com muita generosidade e simpatia, recebeu a equipe do Projeto Comida Ceará.

Um padeiro que não para: das correrias de uma profissão

Zé Carlos iniciou-se nas artes da panificação ainda muito jovem, aos 15 anos, como ajudante de produção. Sua primeira oportunidade para mudar de cargo surgiu numa sexta-feira da Paixão de Cristo, feriado nacional. Estando o padeiro oficial impossibilitado de cumprir com suas funções naquele dia, posto que houvesse exagerado nas doses de vinho, Zé Carlos, vendo o desespero de seu patrão diante de tal problema, ofereceu-se como solução. Embora nunca tivesse posto, de fato, a "mão na massa", ele convenceu o chefe de sua capacidade. O sucesso das primeiras fornadas foi tão significativo que logo ele conquistou para si o posto de padeiro oficial do estabelecimento onde até hoje trabalha.

Apesar de nunca ter feito um curso de panificação, Zé Carlos afirmou que, nessa área, domina quase todas as técnicas - só o trigo não sabe fazer. Considera-se, hoje, um "padeiro profissional". Tantos conhecimentos seriam resultados dos muitos anos de prática dedicada aos serviços de padaria. Observando o trabalho de outros colegas do mesmo ramo e vivenciando um cotidiano intenso de experiências repetitivas de produção, um conjunto valioso de saberes foi sendo acumulado sobre o preparo de pães dos mais variados tipos.

Casado e com dois filhos pequenos, um menino e uma menina, há cerca de cinco anos, pensando em aumentar a renda da família, ele começou a preparar e a comercializar pastelzinho de vento e filó por conta própria. A partir de então, nas horas vagas (geralmente no período da tarde), depois de cuidar das obrigações da padaria, ele segue para a casa de sua mãe, onde conseguiu improvisar um pequeno espaço para o fabrico desses produtos. Foi lá que acompanhamos o passo a passo da feitura do filó e tivemos também a oportunidade de conhecer parte da sua história de vida.

Ali, mesmo com uma forte dor de dente (esperando ainda o efeito do remédio que havia tomado), Zé Carlos se movimentava com rapidez entre os equipamentos, contando apenas com a ajuda do filho de 13 anos que tentava, com alguma dificuldade, acompanhar o ritmo acelerado do pai. "Aqui parece fórmula 1" – disse-nos em tom de brincadeira, referindo-se ao dinamismo do seu trabalho. Com muita disposição para "ganhar a vida", ele compreende que essa agitação toda é uma necessidade da sua dupla jornada de trabalho. Nem na hora da refeição é possível parar: "vou almoçar em pé, porque se eu sentar, aí pronto, lá vai eu atrasar o serviço lá na padaria". Essa correria pela sobrevivência lhe ocupa cerca de 15 horas por dia, todos os dias da semana, incluindo feriados. "Nunca eu soube o que é um dia de férias nem nada... sempre foi assim, um dia corrido, diariamente, num tem folga, nem domingo, é de sábado a sábado, num tem esse negócio de parar, não" – explicou-nos num misto de conformação e revolta.

Apesar de toda a sua garra e força, o peso da extensa rotina de trabalho à qual ele é submetido, inevitavelmente, faz-se sentir: "a gente trabalha oito horas, a gente se cansa, né? E a pessoa trabalhar 15 horas direto num serviço, sem poder nem se sentar pra almoçar?". Nesses momentos, quando o cansaço chega com mais força, Zé Carlos busca descanso no colo da família e nas brincadeiras com os amigos pelos bares do município.

Além de rememorar episódios marcantes, contar a própria história de vida ao Projeto Comida Ceará foi, para o personagem central deste relatório, uma oportunidade de repensar algumas decisões que teve de tomar ao longo de sua caminhada. Deixar os estudos foi uma delas:

> Hoje eu me arrependo de ter deixado meus estudo, que num era pra eu deixar meus estudos não, né? Quem sabe eu num era hoje uma pessoa mais... capacitada. Deixei meus estudo na sexta série, que eu

vi as condições lá de casa. Precária mesmo. Num tinha condições
de eu estudar. Tinha dia de eu ir até pra escola mesmo sem almoço,
que num dava tempo. No tempo passado, a carne chegava no mercado
aqui umas 12 hora do dia pra 12 e meia, era uma fila medonha de gente
pra comprar meio quilo de carne, um quilo, maior sufoco do mundo.
Aí quando a gente ia, quando a mãe ia comprar o cumê, era 12 hora
do dia, a minha aula começava uma hora da tarde. Aí eu almoçava
e jantava num tempo só, quando eu vinha da escola é que eu jantava,
que se eu fosse esperar pra almoçar, num dava tempo eu ir pra escola.
Aí o que tinha mesmo eu comia. Aí o tempo foi-se passando, aí eu [disse]:
"Mãe, vô decidir, eu vou ficar só no meu trabalho mesmo".
Aí [ela respondeu]: "Meu filho, faça o que a sua vontade der certo".
Aí eu fiquei só no trabalho. De lá pra cá nunca parei não.

Tantas dificuldades, entretanto, não tiraram de Zé Carlos a esperança de vivenciar tempos melhores, menos corridos. Nesse projeto, ele investe grande parte de sua energia. A despeito do afeto que sente pelo patrão, pelo apoio e confiança que este lhe dedica, seu grande sonho é conseguir estruturar melhor sua produção de modo que ele possa trabalhar somente por conta própria. Essa autonomia, acredita ele, permitiria uma rotina menos dura, porque mais livre: todo o seu tempo seria usado conforme as suas necessidades, apenas.

Enquanto esse dia não chega, Zé Carlos segue com sua rotina dupla. Nos intervalos de fabricação dos produtos da padaria, aonde chega por volta das 3h da manhã, ele prepara a massa dos filós que frita na casa de sua mãe, quando consegue encerrar o expediente. Isto em razão do grande volume de massa confeccionado por dia, o qual exige a utilização de uma máquina mexedeira que ele ainda não pôde adquirir[10]. No dia da visita de nossa equipe, porém, para demonstrar todo o processo de fabricação do filó, Zé Carlos preparou, manualmente, uma pequena quantidade de massa. O passo a passo desta receita é apresentado em seguida.

....
10 Da padaria onde trabalha Zé Carlos também utiliza, com o consentimento do patrão, o fermento e o açúcar.

Filó: receita, história, significados

Numa vasilha média de plástico, estilo bacia, Zé Carlos colocou 600 gramas de farinha de trigo, 10 gramas de sal refinado, duas colheres de sopa de açúcar e 15 gramas de fermento (também chamado de "reforçador"). Em seguida, foi acrescentando o óleo de soja conforme "o gosto da massa", ou seja, misturando-o aos outros ingredientes em pequenas porções até que certa uniformidade fosse conquistada. Para atingir esse ponto, contudo, fez-se necessário, também, pôr "as mãos na massa", misturando-a em movimentos rápidos de aperto e de dobra. Nesse processo, à medida que a massa foi grudando nas mãos, um pouco mais de óleo e farinha foram sendo adicionados.

Também uma pequena porção de água foi acrescida, posteriormente, enquanto a massa foi sendo trabalhada. Quando ela deixa de esfarelar na mão, alcançando uma textura macia e bem unida, é sinal de que já não precisa mais ser mexida. Chegado esse momento, é hora de levá-la ao cilindro, uma máquina especial onde essa massa é "quebrada", isto é, amaciada num rolo de metal. De acordo com Zé Carlos, convém passá-la umas 10 vezes por esta máquina, mais ou menos. Depois, numa mesa com tampo de alumínio polvilhado de farinha, ele tirou uns pedaços menores de massa e foi estirando-a: num movimento de rolagem com a palma da mão (assim como as crianças modelam cobras com massinhas coloridas na escola), ela vai ganhando um formato cilíndrico e alongando seu comprimento.

O próximo passo foi cortar em tamanhos semelhantes os rolinhos (o que Zé Carlos fez sem o auxílio de qualquer instrumento de medida), arrumando-os, em seguida, em grandes bandejas, nas quais descansam por cerca de uma hora. Trata-se de um importante intervalo de fermentação da massa, definitivo no que tange ao resultado do produto final. Para que o filó fique saboroso, explicou-nos Zé Carlos, é preciso que os rolinhos de massa estejam protegidos do vento nesse período, por isso ele os cobre com panos de prato. Uma vez fermentados (inchados), os rolinhos devem ser fritos em até meia hora ou começam a murchar.

Esse momento da fritura tem também seus cuidados indispensáveis. Um deles se refere à temperatura do óleo de soja, que deve estar bem quente. Outro, igualmente importante, remete ao modo de transferência dos rolinhos de massa da bandeja para o "assador" (máquina de fritura). É necessário pegá-los de forma rápida e "com a mão bem maneira", evitando usar de muita força. Do contrário, a massa "*arreia*", começa a desinchar, o que pode prejudicar, significativamente, o sabor e a textura do filó. Tamanha foi a ligeireza e a habilidade demonstradas por Zé Carlos durante esse procedimento que o fotógrafo de nossa equipe teve dificuldades de registrá-lo com maior qualidade.

Igualmente curto é o tempo de fritura do filó. Uma vez mergulhado no óleo – Zé Carlos assou uma média de 15 unidades por vez –, bastam alguns segundos para que eles estejam prontos. Com a ajuda de uma escumadeira de metal, os filós iam sendo virados e empurrados contra o óleo para que fiquem bem fritos de todos os lados. Aqueles cuja coloração ia ficando dourada, sinal de que já estavam fritos, iam sendo transferidos para uma escorredeira de metal, de onde saíram apenas meia hora depois, quando bem frios, direto para as embalagens de plástico. Isto porque a durabilidade desse produto já é considerada bem curta (dois ou três dias, apenas) e, se ensacados quentes, estragam com ainda mais facilidade. Depois de embalados, os pacotes de filó são armazenados numa prateleira de ferro, localizada em um ponto bastante ventilado, para não ficarem "borrachudos".

Apesar de muito semelhante, a massa de filó se diferencia da massa de pão convencional por ser uma "massa caseira", conforme entende Zé Carlos: "uma massa mais preparada, massa de mais sabor, que você bota mais material [ingredientes] à vontade nela". Contudo, assim como os pães caseiros, os filós são mais saborosos se consumidos ainda quentes ou, pelo menos, dentro das primeiras 24 horas. Depois disso, eles vão murchando e perdendo a qualidade. Por essa razão, a produção de filó de Zé Carlos é menor que a de "pastelzinho de vento", cujo sabor não sofre grandes perdas por cerca de três dias. Além disso, é só na manhã seguinte ao seu preparo, depois de cuidar dos afazeres da padaria, que tanto pastéis quanto filós podem ser distribuídos em alguns pontos comerciais da cidade, com os quais Zé Carlos já costuma negociar. Ele repassa um pacote dos primeiros, com cerca de 20 unidades, por R$ 0,80, enquanto o preço dos segundos é de R$ 1,00 (pacote com 10 unidades). Raras vezes sobra mercadoria: "procuro fazer uma quantidade certa pra não *estruir* muito", explicou-nos ele. Comercializando também na sua casa e na de sua mãe, Zé Carlos nos informou, ainda, que os clientes aparecem, principalmente, no começo da manhã e no fim da tarde, e compram filó para acompanhar um café, um suco ou um refrigerante.

Embora não tenha conseguido precisar há quanto tempo o filó existe e é consumido em Jaguaruana, ele afirmou que a receita dessa massa é antiga, pois tem lembranças de consumir ainda pequeno esse tipo de pão. Desde que aprendeu a fazer – há 15 anos, como foi dito, na padaria onde trabalha –, descobriu outras possibilidades de preparo, fruto de seu apreço pelos testes culinários: "eu dou valor testar as coisa; às vezes eu faço, num presta, aí eu vou e faço de novo, aí já vai dando certo". Foi assim que percebeu o sabor que é possível agregar ao filó se ovos e margarina forem acrescentados à massa. Ou mesmo se ele for recheado conforme o desejo do cliente e criatividade do padeiro. Zé Carlos chegou a comentar, inclusive, a respeito de sua pretensão em demonstrar essas outras formas de preparo do filó para que a nossa equipe pudesse degustá-las – um de seus sonhos é montar uma lanchonete, futuramente, onde ele possa vender essas outras variedades de filó. A falta de tempo para a compra dos ingredientes o impediu, contudo. De qualquer forma, ele salientou que tais incrementos elevam bastante o custo do produto final, tornado-se inviável para o tipo de público com o qual ele trabalha na atualidade.

Sendo assim, a receita de filó que Zé Carlos prepara e vende com regularidade é a mesma, praticamente, que ele aprendeu quando iniciou suas atividades de padeiro na panificadora onde trabalha. E também o formato escolhido para esse pão (existem outras variedades de forma)[11] é o mesmo aprendido por lá, que teria sido ideia de um padeiro chamado Osnar, natural de Jaguaruana. Por isso o produto também ficou conhecido como "piroca do Osnar", uma brincadeira que rende, ainda hoje, muitas piadas entre ele e seus clientes.

Quando a entrevista chegou nesse ponto, a descontração tomou conta do ambiente, e as risadas (algumas vezes, um tanto encabuladas) foram inevitáveis. Zé Carlos falou-nos, por exemplo, da suposta preferência das mulheres pelo filó. "As mulheres são tudo doida pelos filó. Quando a gente chega no comércio, as mulheres fica logo perguntando 'tem um filó?'". Sempre com muito bom humor, ele nos disse que fica "bestim" com esse gosto feminino pelo filó e, apelando para a duplicidade de sentido de algumas expressões, comentou que costuma responder para as clientes mais interessadas: "avalie se eu trouxesse bem *quentim*, hein?". Elas, segundo ele, acham graça, apenas.

....
11 Zé Carlos lembrou que o filó também era frito (e em alguns estabelecimentos ainda é) em formatos variados, como de laço ou de rosca, por exemplo.

Já os homens, os poucos que gostam (e que assumem esse gosto), dão sempre um jeitinho de ignorar o formato fálico do filó, partindo-os grosseiramente ao meio, por exemplo, antes de consumi-lo. A rejeição radical a este produto, ou apenas a suas possíveis semelhanças com uma parte expressiva da anatomia do homem, pode ser entendida como uma afirmação da masculinidade hétero e viril, vivenciada e reproduzida também por Zé Carlos. Com um sorriso no canto da boca, ele nos falou que não come filó, usando como justificativa sua possível repulsa por alimentos "muito oleosos" – embora, descobrimos depois, o pastel de vento, o outro tipo de fritura também comercializado por ele, constitua uma exceção. "É que nem eu lhe disse, filó as mulher dão mais valor, num sei por quê" – ele comentou sorrindo, tentando ainda esclarecer as razões pelas quais não consumia o filó. Em casa, sua esposa é quem mais costuma comer. "Mulher gosta bastante" – reafirmou – "é de lascar [risos]".

Espirituoso, Zé Carlos alivia o peso de sua vida corrida de trabalho nesses momentos de descontração – que são expressivos, por sua vez, das muitas aproximações entre sexo e alimentação no cotidiano da prática social. Apesar do cansaço que transparecia durante a entrevista, aqui e ali, num gesto ou numa frase, seu orgulho em se dizer "padeiro profissional" traduzia uma força e um empenho inspiradores. Sua esperança é que também seu filho William, que já o auxilia na produção de filó, desperte para a importância de cultivar essa energia. Ainda um tanto "vagaroso", Zé Carlos acredita que ele ainda vai "espertar" para a vida.

A receita de filó aqui descrita, e em todas as suas possíveis variações, ele guarda apenas na memória. Tantos anos de reprodução diária do mesmo processo não o deixam esquecer os pormenores, anteriormente explicitados, que diferenciam seu produto da concorrência. E quando perguntado sobre seu desejo de repassar os segredos de sua arte para outras pessoas, ele respondeu com tranquilidade e desprendimento que nunca cultivou o egoísmo, pois já sofreu muito com pessoas que o faziam, por isso revela sua receita, com prazer e em detalhes, a quem estiver interessado.

Bolinho esquecido – difícil de esquecer

Rosalete Lima

O bolinho esquecido, feito com goma e ovos, guarda os seus mistérios. Em Bitupitá, praia do município de Barroquinha, é uma merenda apreciada, vendida na padaria e nas bodegas locais. É também popular em Camocim. No entanto, o porquê de seu nome "esquecido" é uma pergunta que continua ecoando. Como pesquisadora do Projeto Comida Ceará, estive com algumas mulheres da localidade, que não desvendaram o mistério do nome, mas nos introduziram nos segredos da feitura deste bolinho.

A principal informante, dona Toinha (Antônia), 49 anos, preparou uma grande fornada de bolinhos. Contribuíram também para nossa aprendizagem sobre o quitute, em Bitupitá, dona Chagas, 69 anos, irmã de dona Toinha; dona Ritinha, 37 anos, proprietária da padaria de Bitupitá; e dona Teresa, 57 anos. No município vizinho, Camocim, conversamos com dona Odete, 65 anos, proprietária de uma tradicional padaria.

Apesar do nome, o que os relatos indicam é a popularidade do bolinho, que se torna um bom negócio para aquelas que sabem prepará-lo. Não parece que quem come o bolinho consegue se esquecer dele. Encontramos registros de receitas de "esquecidos" portugueses, originários da região de Covilhã, e também sua versão gaúcha, ambos realizados com farinha de trigo. Os esquecidos cearenses são feitos com a goma de mandioca, pois, na formação do fazer culinário brasileiro, a goma substituiu com frequência a farinha de trigo em diversos pratos lusitanos, sobretudo na região Nordeste.

Um bolinho que dá o sustento

Dona Toinha é uma senhora de 49 anos, jeito calado. Na tarde do dia 15 de março de 2010, ela nos recebeu para nos ensinar a fazer o bolinho esquecido. Uma fornada de 100 bolinhos!

Quando começou a fazê-los? Ela nos conta que aprendeu com a mãe, aos 20 anos. Antes não ligava muito, mas, depois que a mãe ficou doente, começou a trabalhar no lugar dela. Desde então já se passaram 29 anos e diz que seus bolinhos nunca saíram errados. A motivação para fazer o bolinho é financeira. Faz para vender. Normalmente fornece para a bodega do Seu Juraci. Às vezes sai vendendo nas ruas, de porta em porta. O preço por unidade é de 0,25 centavos. Prepara, em geral, fornadas de 50 ou 100 bolinhos e só quando termina é que produz mais. O bolinho dura em média uma semana e costuma ser armazenado em um depósito de plástico.

A prática de comercializar é algo que vem desde sua mãe. Relata-nos que a mãe gostava de cozinhar, mas o fazia principalmente por obrigação, para criar as filhas. Quando o pai dela morreu, ela, que é a caçula, tinha então um ano de vida. No total, eram nove filhas. Ela nos conta com orgulho que sua mãe sabia fazer de tudo e ensinou as filhas. No seu dizer, define que as nove "são todas trabalhadeiras", como era sua mãe, que, com a venda de comida, criou as filhas sozinha.

É na casa de dona Francisca que dona Toinha faz os esquecidos. Esta é sua irmã e tem um forno grande de alvenaria, no quintal. Segundo ela, esse forno seria o melhor para fazer os bolinhos. Diz que em forno a gás eles não ficam bons.

A casa tem três espaços destinados ao preparo de alimentos. Uma primeira cozinha logo depois da sala, onde ficam despensa, geladeira, armário e um fogão. Ultrapassamos uma porta e temos acesso a um alpendre de paredes amarelas e chão vermelho de cimento. No lugar, encontramos um fogão de alvenaria (e ao lado um saco de carvão), um pequeno móvel de madeira, uma mesa grande de madeira com cadeiras e uma pia grande. Um portãozinho separa a "cozinha-alpendre" do quintal. No quintal, sombreado por várias plantas frutíferas, encontramos um grande forno de alvenaria. Uma tela separa este espaço inicial do resto do quintal, onde ficam os bichos, sobretudo patos e galinhas. Próximo ao forno, uma cadela negra amamenta suas crias. É nesse espaço que se dá nossa aprendizagem de fazer esquecidos...

"Vou tacar fogo no forno". Com essa fala, dona Toinha inicia os movimentos do processo. Ela separa pedaços de madeira e os deposita no interior do grande forno do quintal, depois acende com o papel da caixa dos ovos e fósforos. Ela tampa o forno e segue para o alpendre. Dispõe na mesa os ingredientes e nos mostra as forminhas de flandres e zinco que utiliza. Quando vai iniciar, ela descobre que esqueceu o limão, um dos segredos da receita. E outras dicas vão surgindo: acredita que, com ovos de galinha caipira, o bolinho fica melhor e explica que, com a goma refinada, não presta. O bolinho ficaria "ligado" com a farinha refinada, sem a maciez característica.

Ela inicia separando as claras das gemas, colocando as claras em uma grande bacia. Com um batedor de ovos de alumínio, bate as claras vigorosamente enquanto responde laconicamente às nossas perguntas. Sobre o trabalho de bater a massa, uma pesquisadora comenta que seus braços são fortes, e ela reclama da dor que sente, causada por esse movimento. A fumaça do forno invade o lugar, irritando nossos olhos. Ela parece não se incomodar. Continua os movimentos firmes e repetitivos. Quando as claras estão em neve, ela acrescenta a casca de um limão e retoma o trabalho de bater. Poucos minutos depois, acrescenta as gemas e bate por mais algum tempo. Acrescenta o açúcar e continua seus movimentos. Diz que o ponto é quando o açúcar estiver diluído. Nesse momento, acrescenta a goma, sem peneirar mesmo.

O trabalho parece cansativo. Dona Toinha nos explica que o ponto da massa é quando engrossa – o que ela percebe "no olho", por experiência. Uma vez que a massa está pronta, ela prepara as forminhas, untando-as com óleo de soja. Como ela diz, o óleo é para "melar" as formas. Ela disse que cuida bem das formas há 29 anos. Tem, inclusive, uma faca reservada especialmente para a limpeza das forminhas, que são limpas uma por uma.

O modo de untar de dona Toinha é o seguinte: enche uma forma com o óleo e transfere para outra e assim por diante, uma a uma. Faz isso com grande rapidez e concentração. Depois ela começa a encher as forminhas com a massa, parando de vez em quando para bater a massa que resta – para homogeneizar a massa. Em suas palavras, "se não mexer, a goma desce". Lembra-se de retirar a casca do limão de dentro da massa.

O próximo passo é dispor as forminhas em tabuleiros de alumínio. Vai até o forno e, com um "rodo de forno", retira as cinzas e empurra as brasas para o fundo do forno. Com o mesmo instrumento, ela empurra os tabuleiros para o interior do forno. Outro instrumento utilizado é o "pau de puxar", uma vara de marmeleiro com um prego na ponta que é utilizado para movimentar os tabuleiros no interior do forno, virando-os, afastando-os ou aproximando-os do fogo quando necessário e ainda serve para puxar os tabuleiros para fora. É necessário constante vigilância e movimentar os tabuleiros, pois o calor no interior do forno é alto. Em torno de 10 a 15 minutos, os bolinhos estão prontos.

Com as forminhas ainda quentes, ela inicia o processo de "soltar os bolinhos" ou desenformá-los. Manipula as formas com as mãos, sem nenhuma proteção e as bate contra a mesa, para soltar os bolinhos, que ela deposita em uma grande panela de alumínio. Segundo ela, as mãos "já tão tudo queimada". O corpo se condiciona ao trabalho – dores nos braços, mãos queimadas, olhos lacrimejantes da fumaça, o suor escorrendo no rosto. Os ossos do ofício da feitura dos esquecidos com base nas tecnologias tradicionais, sem recorrer a batedeiras elétricas ou fornos a gás.

O inebriante cheiro de bolinho esquecido saindo do forno lembra o da broa ou o do bulim. No quesito sabor e textura, valeu a pena a espera: o bolinho não é muito doce, lembra o pão de ló, mas tem uma textura levemente borrachuda, porém macia. Impossível comer um só!

Vendo os bolinhos prontos, Seu Tabosa (cunhado de dona Toinha) esboça um sorriso quase de menino diante da guloseima. Ele nos informa que sua avó sabia fazer os bolinhos, mas não era para vender, era para consumo familiar. Vemos que o aroma leva este senhor a outros tempos. Ele se lembra de quando era menino, 10 ou 12 anos, e sua avó fazia para os filhos e netos. A alegria de segurar o bolinho ansiosamente esperado e degustá-lo! Ele compartilha sua hipótese sobre o nome: "Foi alguém que comeu e ficou esquecido... (risos)". Fala que sua esposa não faz o esquecido, o forte dela é o bolo de macaxeira.

Posteriormente, quando encontramos dona Chagas, irmã de dona Toinha, ela nos confessa que sua paixão culinária é o bolo grude. Em uma família de tantas mulheres, que sobreviviam e sobrevivem do saber culinário, podemos supor que as escolhas de aprimoramento em determinadas receitas está ligada ao esforço de diferenciação, de firmar uma identidade culinária a partir de sua(s) "especialidade(s)". A cada conversa percebemos que, além dos laços familiares e afetivos, existe uma rede de saberes culinários nessa pequena vila, por meio da qual surgem vínculos que ligam as detentoras do saber culinário tradicional a eventuais discípulas e público consumidor.

Conhecemos também dona Teresa, 57 anos. Ela nos confirmou que a motivação para produzir o bolinho também era financeira. Há um ano começou a fazer para ajudar sua filha. Coloca na bodega do Carinha, filho do Seu Formiga, e também vende nas ruas. O preço da unidade é de R$ 0,30.

Percebemos algumas diferenças entre a receita e o modo de fazer de dona Toinha e dona Teresa. Além da quantidade diferente dos ingredientes, esta utiliza gotas de limão no lugar da casca e goma refinada no lugar da grossa. Atentamos para um detalhe no pacote da goma. É produzida em Londrina – PR, ao contrário da goma utilizada por dona Toinha, que é produzida na região. Além disso, ela utiliza o fogão a gás e diz não haver tanta diferença. Suas forminhas também foram compradas em Barroquinha. Dona Teresa é uma mulher sorridente e falante. A receita do esquecido, ela diz que guarda "no juízo", pois é semianalfabeta. Todo dia prepara uma fornada de 40 esquecidos. Sobre o nome do bolinho, ela dá de ombros, ri e diz: "Esqueceram do esquecido". Ela nos diz que aprendeu menina, com dona Loura, que deve saber o significado do nome "esquecido", pois teria 100 anos. No entanto, ela acredita que dona Loura pode não lembrar porque "já está esquecida". E o círculo do mistério se fecha novamente.

Segundo seu Carinha, dono do estabelecimento que vende os bolinhos de dona Teresa, os compradores do esquecido são principalmente os "culumins", as crianças, e as "consertadeiras", mulheres que trabalham na limpeza dos peixes nas pesqueiras de sal da localidade. Normalmente é consumido no lanche da tarde.

Dona Ritinha, 37 anos, dona da padaria de Bitupitá, confirma a popularidade do bolinho. Novamente encontramos variações na receita, que não leva limão nessa versão. Dona Ritinha aprendeu com dona Chagas Rocha, irmã de dona Toinha. Antes de ter a padaria, já fazia em casa. A clientela é variada – adulto e criança. "Todo mundo gosta". Ela nos conduz ao interior da padaria para nos mostrar seu maquinário, o forno industrial onde assa os esquecidos e suas forminhas, feitas em Barroquinha. As dela são menores em comparação às forminhas vistas anteriormente. Ela nos conta que certa vez encontrou o bolinho em um mercantil na Parnaíba, mas era chamado por eles de pão de ló. Não tem certeza se era mesmo, pois não comprou, mas era o mesmo formato do esquecido.

NA ENTREVISTA, DONA CHAGAS BUSCA NA MEMÓRIA AS LEMBRANÇAS DO BOLINHO ESQUECIDO.

Em Camocim, encontramos dona Maria Odete, 65 anos, proprietária de uma padaria na cidade que também vende os bolinhos esquecidos. Dona Odete nos conta que aprendeu a fazer o bolinho no interior de Barroquinha, com dona Ernestina Rocha, uma amiga da família: "A gente ia pequeno para lá doido para comer esses esquecidos, né"?

Ela guarda a receita em um caderno de receitas. Há 40 anos faz os esquecidos. É o mesmo tempo que está à frente da Padaria Ideal, ao lado do marido, segundo ela, a mais antiga de Camocim, que pertenceu a seu sogro, Pedro Aragão. Conversamos com ela na casa da família, que fica no primeiro andar, em cima da padaria. De lá, ela faz a massa e os funcionários levam para assar em baixo.

Dona Odete reafirma que o esquecido é um bolo muito procurado. Ela nos diz que por vezes recebe encomendas de Fortaleza. E procura dar sua explicação: "É saudável, é uma coisa boa, gostosa, é uma coisa assim natural".

Faz algumas comparações com o tempo passado: se antes untava as forminhas com o dedo, agora é com o pincel. Antes não precisava de fermento, pois a goma era de boa qualidade, não tinha a forminha pequena de esquecido, e as cozinheiras da época usavam as latas vazias de doce. "Pena que agora o doce vem no plástico, né?", arremata ela.

Perguntada sobre a origem do nome do bolinho, diz que não sabe. Mas a filha sugeriu que talvez fosse porque "...a pessoa que tava fazendo devem ter esquecido, botou ele no forno e esqueceu...". O fato é que "desde que eu me entendi que é esquecido". E lembra-nos que o segredo para fazer um esquecido bom é a goma ser boa e seguir direito a receita, fazer a receita "certa". Resta-nos, então, nos aventurar na feitura desses memoráveis "esquecidos", com a lembrança dessas senhoras, suas histórias e saberes.

RECEITAS DE ESQUECIDOS

Receita de dona Toinha
(Bitupitá – Barroquinha)

Ingredientes:

1,5 quilo de goma grossa;
1 quilo de açúcar;
20 ovos (de preferência de galinha caipira);
Óleo para untar as forminhas;
Casca de um limão.

Modo de preparo:

Separar as claras das gemas. Bater as claras até atingir o ponto de neve. Acrescenta a casca de limão e bate novamente. Adicionar as gemas e bater.

Colocar o açúcar e bater até que se dissolva totalmente. Acrescentar a goma e misturar vigorosamente com uma colher. Untar as forminhas com o óleo e preenchê-las com a massa. Lembrar de retirar a casca do limão.

Levar em tabuleiros ao forno alto (forno de alvenaria) por 15 minutos, virando os tabuleiros de vez em quando para assar por igual.

Tempo de preparo: em média 30 a 40 minutos.

Receita de dona Teresa
(Bitupitá – Barroquinha)

Ingredientes:

15 ovos;
1 quilo de açúcar;
1 quilo de goma refinada;
Algumas gotas de limão;
Óleo para untar as forminhas.

Modo de preparo:

Separar as claras das gemas. Bater as claras até atingir o ponto de neve. Acrescentar algumas gotas de limão e bater novamente. Adicionar as gemas e bater. Colocar o açúcar e bater até diluir totalmente. Acrescentar a goma e bater novamente.

Untar as forminhas com o óleo e preenchê-las com a massa. Dispor as forminhas em uma forma maior que servirá de suporte.

Levar ao forno médio até dourar em cima (forno a gás) por volta de 40 minutos. Na metade do tempo, virar de lado, para assar por igual.

Receita de dona Ritinha
(Bitupitá – Barroquinha)

Ingredientes:

5 ovos;
250 gramas de açúcar;
500 gramas de goma grossa peneirada;
Óleo para untar as forminhas.

Modo de preparo:

Separar as claras das gemas. Bater as claras até atingir o ponto de neve. Adicionar as gemas e bater. Colocar o açúcar e bater até diluir totalmente.

Acrescentar a goma, peneirando, e misturar novamente. Untar as forminhas com o óleo, utilizando-se de uma esponja. Colocar a massa.

Dispor as forminhas no tabuleiro (forno industrial). Levar ao fogo médio por volta de 10 a 15 minutos.

Rende 30 bolinhos e dura cerca de oito dias.

Receita de dona Chagas
(Bitupitá – Barroquinha)

Ingredientes:

500 gramas de açúcar
800 gramas de goma
12 ovos
1 colher de sopa de fermento
Manteiga para untar (com o pincel)

Modo de preparo:

Bata as claras em neve, depois coloque as gemas e continue batendo, coloque as gemas e siga batendo. Acrescentar o açúcar, depois tirar da batedeira e colocar a goma e misturar com uma colher e, por último, o fermento.

Untar as forminhas, preencher com a massa e colocar para assar no forno médio por 30 a 40 minutos.

Rende 80 esquecidos, em média.

CONTOS E MISTURAS: DA VACA, DO PORCO E DA CONCHA

A carne de sol do senhor Babá: parada obrigatória

Vanessa Ponte

> "A famosa vaca muge, comendo nova babuge,
> vale a pena o ruge-ruge, da sagrada criação.
> Neste bonito triato, todo cheio de aparato, cada
> bichinho do mato faz a sua obrigação."
>
> Patativa do Assaré

A carne do sol é um dos pratos mais queridos da cultura sertaneja cearense. É produzida, basicamente, por meio de uma técnica artesanal de conservação. Primeiramente, passa por um processo de salga; em seguida, é exposta ao sol para secagem. Demanda um clima seco, por isso é recorrente nas regiões semiáridas nordestinas.

Trago o fino traçado de Rachel de Queiroz, em *Não me deixes: suas histórias e sua cozinha*, versando sobre esse alimento.

> A carne seca, também conhecida em outras regiões como carne do sol, é a carne de boa qualidade, aberta em mantas, polvilhada de sal e exposta ao sol durante mais um dia, até ficar bem enxuta. É a carne que alimentava os antigos tropeiros, praticamente prontas para comer, bastando assá-la na brasa. (QUEIROZ, 2000, p. 97).

Em uma região do sertão do Ceará, é possível tirar do papel parte dessa citação sobre a carne de sol e vivenciá-la, ou melhor, saboreá-la: Russas, localizada no baixo Jaguaribe, é famosa pelos deliciosos preparos deste alimento. Dentre as muitas casas e estabelecimentos, escolhemos a churrascaria *Dois Irmãos*, situada no centro da cidade e que possui uma tradição de 40 anos no preparo da carne do sol.

O senhor Carlos Augusto Sombra, conhecido como Babá, de 49 anos, filho de Russas, proprietário do estabelecimento, é quem prepara a carne do sol assada no tambor. Conhecido como Babá, ele é um senhor corpulento, de estatura alta, cabelos pretos com alguns fios brancos, um jeito sisudo e de voz grave. Um homem de poucas palavras e de trato educado.

Dedica grande parte da sua vida a trabalhar na Churrascaria *Dois Irmãos*. Um espaço que guarda histórias da família Sombra há várias gerações dedicadas ao comércio e à feitura da carne de sol. O senhor Babá inicia a narrativa sobre o lugar rememorando os movimentos de trabalho do pai, sua grande referência de vida. Inclusive, sua expressão sisuda se desfez em ternura e saudade ao dizer: "Eu me sinto bem de levar adiante a profissão do meu pai. E eu vou até dizer o nome do meu pai, Augustinho Sombra. Ele é muito conhecido". O senhor Babá foi um dos filhos que mais se dedicaram a cumprir, com esmero, os ensinamentos do pai.

A churrascaria *Dois Irmãos* apresenta uma relativa simplicidade arquitetônica. Fachada vermelha, formato retangular e nome do restaurante em azul. Logo na entrada, avista-se um salão com o teto de telhas de amianto, chão em cimento e paredes pintadas de amarelo. Nas colunas da frente, encontra-se um varal de fios de telefone, no qual são dependurados grandes pedaços de carne. Embaixo dos fios, há uma estrutura artesanal que o senhor Babá denomina tambor, composto por barra de cerâmica e roda de caminhão, utilizada para assar as carnes. Sobre o tambor, há uma grelha arredondada. Ao lado dessa estrutura, encontra-se uma mesa de madeira pintada de branco e azul. Sobre ela, uma bacia de plástico e utensílios: facas, garfos, pratos. O salão é repleto de mesas e cadeiras, algumas de madeira e outras de ferro. O cheiro forte da carne assada toma sempre o ambiente.

Ao redor do local, há um amplo espaço de areia, onde, costumeiramente, estacionam caminhões e carros. Muitos motoristas vêm de longas viagens e fazem da churrascaria *Dois Irmãos* uma parada obrigatória para desanuviar as tensões da estrada, apreciar a comida, comprar carne e alimentar os velhos laços de sociabilidade vivenciados ali. O senhor Babá nos conta que a sua clientela é formada, em sua maioria, por homens. Eles vêm do próprio município de Russas e de outras localidades. No dizer dele: "Vêm do sul, da cidade, da capital... Muitos caminhoneiros." A clientela costuma fazer da carne de sol, ali preparada, sustento para a jornada de trabalho – almoços e jantares reforçados – ou a transformam em tira-gosto de cerveja e cachaça para aliviar a dureza da rotina.

Carlos Augusto, ao se referir à clientela, suavizou novamente seu jeito circunspecto e lançou um sorriso largo: "É, pra mim, uma felicidade tá aqui. É uma diversão, com os amigos, conversando". Recusou-se, veementemente, a satisfazer a curiosidade sobre os temas dos burburinhos da clientela. Com gravidade e certa dureza, encerrou o assunto dizendo: "É conversa da amizade mesmo".

Com tom orgulhoso, refletiu sobre a churrascaria e as atividades realizadas ali: "Aqui é tradição de 40 anos". Ao ser indagado do seu entendimento sobre tradição, afirmou, sem titubear: "Tradição é o que é de muito tempo". Foi com ar experiente que partilhou conosco os conhecimentos sobre o manejo da carne de

sol apreendidos com seu pai. Nas palavras dele: "ele (o pai) ensinou a assar, a abrir carnes, salgar. (...) Aprendi o que ele fazia. Fui olhando, aí aprendi". Apropriado desses ensinamentos, sente profunda segurança: "Sei fazer porque já é profissão da gente mesmo. Profissão de assar carne".

Uma das sabedorias apreendidas na observação do pai e aprimorada em sua trajetória consiste na escolha da carne. Costuma trabalhar com uma "carne de qualidade". Esta é balizada pelo tipo. Aprecia o filé e o contrafilé. Faz questão de ir comprar as peças no *Mercado Público da Carne* de Russas. Na hora de escolher, procura levar em consideração o gosto do freguês: "o povo gosta mais gorda, a carne." Diariamente, compra 60 quilos. Sobre essa quantidade, diz: "A gente só compra o tanto que sai. Só o que sai. Amanhã já é tudo novo de novo. Vai de novo!".

Depois de trazer as carnes frescas, o senhor Babá realiza o processo de torná-la seca. O primeiro passo são os cortes. De forma precisa, lançando mão de uma faca de 10 polegadas, no seu dizer, "abre as carnes". Tece peças não muito grossas. Corta sobre uma tábua de madeira que o acompanha há tanto tempo que não sabe precisar. Ressalta a qualidade da tábua e diz: "Lavo todos os dias, cuido dela". Sobre a sua notável habilidade de cortar, diz: "Eu vi meu pai abrindo, aí olhando, aprendi, fui treinando e abri, pronto".

Após o processo dos cortes, ocorre o momento de temperar as peças, ou melhor, salgá-las. O senhor Babá pisa o alho num pequeno pilão de madeira e, em seguida, mistura ao sal refinado sobre as carnes colocadas numa grande bacia de plástico. Para 60 quilos, utiliza um pacote de sal refinado de 1 quilo e duas cabeças de alho. Ele nos ensina: "Mistura. Mistura tudo, o sal com o alho. (...) com a mão mesmo mexe, ele todinho, porque fica o gosto na carne, do alho. Ela fica cheirando. Quando tá salgando, todo mundo sente o cheiro do alho".

Após a salga, vem o momento de expor a carne ao sol. "Chega a hora de estender", diz ele. Dependura os pedaços de carne nos fios de telefones. Nesta etapa, é relevante o horário para que a secagem seja devidamente realizada. Esse processo costuma ser realizado na churrascaria por volta das 8 horas da manhã. Às 14 horas, ele retira as peças estendidas. Em seguida, coloca as carnes numa bacia. Deixa um bom tempo cobertas, "apurando". Por volta das 16h30, estende novamente. Aí, ela está pronta para assar. "E ela aí aguenta uns quatro dias no congelador. E quanto mais ela tá seca, melhor ela fica".

Inicia, então, o processo de assar a carne na estrutura artesanal chamada tambor. Ao descrevê-la, diz: "Isso aqui é um tambor. Com uma roda de caminhão dentro... Aí bota uma barra de cerâmica, aí ele fica duro por dentro... Aí depois a

gente bota o carvão". Indica que o ponto de acomodar as carnes é quando "a brasa fica bem vermelhinha". Ele coloca as carnes e, com um pincel, passa margarina sobre elas. Explica: "Então, ela vai assando, a gente vai virando. Vai olhando, aí a gente já sabe qual é o ponto que ela tá. Quando ela tá aí, bem pretinha. Aí ela tá quase no ponto." O aroma ganha o ambiente e denuncia o gosto bom que ela tem. Uma vez pronta, o senhor Babá costuma servi-la ao gosto do cliente: "É com baião, batata doce, tomate, cebola, uma farofinha... Paçocazinha".

Além de assar as carnes, o senhor Babá prepara as mantas. Ele nos explica: "a manta é um pedaço grande de carne. Com uma faca, vou abrindo ela. Que ela vem só a bola, quem abre é a gente". Todo processo demanda bastante conhecimento das partes da carne e habilidade com os cortes. Sobre os consumidores da manta, ele afirma: "faz pra colega, chega, pede pra gente comprar e fazer. Aí a gente vende! Tem cara que passa aqui: 'quanto tem essa manta aí?'. A gente vende. Cliente chega: 'Rapaz, dá pra vender cinco quilos, seis quilos?'. Uma manta dessa a gente pesa e vende".

A receita da carne de sol, apreciada no município de Russas e em muitas outras veredas, assim como o saber fazer da manta, Babá afirmou guardar apenas na cabeça. Não há receita escrita. Assegurou, ainda, que ensina a quem pedir. Com um tom de certa tristeza e conformação, diz que os filhos não quiseram continuar a profissão de assar carne. Buscaram outras formas para dar sentido a suas vidas. Ele continua incansável. Labuta cedo no mercado na compra das carnes, caleja suas mãos com a salga e os cortes, cansa seu corpo na quentura do tambor e, ao ser indagado pela maior motivação para lidar todos os dias na churrascaria, afirma com poucas e boas palavras: "Eu me sinto bem. É que o povo gosta."

Peleja de marisqueiras: narrativas de mulheres buscadoras

Vanessa Ponte

> "Quem elegeu a busca não pode recusar a travessia"
>
> Guimarães Rosa

Maria do Livramento Santos, Lucélia Torres e Socorro de Lima não só caminharam conosco à beira-mar e no mangue como também abriram as portas de suas casas e, por meio de diálogos francos e abertos, partilharam as vivências de seus ofícios nos fazendo compreender melhor o universo da alimentação nessas áreas litorâneas.

Convidamos o leitor a um passeio por essas narrativas, constituídas no entrelaçamento de experiências vividas e evocadas por estas mulheres, ao tecerem suas histórias no mangue ou na beira-mar, durante a "captura", a "cata" de mariscos, bem como em suas reflexões sobre o lugar dessas atividades em suas vidas, lares e localidades. Acompanhemos as três mulheres no trajeto entre a cata e o preparo do alimento, mas não sem antes conhecer um pouco de suas histórias.

Lucélia Torres, 31 anos, nasceu em Bitupitá, é casada e mãe de uma menina de dois anos. Iniciou sua peleja na mariscagem aos 23 anos, quando sentiu a necessidade de contribuir com a subsistência da família. Nas palavras dela: "Eu tô nessa vida por necessidade. Quando o peixe fica pouco, a gente escapa no mangue". Narra com certo desalento as dificuldades diárias enfrentadas no mangue e nos recifes: "As pernas da gente ficam tudo dolorida e o sol queima muito a pele da gente". Mas, em seu relato, não há apenas agruras. Ao contrário, com entusiasmo, menciona os momentos descontraídos de sociabilidade, vivenciados ao lado das outras marisqueiras no mangue. "Vai muita mulher, é uma animação". É notável o ânimo também quando ressalta a qualidade dos mariscos: "A gente fica muito feliz, porque isso aqui é saúde, é da própria natureza, é saúde, não é essas verduras cheia de coisa". Religiosa, afirma: "Tudo é obra do Senhor. Ele deu o mangue pra quando falta peixe no mar". A fibra de Lucélia nos ensina que ficar sentada e esperar que a vida venha é sinal de fraqueza; é preciso ir buscá-la com tudo que pudermos.

Socorro de Lima, 35 anos, também nasceu em Bitupitá. Desenha o seu cotidiano entre as funções de dona de casa, mãe e marisqueira. Grande parte de sua jornada diária ocorre no mangue e nos recifes na cata aos mariscos. Em sua narrativa, com tom emocionado, rememora a sua convivência, no tempo de infância, com a mãe, que a estimulou a dar os primeiros passos na mariscagem. Emoção acentuada com o recente falecimento de sua mestra. A mãe lhe ensinou que o mais importante em mariscar é colocar comida dentro de casa e que não pode haver preguiça em desempenhar tal atividade. Com voz embargada de saudade, Socorro garante que, apesar de todas as dificuldades do ofício, sente prazer em estar no mangue: "Quando a gente tá no mangue, é bom. A gente não vê o tempo passar". Parte desta sensação de prazer vem das conversas e momentos de troca com as companheiras de peleja: "No mangue, a gente palestra muito". Em sua narrativa, ressoa a certeza de que é naquele lugar que encontra vigor para superar as passagens desafiantes da vida.

Maria Livramento, 47 anos, conhecida como "Menta" ou "Mentinha", nasceu e se criou em Curral Velho. Sente orgulho por ter profundo conhecimento sobre o seu local de origem e a respeito das famílias que dão vida ao lugar. Com sua voz firme, relata: "Conheço a comunidade como a palma de minha mão". Ela respira fundo ao contar sua narrativa e, sem conter a emoção, rememora o tempo de menina e os aprendizados que teve ao lado de seus pais pescadores. Em sua narrativa, a presença da mãe, exímia marisqueira, se fez marcante. Menta, quando era só uma menina, fazia questão de acompanhá-la. Ansiava caminhar no mangue e nos recifes, mesmo à revelia da sua mãe, que, muitas vezes, não queria levá-la, por receio de que não suportasse a dureza da lida, sentisse fome, sede e a fizesse antecipar a volta para casa. Com o passar do tempo, as duas tornaram-se companheiras de mariscagem. A mãe adoeceu e partiu. Menta deu continuidade ao ofício. Narra que exerceu outras profissões. Foi operária em fábricas de castanha e professora em uma escola municipal, mas frisa com bastante vigor: "Eu exerci por aí tudim nessas pedreiras, mas lembrando mesmo que eu sou pescadora. É com muita honra que digo que sou pescadora de marisco. Isso eu sei fazer". Ela é casada com o pescador Antonio José, com o qual teve sete filhos, sendo que um deles faleceu. Transparece intenso orgulho ao falar dessa união: "O povo da comunidade diz que é o casal perfeito, e eu não sei o que é uma contenda entre ele e eu". Uma das motivações de sua vida é o trabalho desenvolvido na Associação Comunitária de Marisqueiras e Pescadores de Curral Velho, fundada no dia 13 de agosto de 2003.

Demonstra-se inconformada com as precárias condições sociais e econômicas da maioria das trabalhadoras: ausência de reconhecimento de seus saberes e fazer, dificuldades para obter os direitos trabalhistas, vulneráveis condições de moradia e de atendimento médico. Outra indignação de Menta é a devastação do meio ambiente, em especial dos manguezais. Ela tece fortes críticas à carcinicultuta (criação de camarão em cativeiros). Em sua opinião, os proprietários dessas criações destroem tudo. Suas atividades causam a salinização da água e a morte da vegetação. Menta afirma que eles proíbem a pesca realizada por moradores locais. Diante desses conflitos, ela busca com seu trabalho na associação a mudança dessa dura realidade. Menta é uma mulher de postura vibrante, daquelas que parecem não se intimidar por nada. Sobre o sentido da luta em sua vida, ela expressa:

Essa luta pra mim significa conquistas caríssimas que, se eu ganhasse 10 mil reais por mês como salário, não pagava a conquista que pra mim é muito caro. Você se doar, dar sua vida praticamente. Porque só faltou a gente morrer, veio ameaça, tudo que foi ruim veio pra cima da gente. Veio propostas. Eu disse não! Pera aí, minha pobreza não quer dizer que sou carente da corrupção não. A conquista para mim é trabalhada cada dia.

Menta parece ensinar que, a cada pequeno passo dado, a cada direito que tentamos agarrar, a vida reconhece e retribui com paisagens mais justas.

Luta diária das Marisqueiras

Com as narrativas de Socorro, Lucélia e Menta, aprendemos que a "catação" ou "captura de mariscos" é realizada no mangue ou à beira-mar, na areia seca. O planejamento e a preparação de uma jornada de trabalho na mariscagem envolvem muitos conhecimentos. É preciso desenvolver uma refinada percepção do meio ambiente e conhecer, sobretudo, as particularidades do mangue e da beira-mar para desempenhar satisfatoriamente o trabalho. Outro critério fundamental é a compreensão dos ciclos das marés, clima, fases e movimentos da lua, a lógica dos ventos, pois é com esse entendimento que elas organizam os seus horários de trabalho. As seguintes falas expressam bem isso: "O sururu a gente só pega quando a praia tá seca! A marisqueira tem que aprender muita coisa porque isso é uma arte da gente" (Socorro), "A pessoa pra saber tem que ficar prestando atenção no mar" (Lucélia), "A mariscagem é ruim no período de inverno, a água doce mata o marisco e, se não mata, deixa adocicado" (Dona Menta).

Percebemos que existem comentários preconceituosos sobre o tempo gasto neste trabalho: são tachados como preguiçosos, pois, esporadicamente, é possível encontrá-los, no meio da manhã, em rodas de sociabilidade, deitados em redes ou no aconchego de seus lares. Esses comentários não levam em consideração o fato de que esses sujeitos sociais funcionam numa lógica particular, em um tempo de trabalho em sintonia com os ritmos do meio ambiente, com os movimentos dos mares e das estações. Diferentemente da lógica exercida nos trabalhos em fábricas, que são marcados pelo tempo do relógio, o ritmo de trabalho das marisqueiras e dos pescadores, ao contrário do que muitos pensam, exige bastante esforço e tenacidade. A quantidade e variedade das narrativas, que ressaltam as lutas cotidianas desta tarefa, são instrumentos importantes para desnaturalizar esse estigma contra pessoas que, muitas vezes, para conquistar o pão de cada dia, levantam antes da maré.

Voltemos para os detalhes da peleja diária das marisqueiras. Depois de identificada a hora mais produtiva para trilhar os caminhos – relativamente longos – até o mangue ou a beira-mar, as marisqueiras preparam seus corpos para a lida. Isso começa com o ato de vestir. A escolha dos trajes para mais um dia de trabalho não é realizada aleatoriamente. Menta, Lucélia e Socorro pensam na mobilidade e no conforto dos trajes. Elementos fundamentais para enfrentar as intempéries que encontram nas veredas por onde passam: clima escaldante, lama, areia, vento, água na metade da canela, locais escorregadios e permeados de obstáculos. "Eu coloco uma blusa de manga mais comprida por causa do sol que queima a pele!" (Socorro), "Tem que ser roupa que deixa a pessoa à vontade" (Lucélia).

Apropriadamente vestidas para a peleja, elas se munem de seus instrumentos de trabalho para a cata dos mariscos. Carregam consigo baldes, colheres e facas para facilitar a retirada dos mariscos e uma peneira para lavá-los. É válido destacar que são as mesmas mãos que tecem movimentos pequenos e, em certa medida delicados, para mexer com os búzios que se encarregam também de trazer os baldes cheios, no fim da captura, até os seus lares. Isso desmonta por completo uma ideia corrente no senso comum de que as mulheres são frágeis.

Chegando aos locais de coleta, elas começam a procurar os mariscos. Em suas falas, expressam que o simples ato de procurar faz as coisas acontecerem. Os tipos de mariscos que Lucélia, Socorro e Menta costumam catar com mais frequência são sururus, encontrados no mangue. Além disso, coletam também o "búzio de jogar" e a "capota", encontrados na praia. As comunidades vão conferindo nomes diferentes aos mariscos. É possível encontrar um mesmo tipo com nomes diferentes ao longo do litoral. São diversas as denominações: "fumim", "moelinha", "tabaco da senhora", "pau do senhor", "pé de bode"...

No mangue ou na praia, as marisqueiras, acocoradas ou curvadas, realizam a peleja de cavar os búzios que estão embaixo da fina superfície de areia. O processo é basicamente manual, contudo, utilizam colheres ou facas para revirar a areia e facilitar a captura. Depois de apanhá-los, colocam-nos na peneira para uma lavagem e, em seguida, no balde. Estas senhoras têm um olhar refinado, capaz de encontrar os mariscos, escolhê-los do tamanho adequado e identificar, em meio à areia da praia ou do mangue, muitas gradações de tons malva, castanho, preto, cinza e definir com precisão cada espécie. A habilidade com as mãos, o manejo da colher e da faca, a precisão no olhar e em classificar cada espécie de marisco, a capacidade de movimentar-se em lugares extremamente tortuosos e escorregadios revelam que Menta, Socorro e Lucélia desenvolveram um profundo conhecimento do meio natural e uma sabedoria para desenvolver seus ofícios.

Em seus corpos, ficam evidentes as dificuldades e os esforços da lida com os mariscos: em suas mãos são visíveis as marcas do que elas denominam "golpes", ou seja, os cortes provenientes do contato com as pontas afiadas de alguns mariscos; em suas peles, podem-se ver as marcas de dias de trabalho sob sol intenso; em suas colunas e braços estão presentes as dores, frutos do esforço demasiado da parte superior do corpo e do fato de passarem muitas horas numa mesma posição e também do ato de transportar o balde cheio no fim do expediente. Como se vê, os seus corpos retêm em si uma história a contar e as marcas de suas pelejas. Elas realizam essa lida de duas a seis horas diárias de três a sete vezes por semana. Isso mensurando somente a captura, sendo que há também o tempo de tratar os mariscos, ou seja, retirar a concha e extrair a parte mole do molusco e realizar todo o procedimento de limpeza para deixá-lo pronto para o consumo.

É preciso ressaltar que nas localidades onde Socorro, Lucélia e Menta vivem costuma-se atribuir às mulheres todos os encargos com a casa e a família. Em suma, além de serem mães, donas de casa, esposas, devem também ser marisqueiras competentes. Há, indubitavelmente, um acúmulo de funções.

Desse modo, é relevante pensar sobre algumas visões recorrentes que consideram a luta diária das marisqueiras em relação a outras atividades de pesca desempenhadas por homens como algo mais leve e subsidiário ao deles. Os baldes repletos de búzios são, muitas vezes, o que garante a alimentação nas mesas de suas casas. Como fica evidente na fala de Lucélia: "quando o mar tá difícil, a gente escapa no mangue". Nessa frase, escapar tem o sentido de sobreviver. Sobre isso, é importante destacar a fala de Menta, ao enfatizar a necessidade do reconhecimento do trabalho das marisqueiras e mencionar o cotidiano repleto de atividades dessas trabalhadoras:

> O nosso objetivo no nosso movimento de mulheres pescadoras nacional, regional, municipal e estadual é este: lutar pela nossa identidade e que ela seja vista como as demais profissões. [...] A gente também dá um duro lá pra ir buscar (mariscos). Porque, se o companheiro passar 15 dias no mar, se a mulher vive do setor da pesca, ela vai pro búzio, vai pro siri, vai pro caranguejo. Ela que sustenta a casa quando ele tá lá fora (pescando em alto mar). Então, esse trabalho não tem valor não? Vamos lá para os *conforme seja*. Se você prestar atenção, a gente é quem ganha na história, porque nosso calendário enche (Menta, grifos meus).

As narrativas das mulheres marisqueiras fazem com que os conhecimentos, esforços e singularidades de seus trabalhos sejam colocados em evidência, além de deixar claro também como esse ofício é carente de políticas públicas que proporcionem às marisqueiras direitos e condições de continuar suas jornadas com dignidade.

LUCILENA, SOCORRO E LUCÉLIA E OS PRATOS DE SURURU.

Sociabilidade e afeto: fortaleza no mangue

A gente fica alegre, uma troca palavras com a outra.
É uma palestra ali no Mangue.
(Socorro)

No verão, vai muita mulher, é uma animação.
(Lucélia)

Quando o balde da outra tá fraco, a gente ajuda a encher.
(Lucélia)

Minha mãe era fanática no setor do mangue.
Ela ia com as outras amigas.
(Menta)

A gente vai de tropa, proseando
(Menta)

Os relatos de Socorro, Lucélia e Menta expressam que o mangue e a beira-mar, além de representarem locais de trabalho, são locais de sociabilidade. Elas destacam que as trocas afetivas tornam-se verdadeiras forças de sustentação, pois umas vão imprimindo vigor ao desânimo da outra e, à medida que partilham as trocas carinhosas, vão se fazendo mais produtivas, enchendo os baldes de búzios de forma mais prazerosa.

A amizade entre Lucélia e Socorro é exemplo de um laço fortalecido na peleja no mangue e na beira-mar. Em tempos de alimentos escassos, de problemas de saúde e outras adversidades, elas estendem a mão uma para a outra e isso se torna fonte de vigor para a continuidade dessa aventura humana que é a vida.

Menta, Socorro e Lucélia relatam que, de uma forma geral, a cordialidade e o respeito é predominante na comunicação entre as marisqueiras. Cotidianamente, falam sobre família, peculiaridades do trabalho, acontecimentos da vizinhança, assuntos relativos à programação da televisão e de todos os dilemas e alegrias que envolvem esses temas. Fazem isso sem perder a concentração no trabalho, pois sabem que o tempo da maré não espera, ela tem hora de encher, de modo que devem aproveitar o momento em que isso não ocorre para garantir os baldes cheios.

Socorro narra que elas ficam "de olho" para ver quem enche o balde mais depressa. Uma amistosa atmosfera de competição fica evidente na narrativa. Quando ocorre de alguma delas ter dificuldade de fazer a captura em tempo hábil, sempre encontra a solidariedade nas mãos de alguma companheira de peleja.

Em suas narrativas, elas evidenciam que muitas marisqueiras, ao partilhar seus dissabores e dilemas, encontram naquele mangue alívio e conforto. Há quem encontre ligações sinceras e há quem pense que estar no mangue é poder se refugiar de tensões que vivem fora dele. Nas vozes de Menta, Socorro e Lucélia, o mangue ou a beira-mar não constituem somente espaços onde as marisqueiras procuram melhorias para suas vidas alimentares e financeiras; elas também vão em busca do encontro, da camaradagem, da cumplicidade e do riso.

DA ESQUERDA PARA A DIREITA: DONA MENTA DO DISTRITO DE CURRAL VELHO/ACARAÚ. SOCORRO E LUCÉLIA DO DISTRITO DE BITUPITÁ/BARROQUINHA.

A compreensão de que as marisqueiras cultivam em suas relações de trabalho o respeito pelo outro, a solidariedade e a alegria da partilha, e que isso, em suas opiniões, aumenta a produtividade nos permite contrastar com as relações que imperam em muitas outras profissões em nosso meio social, em que o individualismo, as relações de mando, a concorrência intensa, a busca desenfreada da aquisição de dinheiro são bússolas para o ambiente de trabalho, muitas vezes custando a qualidade das relações pessoais. Elas nos ensinam que outro ambiente na esfera de trabalho pode ser construído. Um ambiente mais saudável e estratégico para a promoção de uma melhor qualidade de vida, em meio a tantas adversidades que as acompanham.

O aprendizado: os primeiros passos das marisqueiras

Ora com semblantes suaves, iluminados por sorrisos, ora com os semblantes tensos, muitas vezes tomados por lágrimas, elas remeteram a tempos e espaços distintos, em que seus corpos davam os primeiros passos no caminho da mariscagem. Partilharam lembranças de imagens, lugares, acontecimentos, aprendizados e sentimentos do seu vivido corporal quando eram pequenas, dando testemunho de como tudo isso repercutiu em suas vidas naquele momento e como ainda vive e viceja nelas no presente:

> Minha mãe era fanática no setor do mangue. Ela ia com as outras amigas. E eu lembro que eu chorava com meus seis ou sete anos, eu chorava pra mim ir também. Ela dizia: 'não que tu lá vai ficar com fome e aí na hora eu não tenho nada para te dar'. Eu dizia: eu vou. Aí eu insistia: e saia atrás correndo. Vendo tudo aquilo, eu não demorei pra mim aprender esse processo sobre a mariscagem, que é difícil, mas, quando você se habitua, gosta. Eu lembro que uma vez a gente vinha da pesca assim uma hora da tarde e tinha uma salina exatamente aqui onde hoje é viveiro. Sabe? E quando era salina tinha uma cerca, e aí eu lembro que ela trazia uma baciada cheia de marisco pesada a essa hora. Porque a gente era criança,

ela não permitia que a gente ajudasse com peso, ajudava na capturação. Aí quando ela tava passando na cerca daquela roseirinha do arame farpado, aquilo enganchou nisso aqui dela, nessa carne da coxa. Ai ela disse: Puxa! Enganchei minha perna aqui! Ai quando ela olhou assim, lá vinha o sangue descendo. Chega saiu carne da perna da coxa e isso é uma marca que nunca me esqueço. Tem uma musiquinha que ela gostava de cantar: 'Sonhei que estava na praia vagando, sempre olhando as ondas do mar, peguei um barco que da praia vinha pra ver se eu via aquela jovem bela. Cheguei pra perto, ela mergulhou, nunca mais voltou e não falei com ela'. A gente ouve, a gente não se esquece. Todo dia, todo dia é como se estivesse com o pai da gente e com a mãe da gente (Menta).

A minha mãe costumava ir também, eu acompanhava ela. Naquilo eu fui aprendendo. Quando era pequena, ela tratou muito peixe, toda vez que ia pra pesqueira tratar o peixe, eu ia com ela, aí eu ia escamar o peixe com ela, eu olhava pra aprender. Eu perdi minha mãe, eu segui o mesmo trabalho que eu aprendi com ela (Socorro).

Aprendi a cozinhar o sururu com minha mãe. Desde criança ela sabia cozinhar. Fazer torta, Maria-Isabel, farofa (Lucélia).

Os relatos de Socorro e Menta nos permitem perceber que, desde a infância, seus corpos vêm sendo preparados, socialmente, para seguir as trilhas do trabalho de marisqueira. Grande parte desse preparo é fruto da convivência que tiveram com mulheres que, diariamente, expressavam por meio de gestos e palavras as sutilezas dos saberes e os fazeres desse ofício.

Socorro, Menta e Lucélia partilharam suas lembranças relacionadas à convivência com suas mães. Estas iam dialogando, cerceando, estimulando, coagindo, elogiando para que as meninas aprendessem a conhecer as particularidades do ciclo das marés, dos movimentos da lua, da lógica dos ventos, das espécies de mariscos e das técnicas corporais necessárias para saber olhar, catar, tratar e transformar os mariscos em refeições.

Os conflitos, cerceamentos, trocas, coações, diálogos, cumplicidade, crescimento e descobertas que vivenciaram nesse aprendizado foram tão marcantes em suas trajetórias que se emocionaram demasiadamente ao falar de suas mães e de seus ensinamentos. Relataram que não é raro estar nos mangues ou na praia e sentirem, por meio de lembranças, as presenças de suas mães por perto.

Ao fluirmos por meio das recordações de Menta, Socorro e Lucélia sobre suas infâncias, nota-se que elas brincavam de catar o marisco. É relevante pensar como o brincar estava inserido em seu processo de socialização, servindo como um treinamento constante e diário de aprendizagem do modo de ser marisqueira.

Com Lucélia, Menta e Socorro, aprendemos que a mariscagem abrange uma série de saberes e fazeres que são passados de mãe para filha. O que ocorre é um encontro de gerações em torno de um processo de aprendizagem. Conhecimentos que vão adquirindo diferentes sentidos e significados com o passar do tempo. Acontece um diálogo entre gerações.

No entanto, é importante ressaltar que nem todas as crianças de um determinado meio social e cultural reagem ao processo educativo da mesma maneira. Embora seja considerável o número de mulheres que começam, desde a infância, seus passos nas estradas da mariscagem, pelas mesmas necessidades de sobrevivência de suas mães, os destinos das filhas de marisqueiras não são inexoráveis. Muitas jovens não desejam seguir as profissões das mães. Possivelmente, isso aconteça pelos preconceitos e dificuldades que um trabalho na informalidade traz. Elas percebem as pelejas das mulheres dali: vivenciar a destruição dos manguezais pelas práticas da carcinocultura, lidar com a falta do direito à moradia próxima a esses ecossistemas, perceber a diminuição dos estoques pesqueiros pela atuação de práticas de pescas que beneficiam grandes empresas, vivenciar na pele as dificuldades para obter direitos trabalhistas e ter seus ofícios desvalorizados.

É de extrema relevância as experiências de vida da mulher marisqueira. Que socializem a riqueza de conhecimentos da mariscagem para parte considerável das comunidades do litoral cearense. É necessário tornar públicas essas reflexões para mobilizar a atenção da sociedade e do poder público às necessidades e descasos que essas pessoas enfrentam de sol a sol. Pensemos nas falas de dona Menta quando afirma que, para muitos, a pesca artesanal vai muito além do sentido da sobrevivência, de alimentar o corpo. A fome também é de defesa dos ensinamentos de seus pais, das memórias dos saberes e fazeres de suas comunidades, da vitalidade de suas culturas. Em muitos casos, mariscar não é só buscar sururus sob a areia, é buscar reconhecimento de forma integral. É a possibilidade de uma vida melhor.

Apresentadas essas narrativas, convidamos o leitor a saborear os pratos com mariscos preparados por Lucélia.

Pratos com sururu

Por volta das 10 horas da manhã, Lucélia nos recebe em sua casa para nos ensinar alguns pratos feitos com o sururu. Lucélia convidou a irmã, Lucilena, 27 anos, para ajudar no processo. Pouco depois, surge dona Célia, 53 anos, mãe delas, tomando a frente dos trabalhos. A amiga Socorrinha, 35 anos, também aparece para observar a movimentação e conversar. Todas elas conhecem a vivência do mangue, da cata do marisco e guardam histórias preciosas dessas práticas e dos modos de cozinhar esse produto.

Lucélia usa touca e comenta que aquela situação parece com o programa "Mais Você", apresentado por Ana Maria Braga. Enquanto nos explica a primeira receita, sua irmã, Lucilena, cuida do feijão que está no fogo para a preparação do baião. Ela está de cabelos amarrados. Comenta que irá realizar uma receita além das que foram prometidas. Fará uma omelete com o sururu que sobrará.

Sobre essa receita, Lucélia nos conta que aprendeu quando tinha 11 ou 12 anos com a mãe. Diz que a mãe lhe ensinou tudo e assim pretendia fazer com sua filha. Nessa hora, sua mãe, dona Célia, entra pelos fundos da casa e vem até a cozinha, curiosa para observar se a filha estava fazendo "tudo direitinho". Logo, reclama que a comida não está cheirando como deveria e que provavelmente colocaram pouco alho. E diz: "O segredo da comida é o alho... É o que dá o cheiro... Comida com pouco alho não presta". Há uma grande sensibilidade culinária nessa senhora, que deixa bem claro, ao longo de sua fala, que paladar, olfato e visão andam juntos. Para ela, comida tem que ser vistosa e cheirosa para dar "vontade de comer". Nesse momento, Lucilena diz que é hora de finalizar o baião e dar início aos outros pratos: a farofa de moelinha e a omelete de pé de bode, que serão preparados ao mesmo tempo com ajuda de dona Célia.

Com a chegada de dona Célia, vimos a dinâmica do trabalho mudar. As filhas passaram a ser coadjuvantes no processo. Lucélia cortava os ingredientes e Lucilena preparava a massa da omelete, enquanto a mãe dava as ordens e cuidava do fogão, sempre preocupada com o cheiro que iria subir, sinal de que a comida estava ou não indo no caminho certo. Dona Célia falou sobre sua vida como marisqueira e sua relação com a cozinha e os alimentos. Ela disse que aprendeu a cozinhar sozinha, por volta dos oito anos. Sua mãe seria, segundo ela, "preguiçosa" na cozinha e só fazia mesmo a comida básica de pescador. Eu perguntei qual era, e ela respondeu: "peixe com farinha e peixe cozido". Dona Célia começou a cozinhar bem cedo para a família toda e disse que isso era um dom, que ela se sentia feliz quando cozinhava.

Naquele espaço tomado por mulheres, no ato de preparar alimentos, podemos desvelar modos de proceder que revelam dinâmicas da vida cotidiana do lugar, dinâmicas que ligam o mangue à cozinha, que guardam transmissão de saberes entre gerações, histórias de trabalho e de celebração das relações dessas mulheres, ligadas por vivências em comum, por afetos.

Primeira receita: Maria-Isabel de pé de bode

Ingredientes:

2 tomates grandes;

2 cabeças de cebola (roxa e branca);

1 pimentão;

corante (coloral) a gosto;

pimenta-do-reino e alho a gosto;

óleo;

1 quilo de arroz parbolizado;

800 gramas de sururu pé de bode.

Modo de preparo:

Os ingredientes do tempero devem ser picados e misturados em um recipiente. O alho é picado com a pimenta na hora de pôr na panela. O arroz deve ficar de molho na água, para amolecer, por uns 20 minutos.

Levam-se ao fogo os temperos com óleo e acrescenta-se o sururu. Frita-se até "subir o cheiro" e coloca-se o arroz escorrido. Completa-se com a água separada na chaleira, já quente.

Tempo de cozimento: 20 a 30 minutos.

Segunda receita: farofa de moelinha/capota

Ingredientes:

2 tomates grandes;

2 cabeças de cebola (roxa e branca);

1 pimentão;

corante (coloral) a gosto;

pimenta-do-reino e alho a gosto;

1 molho de cebolinha (cheiro-verde);

óleo;

500 gramas de moelinha;

500 gramas de farinha de mandioca branca fina.

Modo de preparo:

Os ingredientes do tempero devem ser picados e misturados em um recipiente. O alho é picado com a pimenta na hora de pôr na panela.

A moelinha deve ser preparada antes, na panela de pressão, com pouca água, por 30 minutos, para amolecer.

Inicia-se fritando a moelinha, que, por ser mais dura, vem antes. Depois que começar a dourar, acrescentam-se os temperos, reservando o alho para pôr ao final, pois ele queima com mais facilidade.

Quando o cheiro da moelinha estiver subindo e a carne estiver mais macia, com consistência de uma moela de frango, está na hora de pôr a farinha e misturar bem, finalizando a farofa.

119

Terceira receita: omelete de pé de bode

Ingredientes:

1 tomate pequeno;
1 cabeça de cebola roxa;
1/2 pimentão;
corante (coloral) a gosto;
pimenta-do-reino e alho a gosto;
1 molho de cebolinha (cheiro-verde);
400 gramas de sururu pé de bode;
3 ovos;
óleo;
sal e coloral a gosto para a massa;
um pouco de farinha de trigo.

Modo de preparo:

Os ingredientes do tempero devem ser picados e misturados em um recipiente. O alho é picado com a pimenta na hora de pôr na panela. Coloca-se óleo em uma frigideira grande e acrescentam-se os ingredientes. Refoga-se bem e acrescenta-se o sururu. Frita-se, misturando bem, e depois se reserva.

Separam-se as claras das gemas e batem-se as claras até espumar. Acrescenta-se uma pitada de sal, bate-se mais um pouco, acrescentam-se as gemas, bate novamente e coloca-se um pouco de corante e um pouco de farinha de trigo.

Esquenta-se o óleo na frigideira, coloca-se a massa, o recheio e espera-se dourar. Vira-se de lado, dobrando a torta para dourar do outro lado.

A tripa de porco mais famosa de Jaguaruana fica às margens do Rio Serafim

Vanessa Ponte

> "O rio não quer chegar a lugar algum, só quer ser mais profundo"
>
> Guimarães Rosa

Vamos para Jaguaruana, às margens do Rio Serafim, visitar a barraca de seu Afonso. Chão batido, o teto coberto com telhas, sustentado por colunas de cimento, demarcada por uma cerca de madeiras bem finas. Cadeiras e mesas brancas de plástico ficam dispostas por toda parte. Há um amplo quintal com algumas plantas e próximo a ele uma pequena cozinha. O rio fica ali perto, levando vida e cor a tudo que está a sua volta, contrastando com a paisagem mais geral de Jaguaruana, tão árida e castigada pela ausência de chuvas e de políticas públicas. O estabelecimento é visitado por uma clientela fiel de moradores locais. Os turistas também aparecem em busca de lazer, sociabilidade, um descanso na loucura do dia a dia e, de forma especial, o prazer de degustar as comidas preparadas ali. Entre elas, a tripa de porco frita, umas das mais procuradas na região.

Quem prepara a referida comida é Afonso Cesar Rocha, de 45 anos, filho de Cabaças, Crateús, e casado com Leuda, companheira na vida e na lida do comércio. Antes de falar sobre a famosa tripa de porco, Afonso proseia sobre a lida de pequeno comerciante do ramo da comida: "Tem que ter muita profissão mermo, sabe?! Eu tenho uma! Vinte e três anos que eu vivo aqui nessa área de barraca!". Na concepção de Afonso, um bom comerciante e um bom cozinheiro precisam estar constantemente de olhos bem abertos e ouvidos atentos aos desejos dos seus clientes. Quer ver deixar o coração do Afonso miúdo é sentir a clientela contrariada. Em suas palavras:

> Porque cada um tem o seu lado profissional... o médico se sente bem quando dá alta num paciente... que ele ficou bom naquela cama, que ele medicou, ele tratou... Como também se sente mal quando entrega o paciente... morto para a família, né?! Deve ser... quase assim. Eu me sinto chateado quando o cliente chega: "Afonso, tem aquela tripinha?", "Rapaz, tenho não, hoje eu tô sem (faz uma expressão triste)".
> "Afonso, tu tem aquela tripinha?", eu digo "Tenho". Se disse "Num tem", "Ih... rapaz, viemos lá da capital pra cumê essa tripa, cara...". "Meu Deus, eu devia ter uma tripinha pra servir pr'esse rapaz" e num tem e fica a tristeza do comerciante.

Afonso sente orgulho por ter um ponto comercial próprio, frequentado por diversas pessoas de Jaguaruana e de outras regiões, mas confessa que a profissão tem dificuldades, dias suados e cansativos. Ele menciona esse misto de satisfação e aperreio em seu ofício:

> É, realmente, é uma luta, né?! De 23 anos não é 23 dias, né?!... Às vezes eu penso assim "Vô, vô, tô cansado, tô com 23 ano e tal, vô mudá de ramo, vô... (...) eu vejo outro lado, os outros ramos também tão... tão pior do que aqui... se é o marchante no frigorífico, é reclamação, se é o comerciante pequeno, tá com a reclamação de que tem muito fiado e num tem, num tá tendo o retorno que deveria ter... aqui é meu lugar...

> Me acho satisfeito aqui e mobilizo a família inteira! Tem hora que até minha esposa disse "Opa! Eu num quero, eu num quero mais vir pra cá, tô trabalhando demais". Eu digo "Olha, trabalhar, ter um espaço que a gente já conquistou". Imagina se isso aqui fosse alugado. Pra daqui inda tirá o aluguel... tirá a energia, água, o sustento das nossas famílias, nossos menino, o estudo, puxa!... Tiro daqui tudo que pode me dá, se tem muito cliente, é boa a feira, se tem pouco cliente, a feira é pequena, mas é meu, eu não vô me preocupando com aluguel que tá vencendo!

Ao refletir sobre os prós e os contras de sua profissão, Afonso diz com firmeza que deseja permanecer no ramo. É com a lida na barraca que deseja viver toda sua travessia. Diz, emocionado: "O fim da minha história vai ser aqui. O Afonso da barraca morreu". Note como barraca já virou um sobrenome. A barraca é parte dele e cultiva uma forte ligação com o Rio Serafim. Considera aquelas paragens tranquilas. Aliás, é um desassossego quando rotineiramente precisa ir ao centro de Jaguaruana comprar os ingredientes para os preparos das comidas servidas em seu comércio. Logo fica "amuado", sentindo falta da acolhida do rio, da paisagem que descansa o olhar e do ritmo que lembra seu interior.

> Fico aqui, sair num saio, até porque eu sou uma pessoa do interior e quem é do interior não se acostuma em centro... eu pego esse carrinho e eu vô ao centro só fazê a feira, olho o que falta: óleo, a margarina, cebola, tomate e tal. O que vai faltando eu vô notando, nos pontos onde tem aquela mercadoria que eu vô precisando, eu vô comprando e botando em cima do carro e já faço a curva. "Vai pra onde, Afonso?" "Vô pro rio". História de rua, num gosto de rua... nasci e me criei no interiô... e aqui é um interiô... e eu quero ficar por aqui mesmo".

Algo que o alimenta de entusiasmo é a apreciação positiva dos seus clientes em relação ao atendimento em seu comércio e em relação à comida, especialmente no que diz respeito à tripa de porco assada, carro chefe da barraca.

> Cada cliente come uma tripinha numa mesinha dessa. Chega a 30 cliente... Todos 30 vão querê pelo menos uma. Tem gente que quer mais: tem cliente que vem, pede três, duas. São todos os clientes: é mulher, homem... Não tem especificação de riqueza nem de pobreza... Aí o cliente "Afonso, uma porção de tripa". Aí eu vô lá e pego com a tigelinha... Trago pro fogo e faço e entrego, ali não, não fica sobra, no fogão não fica sobra! "Seu Afonso, embale uma nas quentinha aí pra gente levá pra casa". Pra Fortaleza já foi... Moral da história: não fica velha, tripinha de porco num fica velha... é desse jeito.

Com um tom orgulhoso, Afonso relata que a receita e todas as minúcias do preparo dessa comida tão apreciada foram desenvolvidas por ele. Descreve esse processo como uma grande batalha. Relata que, no início, uma série de tentativas fracassaram e, depois de muita "teima", alcançou a conquista: uma receita de tripa de porco assada capaz de deslocar as pessoas de longe só para saboreá-la, uma receita que faz os clientes disputarem as mesas da sua barraca aos finais de semana, mesmo com as mesas vazias dos concorrentes das barracas vizinhas:

> Eita, isso... ninguém ensinou, acho que foi eu mesmo que criei. No início, eu bati a cabeça: "como é que tira bem durinha, rapaz, vô tê que aprender aqui", mas deu certo, graças a Deus, nós temo um movimento muito grande, vem de longe". Essa coisinha aqui chamadinha tripa de porco, menina, isso daqui foi eu, fui criando.

Incontáveis foram as vezes que Afonso foi indagado pelo segredo da receita. Clientes e até mesmo os concorrentes pedem, insistentemente, que partilhe os pormenores. Com o seu jeito elegante, nunca recusa os apelos. Revela com paciência as etapas da feitura. "Vem aqui me perguntar: Afonso, como é que tu faz iss'aqui? Meu irmão, porque eu num consigo *fazê* em casa!", Aí eu: "Meu irmão, segue essa base, é assim, assim, assim, assim".

No decorrer da narrativa, Afonso nos faz compreender que o segredo da receita não está simplesmente nos ingredientes ou nas etapas da feitura e, sim, em suas próprias mãos, em seu olho experiente para dar o ponto certo à fritura. Enfim, o segredo é o seu *saber fazer*. Vale mencionar que a afamada receita da tripa de porco assada não está escrita em nenhum lugar. Como ele diz: "Cabeça... num tem genda [agenda] pra notá isso não... é... aprendi, aprendi, faço aqui, se for preciso ir a Fortaleza, eu faço lá em Fortaleza". Vamos, então, ao passo a passo da receita.

Tudo começa no mercado de Jaguaruana em busca das tripas de porco. Relata que encontrá-las não é tarefa simples. Queixa-se que o mercado é pequeno e não tem condições de atender as demandas dos comerciantes. Para encontrar a tripa de porco, às vezes, é necessário se deslocar para outros distritos. A seguir, as palavras de Afonso pontuando as dificuldades de encontrar as tripas de porco:

> O mercado é pequeno... e Jaguaruana mata poucos porcos por dia... e a disputa é muito grande, nós somos aqui uns 12 barraqueiros... e todo mundo vai atrás, tá entendendo? Eu tenho, eu tenho um fornecedor que ele junta semanal pra mim, ele manda quantidade. Tem vez que manda 14 quilos. Tem vez que manda 16... é dependendo do que ele mata, que é um frigorífico no interior da cidade... mas tem semana que ele liga e diz "Seu Afonso, num consegui nada essa semana, num matei nada, eu tô sem nada aqui", aí eu, é onde eu corro pr'ôta cidade, me mando a Baraúna, às vezes Aracati... É, a luta é grande, tem que corrê atrás, que é um produto que a gente vende...

As tripas compradas por Afonso já vêm do Mercado ou são entregues pelo fornecedor "consertadas". Sobre isso, ele explica: "Consertar a tripa é tirar as fezes, que na hora que tira pra fora do porco ela tá com as fezes, aí os cara lá são empregado só pra isso, pra tirar. Tem um espeto, uma varinha que vira a tripa toda pelo avesso". O processo de consertar consiste na limpeza da tripa. Contudo, Afonso enfatiza que não confia totalmente nos modos de os Marchantes retirarem as impurezas. Ele desenvolve, em sua barraca, um processo que denomina "Limpeza total". Afirma que o parâmetro é como se ele estivesse preparando as tripas de porco para o consumo da sua própria família.

> Limpar demais, demais, demais, porque não só é o cliente que come, eu também como iss'aí, a minha família come, meus menino adora e, se eu limpar só pros meus menino, como é que fica o freguês? Tem que limpar pra todos, do jeito que eu limpo para a clientela eu limpo pra nós em casa. (...) É um processamento de limpeza grande.

O procedimento de limpeza é feito no quintal da barraca. Lá, Afonso coloca uma mesa de plástico e uma grande bacia de plástico na qual despeja as tripas. Nelas, passa bastante limão. "Para 16, às vezes 14 quilos a gente usa mais ou menos uns 30 limões, que o limão é graúdo, tem muito sumo... é mais ou menos isso". Adiante, podemos observar todo esforço de Afonso no processo de "limpeza total".

> Quando pego, tá inteira, assim... tá inteira, aí aqui eu vô retalhando e vô tirando fragmentos, passando na água de limão, é muito limão e muita limpeza, é duas vezes na pia, passa de novo. Espreme, espreme, espreme e dá uma mexida com um pouco de alho e mexe, mexe, mexe. É, bem muito, que quanto mais limão, melhor. E o cliente ainda pede o limão pra mesa.

Além da preocupação com doenças, o processo de limpeza também objetiva a retirada do odor da tripa que desagrada sobremaneira muitos clientes. "Tem que tirar o fedor. Se num limpar, vai ter. Vai sair um prato com uma catinga diferente".

Ao finalizar o processo de limpeza, realiza a salga. "Depois de passar limão passo um salzinho de leve". Nesse momento, as mãos firmes, marcadas pela lida, tornam-se leves para que a tripa "fique no jeito, no ponto". Ele diz: o sal é mínimo, porque tem cliente que num gosta de muito salgada. Devidamente limpas e salgadas, as tripas de porco são estendidas, por no mínimo oito horas, para secar. Sobre esse momento, Afonso diz: "põe no varal e bota uma tela". Esta protege as tripas das moscas, insetos e poeiras.

Depois de todas as etapas descritas, as tripas são retiradas do varal e são cortadas em pequenos pedaços. Os cortes são realizados com um afiado facão sobre uma tábua de madeira. Elas são fritadas na miúda cozinha da barraca. Afonso assume com desenvoltura todas as ações no preparo das tripas. Pega uma pequena frigideira, desgastada pela ação do tempo, sem cabo e bem pretinha. Afonso sensibiliza ao mostrar as relações de afeto e confiança estabelecidas com seus materiais de trabalho. Veja como ele fala de sua frigideira:

> Aqui tá com um tempinho já que a gente trabalha nela... Tem quase a minha idade. Essa pequenininha tem uma idadezinha já meio avançada. Porque eu já comprei novas, comprei frigideiras novas e, com a primeira fritagem, ela já cai o cabo, aí fica assim, nessa situação.

Afonso despeja o óleo na velha frigideira e a coloca no fogo baixo de um fogão a gás. Ao despejá-lo, explica: "um oleozinho que é pra ela não iniciar a seca, né?!". Sobre a medida, afirma: "Não é pouco, não. A medida num é precisa, ela pode ser botada só pra iniciar um tipo assim de um encaixamento. Ela (tripa), tando seca no fundo da frigideira, ela vai esturricar e ela não vai *ficar* boa". Comenta que o óleo se mistura com a própria gordura da tripa. "Ela vai derretendo as gordurinha dela e vai juntado a esse óleo que eu coloquei, quando terminar, já vai ficar bem sequinha".

Depois de despejar o óleo na frigideira e esperar que o mesmo esquente, acrescenta as tripas cortadinhas e diz "agora vai *mexeno, mexeno, mexeno* e... até dar o ponto, ficar bem *crocantezinha*". Chama atenção para os sons produzidos no momento da fritura: "começou a estalar... quando ela começa a estalar, uma em cima da outra, aí a gente já vê que ela tá ficando boa".

Afonso se apropria da cozinha de maneira muito peculiar. Ali é uma verdadeira arena. Ele narra a feitura das tripas de porco como se estivesse narrando uma briga, uma peleja que exige bravura, astúcia, força:

> Do jeito que o fogo vai aumentando..., tem pedaço que pula, a gente se defende... já começou. Pronto, aqui é mexendo, mexendo, num pode parar, que se parar queima, viu?! É mexeno.(...) É... pinota e... a gente tem que se defendê senão queima. Ela pula, pula, é igual pipoca. Tem hora que bate no chão... vem pra cima da gente, tem que se defender. Aí aqui a gente utiliza a prática, né?! Se vinher um cara que nunca fez iss'aqui, vem e se queima todim.

Recomenda que nos orientemos pelos estalidos, pelo cheiro, pelo jeito da tripa. Normalmente, ele costuma dar o ponto de acordo com os desejos de cada cliente: "Tem cliente que pede... menos, né?! Nem muito sequinha nem muito dura, né?!" Afonso não deixa de declarar a sua preferência: "Eu gosto bem torradinha. É... estala no dente feito o milho da pipoca... bem sequinha, fica bem *crocantezinha*, é bom demais".

Depois de apagar o fogo diz: "ela vai tá com bastante óleo, aí tira escorrendo, tira pr'um lado, escorre". As tripas escorrem em uma colher grande cheia de pequenos furos. Ele a denomina concha. Afonso, completamente suado e com ar orgulhoso, termina mais uma peleja com a tripa, certo de que ganhou a batalha: preparou a deliciosa tripa de porco frita, na sua concepção, a melhor da região. Ele costuma servir com o "baião, com a farofa, com a verdurinha". Vai para a mesa com garfos, facas e colheres. Na sua casa, o cliente é rei e escolhe como deseja comer: "pra mesa, a tripa vai completa e lá é que ele (o cliente) escolhe se quer comer de colher, se quer comer de garfo e faca".

O olhar emocionado de Afonso ao nos relatar e apresentar o preparo era mais profundo que o Rio Serafim. Afonso nos embalou na sua calma de rio, abriu a porta e nem fechou, desacelerou nosso ritmo frenético, nos fez sentir leveza em meio ao torvelinho de uma calorenta tarde de trabalho. E a tripa de porco? Hum! Que delícia!

O queijo de manteiga, a mala de couro e outras memórias

Fátima Farias

Os tons alaranjados da estrada de terra batida, fortemente ressaltados com as primeiras luzes do dia, anunciavam, junto aos mandacarus distribuídos às margens do caminho, o semiárido que acolhe e desafia os moradores da comunidade de Juá, nosso destino de pesquisa no município de Parambu. Também o mato alto e as copas generosamente folhadas das árvores eram pistas sugestivas: a chuva tinha feito passagem por ali, ainda que ligeira. Não carece de muita água para o sertão se enfeitar de verde, vaidoso e saciado. Já habituado à escassez, sabe aproveitar com sabedoria e sofisticação cada gota concedida.

Eram quase seis horas da manhã quando chegamos à fazenda do casal Luiz Lopes da Silva (ou Quililiu, como é conhecido) e Laura Gerônimo Simplício. O calor intenso e costumeiro dessa região, localizada ao sul do Estado e conhecida como Inhamuns, ainda nem havia despertado. Certa friagem persistia, a despeito da incidência dos primeiros raios de sol. Nossos anfitriões, contudo, estavam de pé já há algum tempo, no movimento da feitura de suas tarefas domésticas. A casa estava cheia de visitas, parentes vindos de outras regiões. Fomos acolhidos com afeto, alegria e café.

A equipe foi dividida, posteriormente, para iniciar as entrevistas. Uma parte permaneceu na cozinha, onde nos foi servida a *merenda*, com o objetivo de acompanhar a produção de um tipo de *queijo de manteiga*. Ao longo de nossas andanças pelo Estado com o Projeto Comida, esta foi a única família encontrada que o produzia nas condições que serão apresentadas a seguir. A pesquisadora e engenheira de alimentos Vládia Lima conduziu mais diretamente a conversa sobre este alimento com as mulheres da casa, guardiãs desse modo de fazer. O restante da equipe seguiu para a parte externa, no alpendre. Ali, concentrou atenção às técnicas de feitura da chamada *mala de couro*, cujo principal uso era, noutros tempos, acomodar estes mesmos queijos para transportá-los em longas viagens. Valéria Laena, coordenadora do Projeto, e eu estivemos à frente dessa parte da entrevista.

A despeito de nosso interesse inicial no queijo e na mala referidos, outras memórias e saberes vinculados à alimentação foram compartilhados por nossos interlocutores, permitindo-nos acessar, por meio do relato de suas histórias, um mundo de sentidos e possibilidades culinárias, enraizado nesse recanto dos sertões cearenses: rastros de uma cozinha do passado que tempera o presente das escolhas alimentares na região.

Luiz e Laura já possuem mais de 50 anos de casamento, nove filhos, 24 netos e três bisnetos. Quando os encontramos, em junho de 2011, ele tinha 75 anos, e ela, 80. Conheceram-se ainda jovens, quando Luiz morava nas proximidades da fazenda onde trabalhava o pai de Laura, que era vaqueiro. Quase todos os dias "um horror de moça e rapaz se juntava por lá", contou-nos, para "brincar de roda e cai no poço". Foi assim que conheceu Laura, com 27 anos na época, por quem rapidamente se encantou. Ser bom dançarino de forró, defendeu, faz diferença na hora de arrumar namorada. Ela confirmou a teoria. Quando perguntamos sobre o começo da história do casal, foi a primeira lembrança que lhe veio: "ele era bom de forró, adorava dançar". O noivado resistiu a seis meses de distância, pois, logo que Luiz fez o pedido, Laura mudou-se para a casa de sua irmã recém-casada, em Senador Pompeu. Voltou um dia antes de casar, apenas. E, conta Luiz, só oito dias depois do casamento, conseguiu tirá-la da casa dos pais.

Ele ainda hoje é festeiro, gosta de ver a casa cheia – embora já não seja de dançar. Lembrou a nossa equipe, por exemplo, das festas de "inteirar ano" (festas de aniversário) e dos festejos juninos que costumam fazer desde criança. Mais que o bolo, habitualmente associado aos aniversários, a comida apresentada como símbolo comum desse tipo de celebração é a carne de porco. Matar e cozinhar um porco junto, em família ou com os amigos, é uma espécie de evento que quebra a rotina e reforça os laços sociais. A morte, aqui, tem uma simbologia diferenciada: não significa a dor ou fim, mas a alegria e a continuidade da vida pela incorporação do alimento. Além disso, dispor de um animal como este, valioso no âmbito da economia rural no Ceará, é um ato de generosidade (um presente) e expressão de fartura. Do mesmo modo, no período junino, enquanto acontecem os festivais de quadrilha pela cidade, no lar de Luiz e Laura o milho parece coadjuvante do jerimum na memória afetiva da família, assado na fogueira que todos os anos acendem no terreiro de casa. Eles o colocam inteiro entre as brasas e, alguns minutos depois, está pronto: "precisa de mais nada, come purinho", disse Luiz, confiante em sua técnica.

SR. LUIZ, O QUILILIU E DONA LAURA.

Luiz foi nascido e criado em Cococi, hoje distrito de Parambu, famosa por ser uma "cidade fantasma", desabitada. A intensidade das secas e os escândalos de corrupção estimularam a partida dos moradores do lugar, conforme nos explicou. Perdeu o pai ainda menino, por isso logo precisou "apanhar meio de vida" para ajudar a mãe e os irmãos – tantos que já nem consegue lembrar, precisamente, quantos eram no total. Um major da conhecida e abastada família Feitosa, criador de gado, o acolheu como vaqueiro. Orgulhoso desse ofício, lembrou das muitas dificuldades e perigos que enfrentou "correndo no mato atrás de bicho". Disse-nos, respirando fundo, como quem sabe do que está falando: "sofre muito, vaqueiro". Sua luta se assemelha à da mulher na cozinha, comparou, "nunca se acaba". E sobre as mudanças que identifica dos seus tempos de montaria para hoje, afirmou que as pessoas já não aceitam as condições de trabalho que ele enfrentou em sua juventude, inclusive no que diz respeito à alimentação:

> Hoje as comida é mais diferente, num querem comer que nem nós comia... Feijão, mungunzá, só isso. Antigamente, a gente comia feijão, mugunzá, toucinho de porco. Mas num querem mais, né? Nós fomos criado trabalhando foi comendo rapadura com farinha. Nós comia era isso. E hoje, se você for dar rapadura e farinha a um cara, ele não quer, não. Não querem trabalhar assim, não. Querem comer é carne assada, é tapioca, é queijo, é essas coisas. Nem bolacha querem. É tudo esquisito. Tão ficando sabido ou é besta.

Nessa comparação entre passado e presente, rememorou também as carnes de caça que tantas vezes lhes serviram de alimento, como mocó, tatu, peba, preá, tamanduá, bola, veado, gambá do mato. Nesse sentido, também fez referência a algumas aves, tais como asa branca, jacu, griguilim (periquito da caatinga) e avoante. O próprio Luiz, quando mais jovem, ia caçar tais animais de espingarda para alimentar a família, com a ajuda de um cachorro. Costumava comer estas caças "sapecadas" e, não raras vezes, era o único alimento disponível – especialmente nos períodos de longa estiagem. A proibição da caça e certa melhoria das condições de vida favoreceram o gradual desaparecimento desses consumos.

Mesmo assim, ele não esquece o sabor da carne de tamanduá: "é bom demais, torrado. Eu não troco um pedaço de tamanduá torrado por outro de galinha".

O sustento da família, ao longo dos anos, era oriundo de três atividades que se complementavam: "lutava com o gado", no ofício de vaqueiro; negociava carga para trocar por criação, viajando de uma cidade a outra; e fazia mala de couro – além disso, é preciso complementar, havia o trabalho das mulheres com a produção de queijo e o roçado. Foi com o avô que, aos 17 anos, Luiz aprendeu a fazer as malas. Um dia, contou-nos, quebrou sua enxada no trabalho da roça e decidiu que não queria mais lidar com a terra. O avô, conhecido na região como "Véi Miguel Branco", o chamou para passar uma temporada em sua casa com o propósito de lhe ensinar um novo ofício. Disse a Luiz que ele só deveria sair de lá quando dominasse todas as técnicas de feitura da mala de couro. O aprendizado foi rápido, mas Luiz ainda permaneceu com o avô por dois meses, aperfeiçoando seu conhecimento. Quando saiu de lá, ganhou todos os instrumentos necessários e começou a investir nesse novo negócio.

A mala é feita com couro de boi – "é o único que presta para fazer esse serviço", esclareceu. É preciso colocá-lo de molho na água por alguns minutos e deixá-lo secar ao sol, espichado em tornos no chão. Apenas no dia seguinte é que são feitos os cortes, com a ajuda de uma faca e uma régua de madeira. As medidas da tampa, das laterais e do fundo da mala devem ser precisas para que se ajustem perfeitamente na montagem. "É um quebra-cabeça", afirmou Luiz, fazendo referência à dificuldade dessa parte do processo.

Os pedaços cortados são unidos por "correias de couro de bode", tiras que ele mesmo faz a partir de uma peça de couro grande, que compra curtida. Sentado em um tamborete, Luiz apoia uma tábua de mulungu nas pernas e, sobre ela, faz os cortes de tira com uma faquinha, sem precisar medir – já tem "costume", explicou. Caprichoso, lembra que, depois, é preciso "aparar as beiradinhas", isto é, acertar as pontas das tiras. Estas, então, são passadas em sebo de carneiro, que nosso informante retira dos animais abatidos em sua própria fazenda. Para deixar o sebo mais durável, bate em pilão de madeira e depois amassa com as duas mãos, deixando-o num formato arredondado e conservando-o em saco plástico.

Feitas as correias, é tempo de fazer pequenos furos ao longo das bordas de cada pedaço de couro de boi, anteriormente cortado. Esse trabalho exige bastante força para empurrar o "furador" (instrumento de ferro pontiagudo) sobre o couro. Inclusive porque as partes laterais da mala possuem um revestimento interno também de couro de boi com as mesmas medidas. Tal revestimento é importante para que seja possível encaixar, entre os dois pedaços de couro, finas tábuas para dar sustentação à mala. Esse procedimento se chama "entaboar".

Por fim, resta entrelaçar a correia nos furos, a semelhança de uma costura. Luiz nos disse que leva cerca de três dias para finalizar uma mala. E há também a versão sem tampa, que é chamada de "caçuá de couro". Para usar na cangalha, como era comum no passado, quando estas malas serviam para o transporte de queijo e farinha, é preciso acrescentar "aseias" ou alças na parte de trás. Estas também são feitas em couro de bode entrelaçado.

Luiz nos disse que as malas servem, atualmente, para guardar todo tipo de coisa, inclusive produtos alimentícios, pois "não têm catinga", "não deixam sabor na comida". O único cuidado é para que não fiquem muito tempo sob o chão de cimento, isso desgasta mais facilmente o couro. Com esse zelo, são produtos muito duráveis, podem resistir por décadas.

Além disso, comentou também que possui muitas encomendas, inclusive de outros estados, como São Paulo. Mas, como não tem ajuda, não aceita todos os pedidos. A este respeito, uma preocupação que pareceu lhe inquietar refere-se justo à continuidade desse trabalho, pois não conhece ninguém mais que faz esse tipo de artesanato. Tem esperança que, em algum de seus filhos, desperte o interesse de dominar esse conhecimento e, assim, mantê-lo vivo após sua partida desse mundo.

Se confeccionar malas de couro é um ofício aprendido e reproduzido entre os homens na família de Luiz, fazer queijo é uma atividade praticada por mulheres. Não que haja impedimentos para uma inversão de papéis, conforme nos foi explicado, mas assim tem sido ao longo das gerações. E isso também não significa que a cozinha se constitui, para eles, espaço predominantemente feminino. Inclusive porque a ideia de cozinha, convém esclarecer, é ampliada nesse contexto rural: começa na criação e abate dos animais, no cultivo e colheita de vegetais. A fazenda de nosso casal anfitrião tem de tudo um pouco, desde formas diversas de criação (gado, carneiro, ovelha, galinha, etc.) até roça de milho, feijão, fava, jerimum (de leite e caboclo) e capim-elefante para alimentar o gado. Todos colaboram, dividindo as tarefas e auxiliando uns aos outros.

No caso específico do queijo, por exemplo, o trabalho começa fora de casa com a ordenha das vacas, cuja responsabilidade diária é de Luiz. Quando o leite chega à cozinha, o processo de feitura segue conduzido pelas mãos habilidosas de Laura, treinada nessa arte culinária desde os 10 anos de idade, quando aprendeu a reproduzir a antiga receita de sua mãe.

Laura, durante nossa entrevista, manteve-se reservada nas palavras e concentrada no fogão. Uma de suas filhas nos avisou, logo que chegamos, que ela amanheceu com uma forte dor no joelho. "Isso não vale nada", retrucou rapidamente, sorrindo. Depois entendemos o motivo desta colocação. Laura teve uma vida de muito trabalho na roça, muita "luta de casa". Sempre "pegou no pesado". As lembranças dessa história de tantas batalhas, ao que parece, tornam ínfimo esse incômodo. E a despeito das dores todas que sentiu e sente, prefere não reclamar. Da infância e adolescência de trabalho duro ao lado dos pais, comenta apenas que "tudo era muito diferente", mas "não difícil", pois "era acostumada" com aquela lida. As pelejas da vida a tornaram uma mulher firme e paciente, zelosa com o que está sob sua responsabilidade – o que facilmente percebemos no seu trato culinário.

As receitas costumam expressar não apenas os sabores de uma região geográfica: também anunciam os condimentos que acentuam trajetórias socialmente localizadas. Laura aprendeu a lidar com as dificuldades desde cedo, habituou-se a elas. Não à toa encontramos esse queijo de manteiga em sua cozinha. Famoso por ser "trabalhoso", "complicado" e "pouco rendoso", ele existe (e resiste) pelo empenho desta mulher e de suas filhas, que, apesar do custo, seguem produzindo-o.

Isto porque se trata de um alimento que carece de muita força e energia para as temporadas de cozimento da massa pesada, mexida com colher de pau, no intenso calor do fogão a lenha. Mas a rusticidade do preparo e da apresentação é enganadora: mascara a sofisticação do saber envolvido; a sensibilidade necessária, historicamente refinada, no olhar e no movimento de quem o produz. Constitui uma receita que demanda uma serenidade cultivada de longa data, um conhecimento apurado dos usos e limites do leite, certa resistência ao fogo, além do respeito ao tempo, operador das mudanças esperadas.

Uma vez ordenhado o leite, este é passado por uma peneira de tecido (para separá-lo das possíveis impurezas) e permanece descansando em uma espécie de tacho de alumínio tampado para coalhar naturalmente. São retirados cerca de 10 litros de leite a cada manhã. Geralmente, disse Laura, é preciso esperar de um dia para o outro, mas isso depende da temperatura local. Convém estar atento ao clima e ao tempo, de modo a não deixar "coalhar demais" – o que pode significar perda no rendimento, que já não é considerado muito. Depois é preciso deixar escorrer o soro e, em seguida, "aferventar" a coalhada em um pouco de leite fresco e bem quente. Só depois que o leite "levanta fervura" é que pode ser mexido, de modo a "desbolotar", isto é, evitar que fique muito caroçudo. É nesse momento, comentou Luizinha, uma das filhas de Laura que estava na cozinha conosco, que começa o "desmantelo": quando é preciso manter-se ali no "beiço do fogo", mexendo constantemente.

O calor é considerável nesse momento do preparo. Diante disso, certa resistência do cozinheiro parece-nos um ingrediente importante desta receita. Laura, no auge de seus 80 anos, mostrou-se firme: apoiava-se nas paredes quentes do fogão, retirava a tampa do tacho sem proteger as mãos. Parecia habituada, assim como as filhas que a ajudavam – além de Luizinha, também Ericélia estava por lá. Vez ou outra, contudo, ouvia-se um "ai" ou "eita". O vapor que subia do tacho excedia o limite do suportável, machucando as mãos das culinaristas. Nada, porém, que as impedisse de continuar mexendo a coalhada, cujo peso se acentua na medida da evaporação do restante do soro, tornando ainda mais custoso o processo. Uma colher de pau com o cabo comprido ajuda nessa hora, bem como uma panela grossa, que dificulta a massa de grudar e queimar rapidamente devido a temperatura elevada.

Laura adverte que é preciso cuidado para não deixar a coalhada cozinhar muito. Tentou traduzir o ponto que ela conhece "só de olhar": quando a massa mudar de cor (passar de um tom branco para outro mais amarelado), é hora de tirar do fogo. Outra forma de saber quando cessar o cozimento é fazendo um teste com a ponta dos dedos. Pegue um pouco da coalhada e aperte: está no ponto quando estiver bem ligada.

É preciso deixar esfriar por alguns minutos antes de prosseguir com a receita, porque o próximo passo é colocar a massa na *mochila* (saco de pano onde se processa a dessoragem, feito por nossa interlocutora) para escorrer até que fique mais durinha. De acordo com Laura, a qualidade do queijo altera se a coalhada é despejada demasiadamente quente no pano. A transferência da massa para a mochila deve ser feita dentro de uma panela, a fim de que o soro tenha um recipiente para acomodá-lo enquanto escorre. Em seguida, amarra-se a "boca da mochila" com barbante (corda de rede de dormir), deixando uma espécie de argola por onde deve passar a vareta que fica aparada na "bileira". Trata-se este de um móvel antigo da família, feito para a produção deste queijo. Assemelha-se a uma mesa cujo tampo tem uma fenda ao meio, onde a referida vareta serve de sustentação para o saco de queijo, que fica pendurado dentro de uma panela colocada no chão (ver foto de referência). Ali, a coalhada deve ficar dessorando por pelo menos uma hora – se, contudo, houver a necessidade de adiantar esse procedimento, basta deixar por 20 minutos e continuar a dessoragem com a ajuda das mãos, torcendo o tecido da mochila com a massa dentro até que pare de pingar. É imprescindível que o soro seja bem escoado, pois, caso contrário, a qualidade do queijo estará comprometida.

Como a fazenda não produz muito leite, é preciso juntar a "coalhada escaldada" por dois ou três dias (às vezes, mais) para fazer por volta de dois quilos de queijo. Laura nos explicou que este alimento, produzido quase sempre com fins comerciais, é feito das sobras de leite da casa: "eu não vou só juntar para fazer dinheiro e não tomar leite de manhã. É só do que sobra" – esclareceu suas prioridades. O que resta das merendas (quase sempre à base de leite), portanto, é posto para coalhar.

Isso significa que todo o procedimento descrito aqui é repetido a cada dia, juntando a coalhada nova e afervantada à antiga (que dessorava na mochila). Laura nos explicou que, fazendo deste modo, a coalhada dura até cinco dias na mochila sem azedar, pois o movimento de sobrepor a massa quente à fria ajuda na conservação. Entretanto, ela não aconselha que se junte coalhada por muitos dias, pois o cozimento vai ficando mais pesado.

Quando houver coalhada suficiente na mochila para a quantidade de queijo desejada, deve-se retirá-la deste saco e transferi-la para uma bacia. É preciso "desemboloar" a coalhada com as mãos. Depois, a massa segue para o tacho, sobre o fogo a lenha (mais adequado, disseram, para esse tipo de cozimento). Assim que a coalhada estiver em um ponto mais firme e bem quente, é hora de acrescentar o sal e a "manteiga da terra" ou "manteiga de garrafa". Esta é preparada do soro do leite, guardado dos procedimentos anteriores com este propósito – e também para alimentar os porcos. O soro é cozido por longas horas, em fogo de lenha, até que se torna manteiga. Misturam-na à coalhada até "dar gosto", quando esta já se encontra bem firme, de cor amarelada ou levemente marrom, e ainda sob o fogo. Logo em seguida, a massa é transferida, com a ajuda de uma concha, para as forminhas de plástico – Laura reaproveita potes de margarina ou usa os depósitos de alimento que dispõe.

Ela, quase sempre, conta com a ajuda das filhas para fazer esse queijo. Elas procuram estar juntas sempre que podem, fizeram questão de dizer. E dividem o gosto pela cozinha. Desde muito pequenas, acompanhavam a mãe no movimento da roça e das panelas, enquanto o pai cumpria com seus compromissos de vaqueiro. As memórias desse tempo, disse-nos Luizinha, são ainda muito nítidas. Lembrou das brincadeiras de infância, quando pedia à mãe pedacinhos da coalhada escaldada para enformar em caixinhas de fósforos, fingindo ter sua própria cozinha. Também fez referência aos almoços que ajudava a mãe preparar para o pai e os peões da fazenda onde moravam na localidade de Riacho do Mato. "Era muita comida que a gente fazia todo dia. E tinha que ter carne de bode". Também o feijão, nesse período, tornou-se alimento indispensável no dia a dia. "se num tiver feijão, não tem nada. Não gosto que falte feijão no meu prato".

Laura também compartilhou conosco algumas lembranças do passado. Era um tempo de menos fartura, disse. Comparando ao presente, afirmou que hoje a mesa da família é mais farta e diversa, mas há uma sobrecarga de trabalho para os que ficam na fazenda, uma vez que parte dos filhos se concentra apenas nos estudos. Reconhece, contudo, a importância da educação na melhoria das condições de vida. Mas não sem lamentar que essa mudança seja acompanhada também de uma alteração em valores que considera importantes: "o respeito era maior naquele tempo", quis exemplificar seu argumento, "hoje num tem respeito nem pelos pais".

Sobre o queijo de manteiga, contou-nos que fazia em maior quantidade nos tempos em que morava numa fazenda de Várzea Grande, município cearense, cuja produção de leite diária era maior. Nessa época, era uma importante fonte de renda da família, por isso se produzia de manhã e à tarde para comercializar. Os compradores pegavam os queijos direto na referida fazenda. Chegavam montados no lombo de jumentos, oriundos de cidades vizinhas como Juazeiro do Norte, para onde retornavam com as malas de couro carregadas de queijo de manteiga com fins de revenda.

Sobre a execução da receita deste queijo, afirmou que hoje é mais prático fazê-lo, apesar de toda a demora no processo, pois antes eram produzidos em alguidares (um tipo de tacho) de barro que demandavam mais cuidado e força no manuseio. Tanto tempo dedicado a esse preparo fez com que Laura e as filhas perdessem o gosto por essa comida: "quem faz muito abusa", arremata. Preferem o queijo coalho, disseram, que também produzem na fazenda. Quem chega "de fora" por lá, contudo, deseja experimentar e levar para casa o queijo de manteiga, explicou-nos Luizinha, que é um produto difícil de encontrar noutras regiões do estado. E mesmo lá em Parambu, já não é mais comum, talvez pelo volume de trabalho que suscita. Uma compensação é que, por isso mesmo, é um queijo mais caro – na época de nossa entrevista, uma diferença de seis reais no valor do quilo em comparação ao queijo coalho (mais de 40% mais caro, portanto). Mesmo assim, a produção ainda é pouca para a demanda que chega toda semana.

O queijo de manteiga, disse Laura, é um excelente acompanhamento para um cafezinho recém-coado, no meio da tarde. O ideal é que seja consumido fresco e, melhor ainda, quentinho. Também é possível assá-lo, mas "só presta em manteiga de garrafa", enfatizou Luizinha. Quanto às formas de conservação, pode ser mantido em geladeira, mas também pode ficar em temperatura ambiente, enrolado em um pano limpo – que, uma vez trocado com certa frequência, permite que este queijo dure "uma eternidade".

O tempo volta sempre à pauta, seja como ingrediente, seja como parte de nossa própria visita. Acompanhamos a feitura e saboreamos cada momento das histórias contadas por eles. E saboreamos um pouco mais, para além da metáfora. Enquanto o queijo esfriava para "pegar forma", fomos convidados a provar o resto que fica grudado no fundo da panela (a raspa), com um pouco de farinha. Seguindo o costume da casa, cada um pegou uma colher e degustou a ainda quente iguaria, direto da panela. Uma experiência singular de sabor e partilha, difícil de esquecer.

Receita do queijo de manteiga

Ingredientes:

Leite de gado não processado*;

Sal a gosto;

Manteiga de garrafa a gosto.

*A receita não depende de uma medida exata do leite. Sabe-se que 12 litros rendem, em média, um quilo de queijo. Assim, você pode usar a quantidade de leite que dispõe ou que julgar necessária.

Modo de preparo:

Coloque o leite para coalhar naturalmente em uma vasilha coberta, em temperatura ambiente. Quando a coalhada estiver pronta, separe-a do soro do leite e reserve.

Em uma panela, coloque um pouco de leite fresco para esquentar – de preferência, sobre o fogo a lenha.

Logo que esteja bem quente, mas antes de levantar fervura, acrescente a coalhada. Deixe-a aquecer dentro do leite. Espere que inicie a fervura para começar a mexer. É imprescindível ficar mexendo a mistura a partir deste momento, para evitar a formação de caroços muito grandes ("emboloar").

Quando o soro estiver aparecendo novamente e a coalhada, mudando de cor (ela vai ficar mais amarelada), é hora de tirar do fogo.

Aguarde alguns minutos para que a coalhada esfrie um pouco. Em seguida, transfira-a para um saco de pano ("mochila"), apoiado dentro de uma panela ou vasilha funda – assim o soro pode escorrer e se acumular nesta. É preciso pendurar esse saco de pano com a coalhada para que o soro continue a escorrer, deixando-a bem seca.

Aconselha-se deixar a coalhada neste saco por um dia inteiro.

Caso você deseje apressar esta parte do processo, deixe por 20 minutos na mochila e, em seguida, continue a dessoragem com a ajuda das mãos, torcendo o saco de pano com a massa dentro até que pare de pingar.

A coalhada dessorada, depois, segue novamente para o tacho sobre o fogo, sendo acrescentada aos poucos. É necessário mexer constantemente para evitar que queime.

Quando a massa estiver bastante aquecida e com consistência firme, acrescente o sal e a manteiga de garrafa a gosto.

Caso você não encontre manteiga de garrafa na sua região, é possível prepará-la a partir do soro que foi separado da coalhada. Aqueça-o em fogo médio por algumas horas, até que vire uma manteiga líquida.

LUGARES, CORES E SABORES

Mercados de Fortaleza: dinâmicas culinárias e pluralidades do comer

Evandro Magalhães

Os mercados representam o encontro das mais diversas formas de expressão cultural de uma região. São pessoas dos mais diversos matizes, produtos os mais variados, e o encontro disso tudo produz um mar de cores, cheiros e sensações. O produto do trabalho humano é também a expressão de sua cultura concretizada nas coisas. Assim, os mais variados tipos de comida, utilidades para seu preparo, são o resultado final de um longo processo que tem como um de seus destinos o encontro nos mercados. Porém, mais do que a troca mercantil dos produtos pelo seu valor venal, nos mercados encontramos também o intercâmbio simbólico de indivíduos e coisas, dos indivíduos por meio das coisas, as quais são a cristalização da subjetividade dos indivíduos.

Exemplo maior disso é a arte da culinária. Talvez em nenhuma outra atividade humana seja tão claro o quanto a subjetividade da pessoa que está em ação influi no resultado final. Quem nunca ouviu falar que, quando se cozinha com amor e carinho, aquele prato sai bem mais gostoso? E quem nunca constatou que é de fato isso o que acontece? O oposto também é verdadeiro. Além da experiência técnica, para muitos, é importantíssimo o valor subjetivo daquela atividade.

Em três dos principais mercados de Fortaleza, encontramos uma gama imensa de comidas e produtos. Desde o Mercado São Sebastião, referência na Capital e onde se encontra "de tudo", passando pelo Mercado Central, que concentra as atenções tanto de nativos de Fortaleza quando de turistas, indo até o Mercado dos Peixes, no Carlito Pamplona, o que encontramos é o espelho da diversidade e riqueza de nossa cultura.

No Mercado São Sebastião, vende-se uma quantidade enorme de produtos variados, indo do artesanato de barro ao de alumínio, das frutas e verduras às carnes e peixes, passando por temperos e comidas feitas.

Nessa época do ano, ou seja, novembro, encontramos muito as seguintes frutas: caju, manga, acerola, cajá, ciriguela, maçã, mamão e abacaxi. A maioria das frutas vinham direto das cidades fornecedoras que se apresentam listadas a seguir: a acerola provém, principalmente, do distrito de Jubaia, em Maranguape; a manga vem de Pindoretama, Cascavel e Itapipoca; o caju chega de sua "terra natal" Beberibe. Além disso, é comum encontrarmos produtos provenientes de outros estados, como o Rio Grande do Norte, com muito mamão, e a Paraíba, de onde vem o abacaxi.

Os comerciantes dos boxes negociam diretamente com os fornecedores ou atravessadores, que praticam a compra, o transporte e a venda das frutas nos mercados da Capital e Região Metropolitana. Esses atravessadores fretam caminhões (ou com seus veículos), vão para os locais onde a safra de cada fruta está boa e vendem no atacado para os mercadores.

Os períodos do ano nos quais o movimento e a demanda são maiores são os das festas de final de ano, das festas juninas e na época da Semana Santa, segundo nos informaram Cícero Trajano, do boxe 266, e Manoel Carneiro, boxe 271, que exercem a atividade há pelo menos 35 anos, cada um.

Nos boxes que vendem temperos, a preferência vai para o alho, a pimenta e o coloral, este último sendo conhecido como "o tempero do Ceará", pois é feito aqui mesmo no Estado, principalmente nos municípios de Caucaia e Baturité. Já o alho vem da China ou de Petrolina (Pernambuco), e a pimenta-do-reino é proveniente do Pará. Segundo nos informou Reginaldo Farias, do boxe 204, não há, no caso dos temperos, uma época maior de vendas, sendo a sua demanda, assim, constante durante o ano todo. O mesmo disse José Sales, boxe 187, que trabalha no mercado há 25 anos.

Todo o mercado parece funcionar como um universo particular, com os produtos muitas vezes circulando dentro dele mesmo. As frutas, verduras, carnes e peixes, bem como os temperos, claro, abastecem o consumidor externo. Mas no seu interior também existem consumidores, os comerciantes que precisam passar todo o dia no seu trabalho. É nesse ponto que entram os pequenos restaurantes. Todos os ingredientes para se fazer os pratos dos seus cardápios são comprados nos boxes do mercado.

No boxe de comidas prontas de José Serafim, que trabalha com sua mulher, Maria Aparecida, há 44 anos, os pratos mais vendidos são a panelada, o carneiro cozido, o frango ao molho, o assado de panela, o caldo e a canja. Os sucos, feitos com as frutas do mercado, são variados, mas se destacam os de acerola, graviola, maracujá, manga e cajá. No boxe de Lourdes Freitas, o carneiro cozido também é muito procurado, além da buchada e da peixada.

Os clientes são "gente de todo tipo", incluindo também turistas, mas estes são poucos. Os que mais consomem os produtos são os trabalhadores e negociantes do próprio mercado.

O Mercado Central constitui-se como importante ponto de referência turística na capital cearense e agrega os vários ramos de produção de bens culturais do Estado, incluindo roupas, artesanatos, arte decorativa, utensílios vários, bem como alguns exemplos alimentares, como a castanha de caju e a rapadura tradicional, e bebidas, como a cachaça, o vinho de caju etc.

Nos boxes onde se vendem as castanhas, os doces e as bebidas, encontramos um grande número de produtos, como o canjirão (doce de castanha de caju), o doce de leite com coco, o doce de goiaba, o doce de abacaxi, o doce de leite caseiro, a rapadura de jaca, a rapadura de mamão com coco, a rapadura de caju, a mariola (feita de banana), o quebra-queixo (feito de balinha de coco), o coxão de noiva e o alfenim da cana-de-açúcar.

As castanhas também aparecem numa grande variedade, podendo ser encontradas castanhas cruas ou torradas, cristalizadas com canela ou gengibre. As castanhas provêm de Chorozinho e, principalmente, de Pacajus. Quando ocorre de nestes municípios estar em falta, recorre-se ao Piauí.

No que diz respeito às bebidas alcóolicas, encontramos desde as mais comuns, como a cachaça Ypióca e a Sapupara, até outras menos conhecidas, como a cachaça Rapariga (feita em Viçosa) e a Meladinha, da Serra da Ibiapaba. Como exemplo da grande diversidade, podemos ainda citar a bebida Siará (um fermentado de caju) e o vinho de caju.

Segundo os comerciantes, o produto que vende mais é a castanha torrada, levada pelos turistas brasileiros, os maiores compradores. Os períodos de maior movimento são o verão (meses de dezembro e janeiro, com grande fluxo de turistas brasileiros) e julho (a chamada "época do navio", quando aportam os transatlânticos vindos de outros países).

Quanto aos restaurantes, o menu oferece a carne de sol, a moqueca de arraia e a lasanha de camarão. Segundo César Duarte, do boxe 31, seu cardápio busca disponibilizar pratos típicos do Ceará, mas atendendo a uma "clientela mais requintada", que quer conhecer os pratos regionais e prefere escolher aqueles que são mais conhecidos também em outros estados. Dão preferência a pratos que, de alguma forma, já conhecem, pelo menos de nome (carne, moqueca ou lasanha). Neste sentido, os turistas mais conformistas preferem não testar pratos distantes da gramática alimentar que praticam no dia a dia, como a panelada, a buchada e o sarrabulho, disponíveis em outro estabelecimento do mercado.

No Mercado do Carlito Pamplona, importante local de distribuição de peixes de água doce na Capital, acontece a negociação tanto no atacado como no varejo. Antes, o comércio, tanto do peixe de água doce como de água salgada, acontecia conjuntamente no Mercado São Sebastião, segundo informa José Carlos, permissionário do último boxe, o de númenro 117. Segundo nos informou, a prefeitura disponibilizou um espaço próprio para os peixes de água doce, visando um ambiente mais higiênico.

Ali se podem encontrar produtos dos principais criatórios pesqueiros, tanto de dentro do Estado do Ceará como de fora dele. Os principais estados de onde provêm o peixe são Bahia, Pernambuco, Alagoas e Rio Grande do Norte. Além desses, de dentro do próprio Ceará, encontramos peixes oriundos de Banabuiú, Sítios Novos, Pentecoste, Açude do Castanhão e Açude da Vazante.

A movimentação no mercado acontece da seguinte forma: os caminhões chegam com a carga de peixes e a desembarcam. Dentro dos caminhões, os peixes são armazenados no gelo dentro de câmaras frigoríficas, feitas de isopor e recobertas, interna e externamente, por zinco galvanizado. Tais câmaras podem também ser encontradas nos "boxes" do mercado, utilizadas com a finalidade de expor os peixes para os feirantes. Nesse intuito também são utilizadas as gamelas, espécies de cestas retangulares de plástico. Todos os peixes ficam assim expostos para a escolha dos feirantes.

Quem deposita os peixes nas câmaras frigoríficas ou nas gamelas são os chamados peões ou "botadores" de peixe. Os peões, por esse serviço prestado aos feirantes, ganham destes o "toco", uma comissão, geralmente no valor de alguns reais.

Eles vêm de vários lugares: comerciantes de feiras livres, mercadinhos e, inclusive, do próprio Mercado. São aqueles que compram o peixe no atacado para vender no varejo, na outra metade do mercado, haja vista que o mercado tem uma parte para o varejo e outra para o atacado.

A Senhora Jaira Alves e o Senhor Francisco Wilson Rabelo são vendedores nas feiras livres que se realizam cada dia em um bairro diferente. Compradores de olhar atento, eles escolhem o tipo e o tamanho dos peixes dependendo do poder aquisitivo dos moradores do bairro onde a feira do dia será realizada: os peixes serão tanto maiores quanto mais rico for o bairro onde a feira aconteça. Segundo Dona Jaira e Seu Francisco, moradores de bairros mais ricos são mais exigentes e se recusam a comprar peixes pequenos, pois acreditam que não são de boa qualidade. Compram para revender, em média, 150 quilos de peixe por dia. Naquele dia, compraram 125 quilos de peixe, sobretudo tilápia e pescada.

Segundo os comerciantes, os períodos do ano em que se tem mais movimento são os da Quaresma e da Semana Santa, e o peixe mais procurado é a tilápia. Hoje é possível encontrar uma grande variedade de cortes feitos deste pescado, dentre os quais o filé, a linguiça e o empanado.

Apaziguar o calor, saborear causos e sentir o gosto das frutas do Ceará: sorveteria Juarez

Vanessa Ponte

> "Meus dedos-olhos desvendam, sem pressa, doces mistérios".
>
> Eugênia Tabosa

João Juarez de Albuquerque[12], 88 anos, cearense de Santana do Acaraú, é proprietário de sorveterias na cidade de Fortaleza. Juarez compartilhou, com impressionante vigor, as vivências de sua travessia de vida, marcada pela criação dos afamados sorvetes de fruta do Ceará, preparados de forma primorosa há quatro décadas. Ao longo deste período, as referidas iguarias têm sido escolhidas por diferentes gerações de paladares fortalezenses, tornando-se verdadeiros xodós, bem-querer fiel, mesmo diante das novidades no ramo (como os sorvetes à moda italiana que ganham cada vez mais as ruas da terra do sol). Para desvendar os mistérios desse cativante sabor, é preciso ir muito além da receita, é necessário saborear os causos narrados pelo seu criador.

....

12 A entrevista com Juarez para o projeto Comida Ceará foi realizada em junho de 2011. Ele faleceu em 25 de fevereiro de 2018.

O senhor Juarez tem cabelos prateados pelo tempo que aparecem ocultados por um chapéu. Em sua face, há um olhar expressivo atrás dos óculos quadrados, assim como um bigode vistoso e grisalho. A tez apresenta as marcas das emoções dos seus quase 90 anos de vida. Suas mãos são ásperas, de tanto escolher, cuidadosamente, cada fruta utilizada na preparação de seus sorvetes. Aprecia vestir camisa de botão com a estampa xadrez e calça de tecido. Com esse garbo, ao pé do balcão da sorveteria, situada na Avenida Barão de Studart, "o seu Juarez" recebe os clientes afetiva e calorosamente, reconhecendo-os, geralmente, pelos respectivos nomes. Costuma se apresentar entoando cantorias, prática que aprendeu em seu tempo de menino quando morava com o pai no interior do Ceará. Com tom de voz veemente, canta: "João Juarez de Albuquerque de Almeida Monte, aos velhos e cruéis, uma tocha de fogo ao redor dos seus pés, vai os dedos e fica os anéis, mas tudo vem de revéis".

O senhor Juarez é elogiado pelos seus clientes pelo bom humor, tenacidade e forma física. Há quem pergunte o segredo para tanta vitalidade. Em relação a esta receita, diferentemente das dos seus sorvetes, ele não faz mistério algum. Revela que a sua força de viver vem da alimentação à base de feijão-verde, carne de porco, farinha d'água, macarrão, rapadura e queijo. Sobre as restrições alimentares, diz: "Eu tenho 88 anos e não sei que gosto tem Coca-Cola. Bebida nenhuma. Tem também um bichinho parecido com Coca-Cola: café, que pra mim também não vale nada".

Explica que, além da alimentação, importa também o bom humor e a postura diante da vida, esta baseada nos ensinamentos de seus pais, que alertavam sempre sobre os perigos de nutrir a ganância e o orgulho. Nas palavras dele: "Eu sou o cara mais feliz do mundo. Eu não tenho nó na garganta. Eu não tenho rei na barriga, não tem nada. Minha vida foi na fazenda do meu pai, onde nasceu 22 meninos, mas a educação muito precisa". Entre uma venda de um sorvete e outra, em pleno balcão da sorveteria, é comum o senhor Juarez reviver a infância no interior do Ceará, em Santana do Acaraú. Rememora o jeito disciplinado de ouvir os pais, as brincadeiras, as comidas do sertão, a espera pelas chuvas, os cheiros das frutas da estação, o cultivo de valores que ele carrega até hoje.

Ao contrário do que muitos pensam, o aprendizado na criação dos sorvetes não se gestou nesse período e muito menos foi passado por seus familiares. Ele foi o primeiro, em sua rede de relações, a desenvolver o ofício. Mas insiste em frisar que as lições aprendidas nos tempos de meninice tornaram-se ingredientes fundamentais para o desenvolvimento do seu talento: a perseverança, a disciplina e o gosto pelo trabalho. Inclusive, o primeiro sorvete teve como inspiração um conselho de seu pai. Com orgulho, relata: "O primeiro sorvete foi o de manga, meditando que o meu pai dizia que manga não mistura com leite e só botei a manga e açúcar. Deu um espetáculo!".

Uma de suas narrativas preferidas é justamente aquela que marca o início de sua trajetória como sorveteiro. Conta que, ainda jovem, viajou para o Piauí com o objetivo de gerenciar a padaria do seu cunhado, Raimundo Messias. Ao observar o comportamento da clientela e o clima quente da cidade, o moço Juarez sugeriu: "Raimundo Messias, se tu botasse um sorvete aqui nessa tua padaria, tu morria de vender".

O proprietário concordou com a ideia, mas ficou reticente, pois não sabia como fazer sorvetes e alegou que Juarez não tinha a menor experiência no ramo. Com ar confiante, o nosso protagonista argumentou: "Ninguém nasce sabendo nada e só vai pra frente tentando". Altivamente, garantiu ao cunhado: "Deixa comigo, que eu vou fazer do meu jeito!".

Raimundo Messias resolveu comprar o equipamento necessário para a feitura dos sorvetes. Com encantamento, seu Juarez relembra: "As máquinas chegaram tudo nova, tudo bonita!".

O sorvete foi sucesso absoluto, passou a ser um dos produtos mais apreciados em seu comércio. Com um tom altivo, regozija-se por ter encontrado o seu talento. Diz: "Dei um show!". Depois da excelente aceitação do sorvete de manga, seu Juarez começou a elaborar novos sabores. Ele não seguia receitas. Desenvolvia, pouco a pouco, uma percepção refinada para entender os ingredientes que se contrastavam ou se complementavam: "o de abacaxi eu via que rejeitava leite, derramava nas máquinas, aí não botava". Quanto mais concentrava sua dedicação ao sorvete, mais esse alimento ganhava espaço em sua vida. A ponto de o jovem Juarez entender que a padaria do cunhado era pequena para as suas criações. Foi aí que decidiu "caçar rumo", colocar o pé na estrada, sendo o destino Fortaleza.

Em 1972, na Avenida Santos Dumont, esquina com a Rua José Lourenço, abriu a *Sorveteria do Juarez*. Pouco tempo depois, estabeleceu pouso na Avenida Barão de Studart, nº 2023, lugar em que permanece até hoje. Faz questão de não alterar nenhum detalhe da estrutura física da propriedade, composta apenas de um comprido balcão, alguns refrigeradores e largos bancos para a clientela. A ausência de reforma, desde a inauguração, é um jeito do seu Juarez anunciar que, se o espaço não sofreu modificações ao longo do tempo, a qualidade do sorvete também não.

IANDÊ SE DELICIANDO COM O SORVETE DE COCO NA JUAREZ DA BARÃO DE STUDART.

O reconhecimento da clientela cresceu e ganhou a cidade. Outras duas lojas foram abertas: na Avenida Engenheiro Santana Junior, nº 603, e na Avenida Washington Soares, nº 781. Esses estabelecimentos têm estruturas físicas "mais modernas" e são gerenciados pelo seu filho, Expedito. No entanto, seu Juarez gosta mesmo é da simplicidade do ponto situado na Avenida Barão de Studart, no qual rege todas as atividades há anos: a feitura dos sorvetes, a recepção dos clientes, as sociabilidades no balcão, a escuta das histórias dos seus fregueses. O site de divulgação da sorveteria conta essa história:

> Nos anos 1970, o programa familiar de domingo era a missa na Igreja São Vicente, passear na Beira-Mar e tomar sorvete. Daí se fez o slogan "Sabor da infância e da adolescência", pois muitos vieram quando estavam começando a namorar, depois voltaram, casados, depois com os filhos, depois com os netos. A sorveteria do senhor Juarez faz parte da história da família cearense.

Apesar das diferenças de estrutura física entre os estabelecimentos, o senhor Juarez destaca que em todos é possível apreciar um alimento saboroso e saudável. Faz questão de frisar que o seu produto é livre de emulsificante, gordura hidrogenada, fermento líquido, fermento sólido, liga neutra, corante de cor alguma, maisena, arrosina, ovos, clara de ovo, milharina, trigo, gordura vegetal, glucose. Inclusive, tece duras críticas aos outros donos de sorveteria que, além de colocar essas substâncias, ainda acrescentam uma abundante quantidade de água no sorvete. "O povo em geral, dono de sorveteria, não gosto de falar, mas tenho que falar, porque dono de sorveteria querem fazer sorvete com água, e não é com fruta (risos), tira o gosto da fruta. Só é química! Química pesada! Emulsificante, amaciante. Um menino de um a cinco anos toma e não sabem o que tão dando".

Com o passar dos anos, seu Juarez desenvolveu diversas receitas. Orgulhoso, assume a autoria de todas elas: "Minha receita foi criada por mim! Nem foi você quem me deu, nem um homem, nem uma mulher, nem eu encontrei em papel. Fui eu mesmo que resolvi". Entre as suas criações, encontramos os seguintes sabores de sorvetes: amendoim, ata, bacuri, banana caramelada, baunilha, biscoito, brigadeiro, café, cajá, cajarana, caju, capim-santo, castanha, chocolate, chocolate branco, doce de leite, doce de leite flocado, flocos, goiaba, graviola, jaca, leite, leite com passas, limão, murici, nata goiaba, prestígio, pavê, sapoti, ciriguela, tamarindo, tangerina, tapioca.

Um dos dilemas de seu Juarez consiste nos pedidos, em sua opinião, impertinentes de diferentes pessoas que querem descobrir as suas receitas. Desenvolveu uma estratégia para esses casos: passa a receita errada.

Para nosso privilégio, um dos segredos da qualidade dos sorvetes foi revelado de bom grado: um bom sorvete começa com a cuidadosa seleção das frutas. Ele conhece as estações de cada uma e percebe a qualidade pela textura, cor e cheiro. Com muita segurança, ensina que tem época certa para serem colhidas. Inclusive, com essa sabedoria, ele tem a exata noção daquelas que sofrem intervenção de produtos químicos para a aceleração do amadurecimento:

> Fruta hoje tem, amanhã não tem. Hoje tá ruim de fruta, porque não choveu. Hoje tem sapoti e amanhã não tem. Amanhã tem graviola, hoje não tem. Tem a fruta que tem a época dela! E tem as outras: sapoti dá todo tempo, maracujá dá todo tempo, abacate dá todo tempo. E as que não têm: a tangerina, a graviola, a ciriguela.

Partilha com a nossa equipe o processo de compra das frutas. Prefere comprá-las no Mercado São Sebastião, localizado na Rua Clarindo de Queiroz, em Fortaleza. "Vou ao mercado todo dia". Às quatro da manhã, adentra o setor das frutas e a atenção do renomado sorveteiro é disputada entre os feirantes. Como ele diz: "brigam por mim". Enfatiza que esses apelos não o mobilizam. Negocia com vendedores, com critério e seriedade, priorizando a qualidade. Fica vigilante para não levar frutas repletas de produtos químicos. "Eles botam pra amadurecer, eles colocam pra amadurecer mais rápido. Eu conheço! Eles vão abrir a caixa que tem carbureto, tá mesmo que fogo, as frutas tudo quengada" (forma popular de dizer que alguma coisa está estragada).

Revela que o segredo está nas mãos, ou seja, na sensibilidade de perceber a inteireza da fruta. O seu toque é perspicaz, desenvolvido em anos de peleja. Nesse sentido, detalha a ciência envolta na seleção do coco. Nas palavras dele: "toda banca que tem coco tem um ferro (para o freguês avaliar o coco). Eu não preciso! Basta eu balar (faz movimentos com as mãos indicando um balançado). No bala, eu sei de tudo! O costume tá ali".

De tão íntimo das frutas, atribui uma série de adjetivos e brincadeiras em relação a elas. A tangerina qualifica de "delicada", porque pode amargar com facilidade. Já com a ciriguela, ele brinca chamando de "segure ela", fazendo alusão a segurar uma mulher. Depois de selecionar as frutas, realiza o transporte destas em seu carro. Ele mesmo dirige. Chega à sua sorveteria e inicia o processo de feitura das polpas. De forma bem taxativa, explica: "Eu compro, eu faço a polpa, eu só confio eu fazendo e eu guardando! Eu não acredito na polpa que você faz e que ele faz". Fazer as polpas é uma estratégia para lidar com a sazonalidade. Assim, um cliente pode saborear um sorvete de sapoti mesmo que a fruta não esteja em sua época de colheita. Conta como se faz a polpa: descasca o sapoti, retira a casca e as sementes; o resultado rende de sete a nove quilos de sorvete. Não utiliza água. Depois de pronta, a polpa é armazenada. "Depois que congelar, não tem data, não estraga".

Ele se orgulha por suas polpas não conterem água: "Três sorvetes que eu tenho aqui não existe leite nem pra pingar: manga, abacaxi e tamarindo". Seu Juarez almeja que o cliente, ao tomar um sorvete de fruta feito por suas mãos, tenha a sensação de que está saboreando a própria fruta. De forma jocosa, costuma oferecer um pouco de sorvete ao cliente, ou seja, uma prova para que este adivinhe pela degustação qual o sabor. Por vezes, intencionalmente, diz que vai oferecer a prova de um sabor e dá a de outro. Mas o gosto do sorvete é tão apurado que, geralmente, não deixa dúvida no freguês.

A satisfação dele vai muito além do lucro. Aprecia os elogios e as expressões de felicidade dos clientes diante de suas receitas. Se há algo que o deixa arrasado, é quando um pessoa não pode consumir por restrição médica. Para ele, uma vida sem o gosto do sorvete é uma vida sem graça e sem cor. Pensando nisso, desenvolveu alguns sem lactose, dedicados especialmente às pessoas com essa intolerância:

> Aqui tinha uma senhora que passou dois anos tomando sorvete. Ela vinha com os filhos. Dois tomava sorvete e dois não tomava. A mãe disse: "Juarez, teu sorvete é uma delícia, mas eu tenho dois filhos que não podem tomar por causa da lactose!". Minha senhora, por que não me disse isso antes? Eu tenho três sorvetes que não têm leite, eu enchi a caixinha com quatro bolas, dois de abacaxi de um lado e dois de manga. O que não gostar de manga toma abacaxi e que não gostar de abacaxi toma manga. Aí eles (os meninos) chegaram aqui tudo olhando.
> Eu disse: agora vocês vão tomar sorvete!

É exatamente assim, na observação apurada e na prosa leve, que seu Juarez cativa os clientes e traça a sua história em Fortaleza, cidade que escolheu para construir família. E essa é uma das narrativas mais contadas no balcão: sobre o alicerce de seu casamento, sobre o apoio que sempre recebeu da esposa para tocar as lidas pessoais e profissionais e sobre a família que construíram. "Nós estamos aqui porque lá em casa não nasceu quase menino (ri), só nasceram 13. Morreram quatro e ficaram nove, e nós ficamos com oito filhas mulheres e só um homem. Essas minhas oito mulheres nós formamos todas oito e casamos todas oito. Nós temos 15 netos e quatro bisnetos!".

Mas, apesar das realizações, a narrativa traz uma queixa. Ele vem perdendo clientes mais jovens. Estes exigem que os sorvetes sejam repletos de coberturas de chocolate, morango, doce de leite, jujubas, confeitos e outras guloseimas ofertadas em muitas sorveterias na cidade. O senhor Juarez acredita que esses elementos são desnecessários e interferem no sabor de suas criações. Diz com ar de extrema insatisfação: "Os meus clientes, perdi! Aquelas coberturas, aquelas coisas. Perguntam: 'Tem cobertura?' Eu respondo: traga o cobertor de casa!".

E pra provar que seu sorvete é diferente, decide partilhar conosco uma de suas receitas exclusivas: o sorvete de coco, um dos mais consumidos por sua clientela. Com atenção, acompanhamos todo o processo.

Ele escolhe os cocos que são denominados como "da praia". Estes são, segundo o sorveteiro, os mais adequados para a feitura do sorvete, devido à "fartura de carne". Para a preparação de oito quilos de sorvete, são necessários 10 cocos. Estes são quebrados com um martelo de ferro. A parte branca do coco é retirada e colocada em pequeno balde plástico. Depois, a carne do coco é posta no liquidificador. Após 15 minutos, o conteúdo passará por uma peneira para retirar toda água. Dois pacotes de leite em pó e dois quilos de açúcar são acrescentados. Os ingredientes serão unidos e passados novamente no liquidificador. O conteúdo é posto numa máquina italiana que funciona como uma espécie de batedeira. Ao sair dessa máquina, o sorvete está pronto. Coloca-se num recipiente de alumínio e, em seguida, na geladeira. Depois está pronto para gelar e ser servido no copo ou na casquinha.

Ele se envaidece quando um cliente elogia, celebra o momento da partilha com uma contagiante risada e, em seguida, diz em alto e bom som uma frase que representa a centralidade dos sorvetes em sua vida: "se for preciso, eu almoço e janto só sorvete. Meu sorvete me completa em tudo!". Apesar do orgulho do seu oficio, diz cultivar a simplicidade e não ter ganância. "O meu problema maior hoje chama-se 88 anos". Ele aprecia mesmo é a troca de conversas, sorvete e cantoria. "Menino, eu te peço: me escreva com carinho! Se não achar um portador, envie pelo passarinho!".

Basta chegar à sorveteria e lá estará o senhor Juarez, partilhando em causos tudo que aprendeu ao longo da vida. O que ele versa lembra Ana Jácomo quando fala "Tenho aprendido com o tempo que a felicidade vibra na frequência das coisas mais simples. Que o que amacia a vida, acende o riso, convida a alma pra brincar são essas imensas coisas pequeninas bordadas com fios de luz no tecido áspero do cotidiano".

As comidas do caminho: restauração à beira de estrada

RAFAEL RICARTE DA SILVA

Começamos nosso percurso por Pacatuba, Região Metropolitana de Fortaleza, no *Restaurante Dozinho da Jia*, de propriedade de Dona Maria Zuleida Pereira Chagas e seu marido, Dozinho. Dona Zuleida, com quase 80 anos de vida, natural de São Gonçalo do Amarante, contou-nos que desde cedo começara a trabalhar no preparo de alimentos, sendo proprietária de bar em Fortaleza a partir de 1965. Os caminhos e as mudanças foram muitos ao longo do tempo, fixando-se em Pacatuba após uma passagem pelo município de Itaitinga, onde também teve bar e vendeu a carne de jia: à milanesa e ao alho e óleo.

O trabalho com este tipo de carne começou por intermédio de uma amiga que esteve na Alemanha e contou que este prato era comum naquelas terras. Ela enviou a receita para Dona Zuleida. A partir daí começou o trabalho com jia, comprando-as no interior do Estado até a regulamentação da produção e do abate pelo Instituto Brasileiro do Meio Ambiente e dos Recursos Naturais Renováveis – IBAMA (somente jias do sexo masculino podem ser comercializadas, já que as fêmeas são responsáveis pela reprodução).

No início, quando ainda permitida a caça, dona Zuleida recebia estas jias ainda vivas, matando com água morna, pois "não podiam levar pancadas que ficavam estragadas". Hoje as recebe congelada e confessa que este processo de congelamento modifica o sabor da carne. Revelou-nos também que "nunca chegou a experimentar uma jia", mas que Dozinho e seus filhos gostam. Observa que um dos maiores fatores para o sucesso de sua comida é a maneira como faz. Cozinha como se fosse para ela, ressaltando que "aquilo que não quer pra ela não dá pra ninguém" e que não gosta de provar a comida, pois conhece se está salgada ou insossa pelo cheiro.

Nossa próxima parada é no *Restaurante Quatro Bocas*, no município de Beberibe. Um dos pratos servidos neste famoso entreposto para quem se desloca pela região é o Leitão a Lenha, como nos informou a proprietária dona Maria Fernandes. Segundo ela, quando começou o comércio com seu marido, em 1971, "não tinha nem estrada, era piçarra, não era asfaltada" e poucos eram os ônibus que circulavam por este caminho.

O leitão a lenha é um dos principais pratos do restaurante, sendo consumido, segundo dona Maria, pelo "pessoal da estrada, caminhoneiro e pessoal da prefeitura". O preparo da carne de porco pode ser feito "com casca" ou "sem casca". Com "casca" é quando se prepara o prato mantendo a parte da carne mais gordurosa: a pele e o toucinho. Ela adverte que esta variação atende ao gosto e à saúde dos clientes, mas que "de todo jeito o pessoal gosta". A receita do leitão a lenha, de dona Maria Fernandes, foi ensinada por Marineilda. A carne de porco utilizada é proveniente de Juazeiro do Norte ou da própria cidade, onde amigos e familiares criam e vendem para o restaurante. Para nossa entrevistada, um dos motivos para o bom preparo do prato é lavar bem a carne quatro vezes (utilizando água, vinagre e limão) e colocar bastante tempero (cebola, alho, pimentão, tomate e cheiro-verde), tento o cuidado para não adicionar muita água na panela, pois "se você cozinhar uma carne, qualquer tipo, com muita água, ela não tem muito gosto não. Fica sem gosto, o sal não pega na carne direito".

Nosso último ponto é o *Restaurante Marrocos*, localizado em Mulungu, distante de Fortaleza aproximadamente 120 quilômetros. Neste estabelecimento, tivemos a oportunidade de acompanhar e conhecer a feitura do pato guisado. Dona Vera Arruda, que nos apresentou este prato, esclareceu que antes do preparo, deve-se observar quanto tempo de criação tem o animal, não podendo abater o pato antes de um ano de vida. Ela nos contou, também, que quando começou ninguém mais criava galinha, pato e capote e, hoje, quando é na época do Carnaval, vende aproximadamente 250 aves.

Dona Vera revelou que aprendeu a cozinhar ainda criança, quando precisou cuidar dos 10 irmãos, vendo os pais cozinharem. De lá pra cá, tem todas as receitas na cabeça, não pega em livros porque "quem sabe fazer uma coisa nunca esquece" e que "nasceu para trabalhar", além de gostar de ensinar a todo mundo o preparo das comidas. Contou-nos, ainda, que o preparo caseiro deixa as comidas mais gostosas e que seu marido, senhor Francisco, é o responsável por abater e tratar todas as aves destinadas ao restaurante. Dona Vera e Sr. Francisco advertiram que não colocam nome nem se apegam aos animais, porque têm que matar e não podem ter pena.

DONAZULEIDA
CHAGAS

Receita de carne de jia ao alho e óleo

Ingredientes:

Jias em pedaços;

pimenta;

alho picado;

colorau;

molho (de sua preferência);

e sal.

Modo de preparo:

Descongelar a carne, caso seja comercializada refrigerada. Colocar a carne da jia em um recipiente, acrescentar pimenta, molho, colorau e sal a gosto.

Misturar bem para o tempero pegar na carne. Em seguida, colocar a jia no óleo quente (já bem aquecido).

Deixar fritar por 10 minutos e acrescentar o alho, deixando fritar por mais 10 minutos até que fique vermelho. Todo o processo de fritura leva aproximadamente 20 minutos.

Receita de leitão a lenha

Ingredientes:

Carne de porco (com ou sem casca);

cebola;

tomate;

colorau;

pimenta-de-cheiro;

alho;

tempero industrial e sal a gosto.

Modo de preparo:

A primeira etapa do preparo é lavar bem a carne com água e vinagre, repetindo o processo em quatro águas. Entretanto, o uso do vinagre fica restrito a primeira lavagem e pode ser trocado pelo limão.

Após este procedimento, deve-se colocar a carne na panela e, em seguida, os temperos descritos acima. Em seguida, mexe-se tudo e leva-se ao fogo com pouquíssima ou nenhuma água, já que a carne e o tempero liberarão água no cozimento.

Tempo de cozimento: de uma a duas horas, caso o leitão seja jovem.

DONA MARIA
FERNANDES

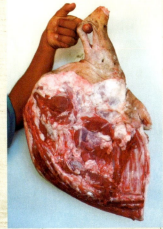

FRANCISCO E
VERA ARRUDA

Receita de pato guisado

Ingredientes:

1 pato cortado em pedaços;
3 colheres pequenas de coentro picado;
3 colheres pequenas de cebola vermelha;
3 colheres pequenas de alho;
1 colher de vinagre;
1 colher e meia de colorau;
sal e cheiro-verde a gosto.

Modo de preparo:

Deve-se matar o pato, sangrando-o pelo pescoço. Em seguida, escaldar para a retirada das penas, realizar a limpeza com água e limão e fazer os cortes.

Colocar o pato cortado na panela, adicionar coentro, cebola vermelha, alho, vinagre, colorau, cheiro-verde e sal a gosto. Mexer tudo até unificar os temperos, acrescentar um pouco de água e abafar a panela.

Tempo de cozimento do pato: uma hora e meia até duas horas, adicionando água quente quando necessário. Caso seja em panela difícil de aquecer ou fogo baixo, deverá ser cozido por umas três horas.

RIGORES DA FOME E DA VONTADE DE COMER: DIVERSIDADE DE CRITÉRIOS ALIMENTARES

Astúcias culinárias na escassez

Vládia Eufrásio Lima

Comida de festa, de feira, de rua, de restaurante, de beira de rios, açudes e praias, comidas de despedidas e de boas-vindas, comida de comunidades de fundo de pasto e comidas das agroindústrias, comidas finas e rústicas. Entre tantas comidas, foram achados alguns exemplares, não menos curiosos, que se relacionavam com a sobrevivência e os períodos de escassez. Em meio às longas secas comuns ao clima semiárido, manter os filhos vivos é exigência condicionante para a garantia da manutenção da vida e implica sagacidade, intuição e esperteza. O primitivo instinto de preservação levou mães e pais a buscarem driblar a fome e o choro dos meninos nos longos períodos de entressafra e na aridez do sertão por meio de inventivas preparações culinárias. Como exemplo, cito: angu de ovo, cafofa de café, mingau de jatobá, chibé, jacuba e pão de macambira. A seguir vamos passear pelas histórias das três primeiras receitas.

Todas as três receitas foram acompanhadas em comunidades próximas ao município de Itaiçaba e vizinhas entre si. Para chegar nesta região, a estrada era de difícil acesso, de piçarra (chão batido), com vegetação de caatinga, quase sem habitantes e de um colorido que misturava o céu de azul imenso com os tons de vermelho e terra. Um lugar que mais parecia ter parado no tempo da simplicidade. A brisa vinda do litoral era um delicioso refresco a sombra dos terreiros bem varridos das casas, e o silêncio do lugar embalava a tranquilidade de nossos pensamentos.

No Baixo Jequi, foi encontrado o angu de ovo de dona Alda. Em nossa primeira ida a sua casa, a senhora de 79 anos se recusou a falar, alegando o "desarrumado da casa" e as "lembranças ruins" que lhe traziam o prato. Voltamos uma segunda vez, insistimos, e dona Alda demonstrou desconfiança pelo "estranho" interesse por uma receita "tão sem importância" ou "delicadeza", a seu ver, e foi logo tratando de fazer o angu. Sem muito esforço para explicar os detalhes da receita, em movimentos bruscos de seu corpo na cozinha, com respostas objetivas às perguntas da equipe e com lágrimas nos olhos, dona Alda demonstrou grande desconforto em preparar e revisitar as lembranças do prato. Depois de uma vida de luta e resistência, ela afirma que sua riqueza são seus 12 filhos, seis homens e seis mulheres, que tantas vezes foram alimentados com angu de ovo num tempo em que o "leite era difícil" e "não tinha para todos". Para dona Alda, cozinhar e comer o angu não dá prazer e sim lembranças de um tempo de escassez.

A cafofa de café, ou cafofinha, foi encontrada em um local chamado Caris, na casa de dona Fátima, 69, mãe de três filhos e separada do marido há 37 anos. Na cozinha simples e muito bem organizada de sua casa, onde mora com a mãe, dona Fátima descreve os modos atuais de preparo da cafofa de café e contrapõe ao modo antigo de fazer. Ela nos contou que, quando criança, o café era torrado e pilado artesanalmente, o "tempero" (adoçante) era a rapadura, a farinha era comprada em litros, às vezes "o café não era coado" e "pão ou bolacha eram coisas difíceis de encontrar": somente quando se ia à "rua" (centro da cidade) é que se viam tais comidas. Dona Fátima aprendeu a cafofa de café observando sua mãe fazendo para ela e os irmãos. Quando a mãe não podia, ela mesma preparava para a família. Ela também alimentou seus filhos com a "cafofinha". Naquela época, cada criança tinha sua "baciazinha de comer a cafofa com colher". Dona Fátima disse: "o povo de antigamente, minha irmã, fazia tudo pra escapar".

Na mesma rua, em Caris, o vermelho translúcido do mingau de casca de jatobá também foi encontrado. O raro preparo, inventado por dona Maria, 77, nossa informante e anfitriã em sua cozinha, foi uma "questão de necessidade". Para não ver os meninos chorarem, disse ela, dona Maria observou o chá de jatobá, que também era usado para tratar a bronquite e a gripe das crianças, e acrescentou a goma de mandioca. Ela tentou reproduzir o preparo o mais próximo possível dos tempos antigos. Preparou a cafofa de cócoras, à beira de um fogareiro improvisado (explicou que naquela época não tinha gás butano), numa panelinha de lata de leite em pó (também não havia papeiro – panela pequena para preparar mingau ou papa – e que por isso ela customizava as latas que encontrava ou que eram doadas pelos vizinhos). Dona Maria resumiu sua experiência de vida com a seguinte fala: "mas mininu! Vocês têm uma vida muito boa! Se fosse que nem a minha? Eu fazia mingau, fazia de casca de jatobá, fazia mingau de laranja, vocês agora têm tudo nas mão!".

Para quem gostar de aventuras gustativas, recomendamos todas as receitas, pois certamente serão inusitadas e saborosas experiências.

DONA ALDA

Receita de angu de ovo

Ingredientes:

1/2 litro de água;

1 colher de óleo de soja;

colorau (colorífico vermelho);

1/2 cebola picada;

3 ovos;

alguns punhados de farinha grossa de mandioca (300 mg);

e sal a gosto.

Modo de preparo:

Em uma panela, coloca-se a água, acrescenta-se o óleo, um pouco de colorau, a cebola e o sal a gosto. Em seguida, leva-se o recipiente ao fogo. Quando a mistura levantar fervura, os ovos devem ser quebrados com cuidado para não fazer "bagunça", ou seja, para que, ao serem despejados, permaneçam inteiros durante o cozimento.

Após alguns minutos, retirar a panela do fogo e, com ajuda de uma colher, retirar os ovos um a um, reservando-os. Com uma das mãos, tranquilamente, despejar a farinha de mandioca no caldo que ficou na panela. Ao mesmo tempo, com a outra mão, deve-se mexer a mistura com o auxílio de uma colher.

Novamente leva-se a panela ao fogo mexendo até o ponto de pirão escaldado. Quando a farinha adquirir uma coloração avermelhada, é sinal que está pronto. Para servir o angu de ovo, despeja-se o pirão escaldado em um prato fundo e por cima arrumam-se os três ovos inteiros.

Receita de cafofa de café

Ingredientes:

1 litro de água;

5 colheres de sopa de café em pó;

6 colheres de sopa de açúcar;

1 xícara de farinha grossa de mandioca.

Modo de preparo:

Coloca-se um litro de água em uma panela e leva-se ao fogo. Enquanto isso, o café em pó é posto no pano de coar no bule. Ao ferver, a água é despejada no pano de coar e esse é torcido para que todo o líquido seja escorrido.

Em seguida o café é adoçado.

Em outra panela, despeja-se uma xícara de farinha e, em seguida, o café. Leva-se a panela ao fogo, sem parar de mexer, para cozinhar até levantar fervura e formar a farinha escaldada.

A aparência da cafofa é semelhante a um pirão granulado de cor marrom brilhante.

Assim, a cofofa de café está pronta para ser servida em xícaras e comida com colher. Caso seja preferida uma textura mais mole, poderá ser adicionado mais café, leite quente ou manteiga.

DONA FÁTIMA

189

Receita de mingau de casca de jatobá

Ingredientes:

Uma terça* de água (350 ml);
alguns pedaços de casca de jatobá (aproximadamente um punhado);
1 colher de sopa de açúcar branco;
1 colher de sopa de goma de mandioca.

*Uma terça: expressão para referir-se à medida aproximada da terça parte de um litro.

Modo de preparo:

Em primeiro lugar, as cascas de jatobá são quebradas e amassadas por duas pedras. Estas cascas são colocadas com água numa panela. Esta deve ser levada ao fogo. Os ingredientes devem ferver por alguns minutos.

Em seguida, o chá deverá ser coado em um pano para separar as cascas e esfriado, passando-o de uma vasilha a outra (pela exposição do líquido ao vento). Esfriar o chá é bem importante, pois evita que o mingau fique emboloado ("encaroçado") e desagradável ao consumo.

Assim que atinja a temperatura ambiente, ao chá deverá ser adicionado o açúcar e a goma.

Logo após a panela deve ser retornada ao fogo para nova fervura. Ao atingir seu ponto de ebulição, o mingau de casca de jatobá terá uma linda cor vinho e poderá ser servido em copo ou xícara para comer de colher.

DONA MARIA

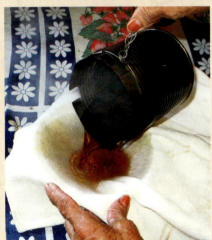

191

Café agroflorestal – Maciço de Baturité

Nahyara Marinho

> "Bebida estimulante, o café está para os cearenses, a exemplo do chimarrão para os gaúchos: é a bebida de todas as horas."
>
> Alberto S. Galeno

O cheirinho de café costuma trazer boas lembranças, bons sentimentos. Desperta a energia para o dia que se inicia. Mas também evoca o momento de pausa durante a rotina de trabalho ou um instante de prosa com amigos e família na merenda da tarde. Apesar da média alta de temperatura do Ceará, é costume fazer e tomar café em todas as regiões do Estado, costumeiramente oferecido quentinho, forte e adocicado para as visitas.

Se os pés de café pudessem testemunhar o que presenciaram, eles poderiam nos contar a história de sua produção e consumo no referido Estado por, pelo menos, os últimos 160 anos. No Maciço de Baturité, região serrana do Ceará, encontramos ainda alguns pés desse grão que possuem essa idade. Eles não produzem tanto quanto os mais novos, mas são igualmente respeitados pelos agricultores, que têm o cuidado de não quebrar um único galho, sob a pena de perder os frutos na colheita seguinte.

Quem compartilhou conosco essa e outras histórias foi Marcos José de Arruda Garcia, natural do município de Mulungu, morador da localidade de Lameirão. Ele nos contou que já nasceu na cultura do café, com a qual sua família lida desde os tempos de seu bisavô. Tais saberes e práticas foram passadas, depois, ao seu avô Sebastião e, deste, para sua mãe, que hoje trabalha com seus nove filhos nesse plantio. Marcos contou que acompanhava seu avô durante todos os processos, desde a colheita, passando pela secagem e chegando ao beneficiamento do grão.

Há 150 anos, explicou-nos, o café do Maciço de Baturité foi considerado um dos melhores do mundo, o que trouxe muitas riquezas para a região, as quais proporcionaram que os filhos de grandes produtores saíssem da cidade para estudar fora, por exemplo, conquistando outras formas de reconhecimento. Em uma época em que não se usava dinheiro, o café era também moeda de troca. Trocavam-no, assim, como outros "produtos da serra" (como rapadura e banana) por bois, carneiros, farinha ou outras comidas consideradas do sertão. O pai de Marcos, chamado Nilson, era comboieiro, profissão que seguia em comboio, levando produtos de um lugar a outro para serem (re)vendidos ou trocados. Ele seguia com um ajudante e um filho, todos a pé, e desciam a serra rumo ao sertão, levando consigo os produtos da serra no lombo dos jumentos e retornavam com galinhas, capotes, porcos, queijos. Na família, o retorno era motivo de alegria, sinônimo de fartura. Para o filho que o acompanhava nas viagens, ficaram as memórias das aventuras naquelas "terras distantes", como Canindé, Caridade, Campos Belos. A profissão de camboeiro já está extinta, entre outras coisas, por conta das estradas, dos carros, dos caminhões e dos mercados.

Nas lembranças narradas por Marcos, também apareceram as festas de comemoração das colheitas de café na serra: as chamadas *festas da panha*[13] *do café*. Os donos dos sítios organizavam as festas e ofertavam aos vizinhos que auxiliaram na produção, sendo bastante frequentes. Matavam vaca para churrasco, quando o proprietário era mais abastado. Os que tinham menos condições, contudo, também ofereciam o que tinham de melhor: carneiro ou porco. Nas festas, encontravam-se

---

[13] "Panha" tem origem no verbo apanhar, que remete à colheita.

mugunzá, aluá, suco das frutas do sítio, vinho, além de serem presenteados com uma "torra de café". Hoje em dia essa tradição está diminuindo, sendo poucas as famílias que a seguem.

Em 1996, a Fundação Cepema (Centro de Educação Popular em Defesa do Meio Ambiente) levou ao Maciço de Baturité o curso de Agente de Agricultura Ecológica, voltado para filhos de produtores locais para aprenderem técnicas e incentivarem esse tipo de manejo junto a seus pais. Marcos participou do curso por conta de seu interesse na agricultura. Apesar de todas as dificuldades de deslocamento, concluiu o curso, com duração de dois anos, passou a participar de outros projetos, buscando a valorização da cultura do café, a implantação dos sistemas agroflorestais, da agricultura orgânica e ecológica.

Nosso interlocutor nos conta que os antigos produtores tinham resistência em ouvir o que os mais novos falavam sobre os conhecimentos adquiridos no curso. Eles não queriam modificar seus antigos usos, o que fez com que os aprendizes formassem pequenas áreas para exercitar as novas técnicas. Estes criaram, então, a *COMCafé*: Cooperativa Mista dos Cafeicultores do Maciço de Baturité. "Mista" porque teria o objetivo de trabalhar outras culturas da região, como bananas, hortaliças, frutas, madeira, mas o café seria o principal produto. Já em 1998 foi criada a Apemb, Associação dos Produtores Ecologistas do Maciço de Baturité, que hoje conta com 160 cafeicultores dos cinco municípios que compõem este maciço (Baturité, Palmácia, Mulungu, Pacoti e Guaramiranga) e da Serra da Meruoca, em Sobral. Naquela época, a marca do café da cooperativa foi criada: *Café Pico Alto*.

Apesar do conceito de produção orgânica chegar ao Maciço só em 1996, Marcos nos conta que a história do café na serra "já era natural", isto é, sem o uso de agrotóxicos e cultivado de modo sombreado – os pés de café são cultivados à sombra de árvores maiores. Segundo ele, os agricultores "não tinham noção do que produziam em seus campos", referindo-se à impressão de que os produtores não tinham consciência das potencialidades do café que produziam, de como constituía (ou poderia constituir) uma espécie de mercadoria diferenciada. Com o projeto, entretanto, passaram a perceber o valor do café ali produzido – não

só mercadológico, é preciso dizer, mas também para a história da região. Com a Associação, houve a oportunidade de certificar o produto como orgânico, conquistando selos internacionais (um sueco e um alemão), nesse sentido, e de exportar para outros países.

Na época em que esta entrevista foi realizada (era o ano de 2011), fomos informados que a importação havia diminuído, pois não tinha produção suficiente para suprir a demanda. Inclusive por conta do número de pés de café antigos, que não possuem a mesma capacidade produtiva dos mais novos. Outros elementos que teriam pesado nessa diminuição referem-se à insuficiente organização dos agricultores junto à cooperativa, bem como a comum dependência de atravessadores, os quais podem pagar pela produção a qualquer momento e possuem contatos para seu escoamento. A Associação tem o objetivo de anular a necessidade do atravessador para que o produtor receba mais, porém, naquele período, isso ainda não havia sido possível.

A equipe de pesquisa conduziu as entrevistas na própria fábrica da Associação, que compreendia um grande galpão, fornecido pela prefeitura por comodato, e inúmeras máquinas, adquiridas por meio do Programa de Desenvolvimento Ambiental, junto ao então Ministério do Meio Ambiente. Houve um espaço de tempo de um ano entre o contrato inicial e a chegada das máquinas, causando descrença e desânimo na população local. Por isso, a chegada do maquinário foi celebrada com festa e distribuição de café processado para todos, ali mesmo na fábrica. Nessa trajetória de aprimoramento das condições técnicas de cultivo e processamento do café, Marcos sublinhou, ainda, a importância e o apoio dado pela "Terra do Futuro", que é uma instituição sueca, cuja missão é de arrecadar fundos para serem investidos em projetos sociais em países subdesenvolvidos.

Posteriormente, veio uma equipe de São Paulo para capacitação no manejo das máquinas, já que era desconhecido pelos associados. Os agricultores levam sua produção para a fábrica, geralmente, com dois propósitos: ou pagam pelo beneficiamento (para venda ou para consumo próprio) ou vendem diretamente para a própria cooperativa. Uma das máquinas recebidas faz a "avaliação" do café fornecido, atentando aos detalhes mais miúdos. São considerados, por exemplo, a umidade, o tamanho e o peso dos grãos. Os defeitos são medidos de acordo com uma tabela. Feito isso, o grão é transformado em bebida, também com a ajuda de maquinário específico. Tudo como forma de avaliar por amostragem o café de cada produtor que chega à fábrica.

Uma pequena "piladeira" retira a casca de uma amostra do café trazido pelo agricultor para, depois, passá-lo pelo "medidor de umidade" – o ideal, explicaram, é que a umidade do grão seja de no máximo 12% de água, sendo tolerável até 14%. Segue uma classificação por grão, que é feita com o auxílio de uma peneira. Esta possui camadas com numerações que indicam o diâmetro dos grãos: quanto maiores, mais caros. A maioria dos grãos produzidos na serra são do tipo "peneira 18". Além do valor, o diâmetro também é um indicador do tempo de torrefação.

O último processo de avaliação do café é o preparo da própria bebida, que se trata do momento de degustação. São utilizados alguns utensílios próprios, tais como vasilhas de vidro lavadas somente com água para não adquirir aromas diferentes, colheres em forma de concha para que o café possa ser provado e não bebido (é feita uma sucção para que todo o conteúdo da concha seja sugado e absorvido de uma vez). Para aprender a técnica, um dos associados fez um curso em São Paulo, repassando aos demais interessados.

Uma vez que o café passa por esses procedimentos iniciais de avaliação, ele é conduzido em maior quantidade para o processamento. Inicialmente, é levado para uma piladeira que, ao mesmo tempo, retira a casca dos grãos e faz a seleção por peso, a partir de ventiladores: grãos muito leves são descartados, reutilizados como adubo, e aqueles mais graúdos são classificados por peso, de modo a seguirem para a próxima etapa, a torrefação. Quanto menores os grãos, é necessário menos tempo de torrefação. A torra é que vai indicar a "força" do café: o fraco que é menos torrado, próximo ao chá, e o mais forte seria aquele que permaneceu mais tempo nessa etapa, sempre tendo o cuidado de não passar do ponto e queimar os grãos. Por fim, o café passa pela moedeira e pela empacotadeira, em que já se programa o peso na máquina, a qual libera o produto por pacote. Estes são verificados em uma balança de alta precisão e vedados em uma espécie de prensa.

A produção no Maciço não é extensa, girando em torno de 15 mil sacas de café em toda a serra, o que equivale à produção de uma fazenda em um dos grandes centros produtores brasileiros. Por isso, os agricultores na serra procuram se destacar por meio de produtos diferenciados, de "alta qualidade", e a seleção é imprescindível para isso. Atualmente, as máquinas fazem a seleção por peso, com o uso de ventiladores, mas alguns grãos "defeituosos" ainda passam por ela e necessitam de catação manual.

Esta seleção do café é feita antes dos grãos serem torrados. São as mulheres as responsáveis por esta parte da produção, conforme nos foi informado, em função de sua experiência doméstica na catação de feijão e arroz. Elas costumam ser chamadas para serviços de maior exigência quando um cliente pede um café de "mais qualidade". As catadeiras, como são conhecidas, são organizadas em grupos de 20 mulheres por turno, manhã, tarde e noite, e não podem ter esmaltes nas unhas nem perfume para os grãos não absorverem. Segundo Marcos, as mulheres de mais idade, com mais experiência na lida doméstica, fazem esse serviço com maior qualidade.

Essas mulheres procuram os defeitos nos grãos, que podem ser vários. Um deles é o chamado marujo, que seria um defeito da fase de secagem no terreiro: quando um grão fica "escondido" e absorve umidade ou não seca como deveria. Sua característica é que ele fica maior, inchado, e por isso, visível. Cascas, pedras, brocas (besouros que furam o grão do café), grãos verdes ou não maduros (que são mais escuros e influenciam o sabor final), grãos quebrados e rajados (que também alteram o sabor, porque eles torram mais rápido que grãos inteiros), o moca (grãos redondos, que também têm tempo de torrefação diferenciado): tudo é rigorosamente separado. O café pubado é outro tipo de defeito, que consiste em uma fermentação capaz de aumentar a temperatura e fazer queimar o grão, o que pode acontecer se ele for armazenado sem ser secado integralmente. Para ensinar a forma de identificar todos esses defeitos e capacitar a catação, um técnico de Minas Gerais foi deslocado.

Marcos destacou, porém, que a tecnologia não substitui o conhecimento do agricultor tradicional, que foi o que ele recebeu de seu pai: está na sua essência, conforme disse. O agrônomo vê no livro e o agricultor vive na prática. A este respeito, relatou sobre um curso oferecido no Maciço que indicava cortar as árvores para aumentar a produtividade. Porém, disse-nos, essa forma de cultivo é específica para outro tipo de clima, não o cearense, que, por conta da temperatura é necessário ter 60% a 70% de sombra. As curvas de nível, porém, são um tipo de conhecimento importante para a região e que não estava presente no manejo tradicional. Nosso interlocutor destacou a importância desse diálogo entre o conhecimento prático dos produtores e o saber que vem de fora, das pesquisas científicas.

Sobre a produção de café no passado, lembrou que, na época do seu bisavô, era pilado no rodeiro, movido à tração animal. Quando as pessoas processavam o próprio café em casa, faziam-no torrando no tacho (ou no caco[14]) e pisando no pilão para consumo próprio. E, para se saber o ponto do café durante a fase da secagem na faxina ou terreiro[15], os grãos eram chacoalhados, sendo avaliado o som que faziam.

Os agricultores não tinham condição financeira para adquirir agrotóxicos, lembrou, executando o serviço básico, que é a "limpa" (com a inchada) e "roçagem" (com foice) para tirar outros tipos de plantas ao redor (chamado mato). A colheita era feita pelas mulheres. Em cada grupo de 10 delas, havia um feitor com o objetivo de cuidar e de auxiliar a mexer nos galhos mais altos, por exemplo. Atualmente, as mulheres já não querem mais executar o serviço porque "é pesado". Além disso, é preciso lidar com "chuva, cobras e outros bichos". Mas não se trata apenas disso: para Marcos, outro fator que tem afastado a mão de obra das mulheres da colheita é o valor pago pelos serviços, pois não seria atraente. Ele acredita que a colheita com homens traz mais prejuízos, porque as mulheres costumam ser mais cuidadosas, mais pacientes, diferentemente dos homens, que quebram os galhos com mais facilidade.

....

14 Tacho, geralmente, era do dono do sítio. Já o caco era um pedaço do tacho do patrão quando se quebrava e era utilizado pelo agricultor, já que ele não tinha condições financeiras de ter seu próprio tacho.

15 O termo "faxina" é utilizado mais no Nordeste, já "terreiro", no Sudeste, e diz respeito a um espaço amplo e plano próprio para a secagem do café.

Para conhecer a realidade de outros tipos de produtores, aqueles que vêm de famílias de grandes produtores do passado, da época de grandes riquezas provenientes na serra, fomos conhecer também a Fazenda Floresta, no município de Guaramiranga, ainda no referido Maciço. A casa branca de arquitetura antiga trazia sua data estampada no muro: "1875". Ficava situada rente à margem da rua, em uma curva, e surpreendia pela beleza e pela conservação da construção. Ainda admirados, fomos recepcionados por nosso anfitrião, o senhor João Caracas, que nesse momento estava acompanhado de sua esposa, Dona Eunice. O clima ameno da serra, aliado ao tempo nublado do momento, era destacado pela quantidade de plantas no jardim da casa, bem como no seu quintal: elas enfeitavam desde o chão até as paredes, com jarros pendentes. Próximo da entrada da fazenda, à beira da estrada, o senhor Caracas mantém um quiosque onde vende seus produtos para os que ali passam: pacotes de café, garrafas de aguardente de banana, licores de jenipapo e tangerina, açúcar mascavo, farinha de banana, bananas-passa, etc. Tudo produzido ali mesmo, na Fazenda Floresta.

O referido casal nos convidou para conhecer o lugar onde processam o café, o açúcar e a cachaça de banana. Entramos, então, na fábrica da fazenda, um amplo galpão com diferentes níveis e muitas máquinas, engrenagens e ferramentas. Começamos pelo fundo e avistamos uma engrenagem delimitada por um círculo no chão, onde, noutros tempos, os animais moviam-se para promover a tração com o objetivo de moer o café. A engrenagem é chamada "rodero". Os grãos inteiros de café eram colocados no centro para serem pilados, de modo separar a casca das sementes. Depois, o material processado ali passava para a "urupema"[16], onde eram separadas as cascas dos grãos. O senhor Caracas comentou que o processo de pilar os grãos no rodero durava cerca de 40 minutos, sendo uma técnica muito antiga, da época de seu avô. A máquina utilizada hoje em dia proporciona uma economia de tempo: a piladeira, como é chamada, faz rapidamente os dois processos de pilar e retirar a casca e foi adquirida ainda em 1945 por seu pai. Segundo o senhor Caracas, a produção da máquina é de cinco sacas de café por hora.

....
16 Peneira feita de fibra vegetal.

Antes disso, porém, os frutos do café colhidos do pé, maduros e de cor avermelhada, são expostos ao sol durante um período mínimo de 20 dias, na faxina. Seu Caracas sublinhou a importância do material utilizado na composição do chão deste espaço, já que, se for cimento ou cerâmica, pode levar a queimar o café. O ideal seria de barro ou tijolo de barro, sendo este último o material da faxina da Fazenda Floresta. Os grãos devem ser mexidos três vezes por dia, mudando-os sempre de lugar para um local menos úmido, a fim de evitar que reabsorvam a umidade.

Depois da piladeira, portanto, os grãos seguem para a torradeira. Antigamente, eles eram torrados em tacho de barro, atividade geralmente exercida por mulheres. Hoje em dia, uma máquina com capacidade para 10 quilos de café, movida a eletricidade, gira uma engrenagem que faz os grãos percorrerem um cilindro, enquanto sofrem o efeito do fogo, mantido a gás, por cerca de 30 minutos. O senhor Caracas compartilhou sua sabedoria sobre a torrefação. É preciso observar três fatores, disse: o tempo, a fumaça e a cor. O tempo é uma

média que é observada pela experiência, que indica quando está mais próximo ou não de observar os demais fatores. A fumaça muda de cor quando o café se aproxima do ponto, ela se torna azulada. Por último, a cor do grão tem que ficar marrom, segundo nosso informante, "da cor da batina de um frade franciscano".

O ponto da torrefação é uma das etapas mais importantes do feitio do café. Se ele fica mais cru ou mais torrado (queimado), seu sabor é alterado e toda a produção pode ser perdida: a bebida fica com um "ranço", um "travo". Por isso, disse-nos o senhor Caracas, as mulheres que, no passado, torravam os grãos nos tachos eram verdadeiras profissionais, chamadas de "torradeiras" e se tornavam conhecidas na sua região por deter esse conhecimento e essa prática.

Depois de torrado, o café passa pelo último processo: a moagem. Seu Caracas nos explicou que comprou uma moedeira em São Paulo, mas, por achá-la muito lenta, fez uma adaptação com uma forrageira, que seria uma máquina normalmente utilizada para triturar palhas e folhas para alimentação de gado. Ele compartilhou feliz esse passo dado, já que se trata de uma grande economia de tempo na sua produção, além de ter sido ideia dele próprio aquela substituição, reportando à sua experiência profissional no Rio de Janeiro, em fábricas, onde teve a oportunidade de aprender sobre maquinário em geral.

Nosso interlocutor defendeu seu café como "puro": é composto somente do grão de café torrado e moído, nada mais. Isto porque existiriam muitas marcas de café que ele qualificou de "milhoradas", com a letra "i" mesmo, no sentido de serem acrescentadas palhas de milho à moagem do café. Outra diferença apontada por ele para destacar a qualidade superior de seu café é a espécie da planta. Existem duas: a *arábica*, de grão mais graúdo, e a *robusta*, com características de pequeno porte, alta produtividade, fácil plantio e produção de grãos menores, quando comparados aos outros. O senhor Caracas nos explicou que os frutos do café arábico, de tamanho maior, possuem uma espécie de mel que é absorvido pelo grão no momento de secagem na faxina. Como os frutos do café robusta, também conhecido como café conilon, são menores, eles não podem ter esse tempo de secagem. Estes são processados em máquinas, quando são secos, pilados, torrados e moídos em um espaço de tempo de um dia. Essa diferença de tempo de produção, englobando tipo de plantio, relacionado ao sabor do café, gera o conceito de pureza resgatado por Caracas.

O processo que se segue é o empacotamento, quando o café é pesado e colocado em saquinhos de plástico transparentes e, em sequência, estes são envolvidos por sacos de estopa ou juta e um rótulo com as informações do produto. Sobre o armazenamento do café, disse-nos que o oxigênio – deixar o produto em contato com o ar, sem estar bem vedado – e a luz do sol alteram o sabor e o aroma do produto. Por isso, optou por comercializar seu café com essa embalagem, constituída por duas camadas.

Após conhecer o espaço da fábrica, fomos levados para ver um pé de café de sua fazenda. Ele mostrou sua preocupação com o meio ambiente, ao comentar que dois terços das terras da fazenda não são utilizadas para plantio, de modo que não falte água. Ele também decidiu por uma produção orgânica, isto é, sem uso de pesticidas ou adubos químicos, por isso seu plantio não produz tanto quanto as fazendas que fazem uso desses elementos.

O senhor Caracas se mostrou bastante preocupado com os agrotóxicos utilizados em algumas fazendas para eliminar ervas ou insetos que estejam em desequilíbrio e possam prejudicar a lavoura, funcionando como estratégia para aumentar a produção. Ele os considera verdadeiros venenos, que são absorvidos pelo organismo quando se consomem os produtos, causando doenças.

A família do senhor Caracas trabalha com café desde seu bisavô, no século XIX, e na sua fazenda podemos ver pés de café com mais de 100 anos ainda produzindo. Sua trajetória e a de sua família, portanto, confundem-se com história da produção de café no Estado. A casa onde mora, atualmente, pertencia a seu avô. Toda a família, porém, morava na sede da cidade de Guaramiranga e, após o casamento do pai de Caracas, o Sr. Rodrigo Caracas, o jovem casal mudou-se para a fazenda, em 1922. A partir daí, expandiu os negócios e fez algumas mudanças na casa, deixando-a mais extensa para abrigar a família que crescia: ao todo, foram nove filhos.

As colunas no interior da casa eram de madeira, mas, como estragavam muito e exigiam restauro constante, foram trocadas pelas de alvenaria. Os móveis da casa eram, na sua maioria, bem antigos e bem preservados – alguns de madeira maciça que foram herdados de sua avó.

Ao mostrar as fotos de seus familiares, João Caracas se emocionou. Eram os pais, avós, irmãos, irmãs, cunhados e cunhadas, cujos nomes ele citava, indicando seus rostos. Existiam também pinturas feitas por uma irmã, sua esposa e sua mãe. As pinturas de sua mãe eram alvo de maior cuidado por parte dele e eram guardadas em Fortaleza para evitar o desgaste por conta da umidade. Ela era natural de Parnaíba, no Piauí, e havia estudado no Instituto das Artes no Rio. Havia também muitas lembranças de viagens distribuídas pelos cômodos.

Seu João Caracas frequentemente elogia e reconhece o esforço de seu pai em prover a educação de todos os nove filhos. As mulheres puderam ir ao chamado "ginásio" em Guaramiranga mesmo, ou Pacoti, já os homens foram para outras cidades e recebiam do pai ajuda financeira para se manter. João Caracas foi para Parnaíba, no Piauí, fazer o ginásio, em seguida para São Luiz, para o científico. No final de 1952, ele voltou para casa com o intuito inicial de tirar férias, mas seu pai estava adoentado e pediu que ele ficasse uns dias para ajudar. Acabou ficando até 1958, auxiliando nos trabalhos, gerindo todos os trabalhadores e demais afazeres. João decidiu sair dali porque naquele ano ele plantara em uma extensa área de milho, feijão, algodão, e a seca impediu que ele colhesse, o que lhe deu "desgosto".

Nesse período, quando ele tinha em torno de 21 anos, deixou o Ceará rumo ao Rio de Janeiro, onde conseguira uma vaga de foguista em uma fábrica, quando auxiliava a manter a caldeira que gerava o vapor que movia todas as máquinas da fábrica. Ali, ele evoluiu de cargo até ser gerente, passando 20 anos. Em seguida, teve sucesso em um concurso para a Confederação da Indústria, onde ficou por mais 15 anos. Nessa época, foi chamado para trabalhar em Fortaleza, na produção de camarão, quando reencontrou sua atual esposa, com quem tinha namorado ainda na época de sua adolescência.

Tudo o que aprendeu sobre lida com a terra e a fazenda aprendeu com o pai: o preparo do terreno, a capina, a colheita, a secagem, a pilação, a torrefação do café. Dentre esses ensinamentos, para produzir um bom café, era necessário que essas plantas estivessem protegidas por sombras, sob árvores de grande porte, além de não deixar crescer mato alto em volta da planta depois do mês de abril, que é quando se aproxima o tempo de colheita. É importante também respeitar aquele período de secagem, dito anteriormente. Depois dessa fase, o café só deve ser pilado se for torrado na sequência. Se essas fases posteriores não forem executadas por algum motivo, os frutos com a casca ainda devem ser armazenados, do contrário (ou seja, se eles forem armazenados pilados em natura), a umidade pode torná-los ácidos e com propensão para fermentação.

Ele também nos contou que na década de 1920, por conta da Primeira Guerra Mundial, a crise do café no Brasil também atingiu Guaramiranga, quando houve o início do plantio de cana-de-açúcar e a produção de açúcar mascavo e rapadura. Naquela época, as pessoas vinham em comitivas de carroças para pegar esses produtos em troca daqueles produzidos no sertão, como feijão e algodão. O uso de dinheiro em cédulas e moedas era raro, havendo mais os escambos e o uso também de uma espécie de moeda local, o *boró*, um tipo de vale aceito em outros estabelecimentos (mercearias, bodegas e outras fazendas). Os trabalhadores eram pagos, inclusive, com essa moeda.

E assim finalizamos nossa viagem pelo mundo do café, a partir dos olhares de pessoas tão experientes na história, no Maciço de Baturité, envolvidos pelo clima ameno e pelo cheirinho da bebida que nos traz tantas lembranças e mantém a memória viva em sabor e aroma.

Mais alguns ingredientes e pratos citados neste livro dentre as centenas de processos culinários registrados pelo projeto Comida Ceará.

Some more ingredientes mentioned in this book among the hundreds of culinary processes registered through Project Food in Ceará.

ALFENIM

Cidade: Sobral. **Receita:** Socorro e Maisa Ferraz. **Ingrediente base:** cana sacarina.

ALFENIM - City: Sobral. Recipe: Socorro and Maisa Ferraz. Base ingredient: sugar cane.

ALUÁ

Cidade: Monguba. **Localidade:** comunidade indígena Pitaguary. **Receita:** Maria Valnira Batista. **Ingrediente base:** coco-babão.

ALUÁ - City: Monguba. Location: Pitaguary indigenous community. Recipe: Maria Valnira Batista. Base ingredient: babão coconut.

ARROZ DE BODE

Cidade: Tejuçuoca. **Localidade:** Centro. **Receita:** José Arteiro e Maria Alinda. **Ingrediente base:** arroz e bode.

GOAT RICE - City: Tejuçuoca. Location: downtown. Recipe: José Arteiro e Maria Alinda. Base Ingredient: rice and goat.

BAIÃO DE DOIS COM COCO

Cidade: Paraipaba. **Localidade:** Praia da Lagoinha. **Receita:** Maria da Conceição Sousa. **Ingrediente base:** arroz e feijão.

BAIÃO WITH COCONUT - City: Paraipaba. Location: Lagoinha beach. Recipe: Maria da Conceição Sousa. Base Ingredient: rice and beans.

CHÁ DE BURRO

Cidade: Camocim. **Localidade:** Centro - Mercado Público. **Receita:** Evandro Oliveira Galvão. **Ingrediente base:** arroz, coco e milho.

DONKEY TEA - City: Camocim. Location: Downtown - Public Market. Recipe: Evandro Oliveira Galvão. Base Ingredient: rice, coconut and corn.

DOCE DE GERGELIM OU "ESPÉCIE"

Cidade: Crato. **Receita:** Iracema Bezerra Duarte. **Ingrediente base:** cana sacarina e gergelim.

SESAME SWEET - City: Crato. Recipe: Iracema Bezerra Duarte. Base Ingredient: sugar cane.

FARINHADA

Cidade: Guaraciaba do Norte. **Localidade:** Sítio Canudos. **Receita:** Silva Macedo e filhos. **Ingrediente base:** mandioca.

FARINHADA - City: Guaraciaba do Norte. Location: Canudos Ranch. Recipe: Silva Macedo and sons. Base Ingredient: cassava.

FARTES

Cidade: Sobral. **Receita:** Rita de Cássia. **Ingrediente base:** farinha de trigo e especiárias.

FARTES - City: Sobral. Recipe: Rita de Cássia. Base Ingredient: wheat flour and seasonings.

BAIÃO DE DOIS COM PEQUI

Cidade: Nova Olinda. **Localidade:** Serra do Zabelê – Festa do Pequi. **Receita:** Maria da Penha Silva. **Ingrediente base:** arroz, feijão e pequi.

BAIÃO WITH SOUARI NUT - City: Nova Olinda. Location: Serra do Zabelê – Souari Nut Festivity. Recipe: Maria da Penha Silva. Base Ingredient: rice, beans and souari nut.

BUCHADA

Cidade: Tejuçuoca. **Receita:** Mansueto. **Ingrediente base:** carneiro.

BUCHADA - City: Tejuçuoca. Recipe: Mansueto. Base Ingredient: lamb.

CALDEIRADA

Cidade: Aracati. **Localidade:** Majorlândia. **Receita:** Maria Beatriz Cunha. **Ingrediente base:** peixe e marisco.

CALDEIRADA - City: Aracati. Location: Majorlândia. Recipe: Maria Beatriz Cunha. Base Ingredient: fish and shellfish.

CALDO DE CARNE

Cidade: Sobral. **Receita:** Raimundo Nonato de Souza. **Ingrediente base:** carne.

MEAT BROTH - City: Sobral. Recipe: Raimundo Nonato de Souza. Base Ingredient: Meat.

FÔFA

Cidade: Aquiraz. **Receita:** Francisca Rodrigues Silva. **Ingrediente base:** mandioca.

FÔFA - City: Aquiraz. Recipe: Francisca Rodrigues Silva. Base Ingredient: cassava.

FRUTA-PÃO COM FRANGO CAIPIRA

Cidade: Guaramiranga. **Localidade:** Pernambuquinho. **Receita:** Verônica Alves. **Ingrediente base:** frango e fruta-pão.

BREADFRUIT WITH FREE RANGE CHICKEN - City: Guaramiranga. Location: Pernambuquinho. Recipe: Verônica Alves. Base Ingredient: chicken and breadfruit.

LAGOSTA

Cidade: Icapuí. **Localidade:** Praia da Redonda. **Receita:** Maria dos Navegantes. **Ingrediente base:** crustáceos.

LOBSTER - City: Icapuí. Location: Redonda Beach. Recipe: Maria dos Navegantes. Base Ingredient: crustaceans.

MANTA DE CARNEIRO

Cidade: Tauá. **Localidade:** Centro. **Receita:** Maria do Rosário Correia. **Ingrediente base:** carne de carneiro.

LAMB BLANKET - City: Tauá. Location: Downtown. Recipe: Maria do Rosário Correia. Base Ingredient: Lamb meat.

MANZAPE

Cidade: Guaraciaba do Norte. **Localidade:** Sede do município / Lava pé. **Receita:** Vanda Bezerra. **Ingrediente base:** mandioca.

MANZAPE - City: Guaraciaba do Norte. Location: Lava pé. Recipe: Vanda Bezerra. Base Ingredient: cassava.

MÃO DE VACA

Cidade: Sobral. **Localidade:** Mercado Público. **Receita:** Antonio Reginaldo. **Ingrediente base:** carne bovina.

MÃO DE VACA - City: Sobral. Location: Public Market. Recipe: Antonio Reginaldo. Base Ingredient: beef.

MEL DE ABELHA JANDAIRA

Cidade: Baturité. **Localidade:** Jesuítas - Sítio Olho D'Água. **Receita:** Paulo de Aquino. **Ingrediente base:** mel.

JANDAIRA BEE HONEY - City: Baturité. Location: Jesuítas - Olho D'Água Ranch. Recipe: Paulo de Aquino. Base Ingredient: honey.

MUCUNZÁ

Cidade: Caucaica. **Localidade:** Capuan (comunidade indígena Tapeba). **Receita:** Maria Teixeira. **Ingrediente base:** milho.

MUCUNZÁ - City: Caucaica. Location: Capuan (Tapeba indigenous community). Recipe: Maria Teixeira. Base Ingredient: corn.

PIMENTA

Cidade: Paraipaba. **Localidade:** Perímetro irrigado. **Receita:** Haroldo das Pimentas. **Ingrediente base:** pimenta.

PEPPER - City: Paraipaba. Location: Irrigated Perimeter. Recipe: Haroldo das Pimentas (Pepper Haroldo). Base Ingredient: pepper.

QUEIJADINHA

Cidade: Sobral. **Receita:** Fátima Sousa Mariano. **Ingrediente base:** farinha de trigo e coco.

QUEIJADINHA - City: Sobral. Recipe: Fátima Sousa Mariano. Base Ingredient: wheat flour and coconut.

RAPADURA

Cidade: Barbalha. **Localidade:** Engenho da Chave. **Receita:** Henrique Granjeiro. **Ingrediente base:** cana sacarina.

PANELA - City: Barbalha. Location: Engenho da Chave. Recipe: Henrique Granjeiro. Base Ingredient: sugar cane.

RAPADURA DE JACA

Cidade: Tianguá. **Localidade:** Pindoguaba. **Receita:** Manoel Alves Pereira. **Ingrediente base:** cana sacarina e jaca.

JACKFRUIT PANELA - City: Tianguá. Location: Pindoguaba. Recipe: Manoel Alves Pereira. Base Ingredient: sugar cane and jackfruit

PAÇOCA

Cidade: Itapajé. **Receita:** Dona Maria do Soueu. **Ingrediente base:** farinha de mandioca e carne bovina.

PAÇOCA - City: Itapajé. Recipe: Dona Maria do Soueu. Base Ingredient: cassava flour and beef.

PAMONHA

Cidade: Limoeiro do Norte. **Receita:** Vicente da Pamonha. **Ingrediente base:** milho.

PAMONHA - City: Limoeiro do Norte. Recipe: Vicente da Pamonha. Base Ingredient: corn.

PÃO DE ARROZ

Cidade: Varzea Alegre. **Localidade:** Varjota. **Receita:** Raimunda Lira de Sousa. **Ingrediente base:** arroz e amendoim.

RICE BREAD - City: Varzea Alegre. Location: Varjota. Recipe: Raimunda Lira de Sousa. Base Ingredient: rice and peanut.

PÃO DE MACAXEIRA

Cidade: Monguba. **Localidade:** comunidade indigena Pitaguary. **Receita:** Antonio Nascimento. **Ingrediente base:** mandioca.

CASSAVA BREAD - City: Monguba. Location: Pitaguary indigenous community. Recipe: Antonio Nascimento. Base Ingredient: cassava.

SARRABULHO

Cidade: Maranguape. **Localidade:** Sapupara. **Receita:** Francisco Rodrigues Pontes. Sr. Ticum. **Ingrediente base:** carne suína.

SARRABULHO - City: Maranguape. Location: Sapupara. Recipe: Francisco Rodrigues Pontes. Sr. Ticum. Base Ingredient: pork.

TAPIOCA

Cidade: Fortaleza. **Localidade:** Messejana. **Receita:** Centro das Tapioqueiras. **Ingrediente base:** mandioca.

TAPIOCA - City: Fortaleza. Location: Messejana. Recipe: Centro das Tapioqueiras (Tapioca Ladies Center). Base Ingredient: cassava.

RAPADURA DE MAMÃO

Cidade: Tianguá. **Localidade:** Engenho Evódio. **Receita:** Evodio Lopes Taura. **Ingrediente base:** cana sacarina.

PAPAYA PANELA - City: Tianguá. Location: Engenho Evódio. Recipe: Evodio Lopes Taura. Base Ingredient: sugar cane.

TORRESMO

Cidade: Sobral. **Localidade:** Centro. **Receita:** Demerval de Aguiar. **Ingrediente base:** carne suína.

CRISPY PORK SKIN - City: Sobral. Location: Downtown. Recipe: Demerval de Aguiar. Base Ingredient: pork.

Glossário

APURANDO Acelerarando o processo dos temperos.
Apurado: to accelerate the seasoning process.

BEIÇO DO FOGO À beira, muito próximo do fogão.
Beiço do fogo: by the fire, very close to the stove.

BESTIM Tolo, abobalhado.
Bestim: silly.

BROA Biscoito seco e doce feito de goma e assado no forno.
Brao: a dry, baked cookie made of cassava starch.

BRUACA Mistura de farinha de trigo e açúcar fritada no óleo. É popularmente conhecida como merenda de pobre.
Bruaca: deep-fried pastry made with wheat flour and sugar, commonly known as poor people's merenda.

BULIM Corruptela de bolinho, nome pelo qual é vulgarmente conhecido o biscoitinho de goma.
Bulim: a corruption of the word bolinho (cookie), another name for cassava starch cookies.

CANJICA É o nome que se dá ao creme ou mingau de milho no Nordeste do Brasil. Em outras regiões do País, é conhecido como curau e pode ser acrescido de amendoim.
Canjica: finely ground cornmeal cream or porridge, in the rest of Brazil it's commonly known as curau and is added peanuts.

CARNE DE SOL Carne ligeiramente salgada e em manta colocada para secar e desidratar em local coberto e ventilado.
Carne de sol: slightly salted beef cut as "blankets" and dried in open air.

CATINGA: cheiro forte e desagradável.
Catinga: without an annoying smell.

CHIBÉ: pirão feito com farinha de mandioca e café.
Chibé: porridge made with cassava flour and coffee.

CULUMINS Corruptela de curumim do Brasil amazônico, que significa menino jovem.
Culumins: corruption of the word curumi, in the Brazilian Amazon, it means a young boy or a young servant.

CUSCUZ Conhecido também como pão de milho no Ceará, é uma farinha de milho fina ou em flocos, hidratada e cozida no vapor em recipiente próprio chamado cuscuzeira.
Cuzcuz: in Ceará it's also known as corn bread, finely or coarsely ground cornmeal that is hydrated and steam-cooked in a couscous pan.

DESMANTELO Desorganização.
Desmantelo: lack of organization.

ESCAPA Garantir a sobrevivência. Ganho extra.
Escapa: to ensure survival, make some extra money.

GOMA Massa fina da mandioca conhecida em outros estados como polvilho doce.
Goma: finely ground cassava starch that hasn't been fermented.

ISTRUIR Corruptela do verbo estruir que popularmente no Nordeste brasileiro significa gastar ou consumir apenas um pouco ou à toa. Desperdiçar.
Istruir: corruption of the verb estruir (waste), in the Brazilian Northeast, it means to waste or use some in vain.

JACUBA Refresco à base de água e pingo de limão adoçado com rapadura.
Jacuba: drink made with water and lime juice and sweetened with sugarcane panela.

LUTA DE CASA Labor doméstico.
Luta de casa: home chores.

MACAMBIRA (Bromelia laciniosa) É uma planta da família das bromeliáceas da qual se extrai uma massa da base de suas folhas para fabricar um tipo de pão ou cuscuz.
Macambira: Bromelia laciniosa is a plant in the bromeliad family, it's possible to make a paste from its leaves to make bread or couscous.

MELAR Untar.
Melar: to grease.

MUCUNZÁ quimbundo mukunzá, milho cozido. O mesmo que Mugunzá.
MUCUNZÁ: quimbundo mukunzá, cooked corn. The same as Mugunzá.

O DE COMER Expressão popular que designa o comer e o beber, não importando se a refeição é de sólidos ou de líquidos.
O de comer: a popular expression that describes "what's to eat" and "what's to drink", regardless of it being solid or liquid.

PANHA Do verbo apanhar, colher.
Panha: corruption of the verb apanhar

PÉ DE BODE Molusco sururu-pé de bode
Pé de bode: mollusks known as sururu and pé-de-bode (mussels).(harvest).

PÉS Corruptela de planta.
Pés: corruption of plant.

RODERO Conjunto de rodas e o eixo em que estão montadas.
Rodero: a set of gears and the axis that holds them.

SAPECADAS Chamuscar.
Sapecadas: quickly roasted.

TACAR Atirar, lançar.
Tacar: to throw.

URUPEMA Espécie de peneira.
Urupema: a type of sieve.

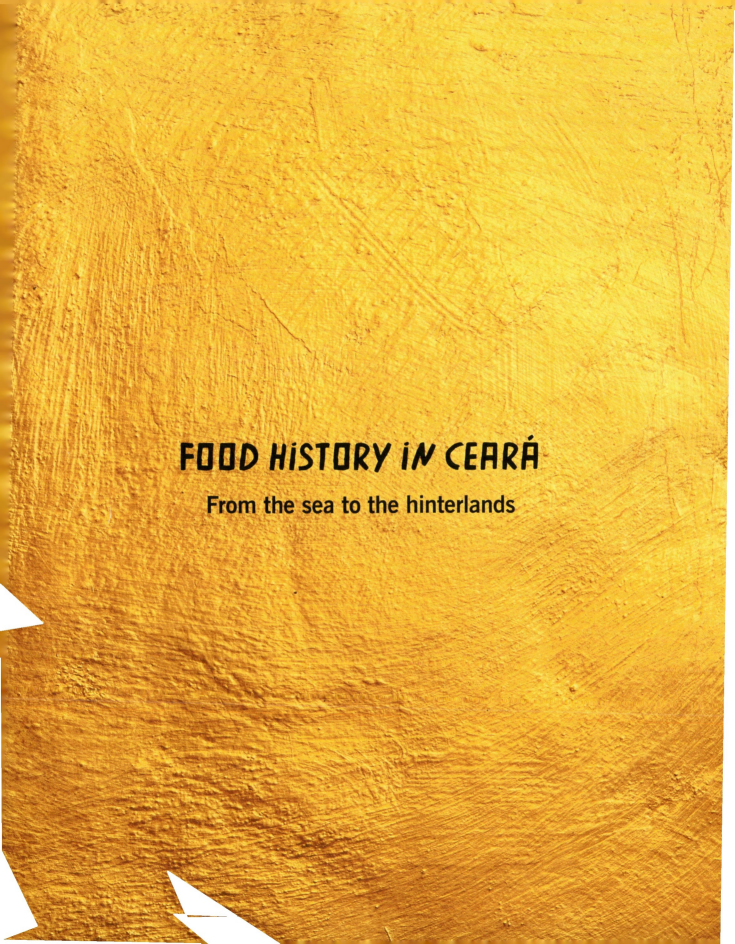

FOOD HISTORY IN CEARÁ
From the sea to the hinterlands

CEARÁ IS CULTURE

Paulo Linhares*

When we talk about gastronomy today, we make reference to our eating habits and to the consumption of strong symbolic material assets. The knowledge about ingredients, preparation techniques, and utensils usage, provides more and more each day, a distinction in the social structure. It also forms taste – its creation has a distinction in form that aims at excellence – dividing and uniting people, creating social bonds or building group divisions in an almost invisible manner.

Regional Gastronomies in Brazil are built through choices made by invisible lines that connect social positions. The value of gastronomic culture is established then in the intersection between a world of solid European cultural identities and the discovery of a frame of tastes built in a local anthropological continuity.

In our case, the dialectic between hinterlands-sea; cowboy-fishermen; cow-fish is mixed with the introduction of imported ingredients and gastronomic techniques.

This way , as we analyze the patterns of local gastronomy, we find three articulated trends that compose the universe of our socially gastronomic taste. The first trend is of the local gastronomy born in the hinterlands economy (cow, meat, milk, flour) and of the ingredients that come from the sea (fish, sea food). The second is the European transplanted gastronomy, for which, access to the popular social classes is difficult. The third is the chef based gastronomy, with the sophistication of social life, mixing high gastronomy with local ingredients.

We have learned then, that our eating habits are culture. This is the view with which the Sea Dragon Institute Museums Directors organized this book about the theme, that has been researched through the Museum of Culture in Ceará, with the purpose of understanding the many ways and paths that cross revealing the routine of local knowledges allied to culinary masters. A collaborative effort of institutional partnerships that has been based, above all, on the warm receptiveness of our interviewees that resulted in discoveries, inventions and ways to take advantage of food amid a simple and at the same time, sophisticated culinary.

Join us through this journey of knowledge and flavor.

* Paulo Linhares has a doctorate degree in Culture Sociology, he´s a professor at Federal University of Ceará and he's currently the president of the Sea Dragon Institute.

PREFACE

Valéria Laena, Domingos Abreu and Fátima Farias

This is not exactly a recipe book – although you'll find here some recipes originally from the State of Ceará. But more than recipes only, we're presenting here cuisine with identity, orally transmitted heritage. It's a book for those interested in the ecologic, geographic and social surroundings of foods that are either luxuriously simple, fascinating gastronomic delicacies or symbols of quality of life. So, the question is: what's the purpose of this publication?

This selection may (and certainly must) be read due to readers' interest, since it overlaps various areas of knowledge. In alphabetical order, the following topics may be found, among others: Anthropology of Culture, Gastronomy, History of Cultural Habits, Sociology of Eating Arts, Typical Recipes etc.

Naturally, we've focused mainly on the preparation of the recipes commonly found in the State of Ceará. However, please understand that this book won't present the *typical cuisine from Ceará* as a whole. We've selected recipes and foods that are important to given regions and are often unknown in other regions of our State. We also aim to recover cooking *secrets* that locals cherish and would like to share with the rest of the world. Documenting the diversity of food preparation, people's creativity, the intelligence of famine, food innovations, memories and traditions certainly have influenced our choice of stories presented in this book.

One of the main characteristics of *grand cuisines* certainly is the desire to become renowned. *Local* intends to be tasted by *global*. Therefore, one of the ingredients of this work is the promotion of such valuable recipes that have been offered to us along this tasty journey. We'd like individual culinary patterns to become known, more than simply homogenizing them – a rather common process nowadays. Luxury gastronomy? Certainly not. However, these are slowly prepared recipes, without rush, improved at every reproduction. We'd like to invite readers to study, taste and reproduce them.

We'd also like users to take this work for themselves just like diners do in a buffet filled with stories, recipes and life journeys – a true self-service station. Finally, we believe that we're presenting a true fusion cuisine experience with various food habits described here.

This book is divided into four parts:

Tales and mixtures: beef, pork and shells

Mixing means combining, making something homogeneous, composing with various elements. This verb has originated the expression *mistura* (mixture), commonly used in the culinary language in Ceará. But the etymologic origin here does not necessarily ensure semantic continuity. That is because *mistura*, in Ceará, can also mean just one thing: usually a protein (fish, chicken, goat, guinea fowl etc.). The expression can also be understood as *what's mixed (or added) to the rest of the meal* – such as garnishes or even side dishes to complement the main ingredient. To many people from Ceará, as we have realized in our studies, side dishes ensure the diner is satisfied. And to people from different regions and classes in the State, the ubiquitous combination rice–beans–cassava flour remains a classic. That's why we can state that *misturas* are a luxury element in the dish – people may miss them, but they're not indispensable. That's backed by the fact that, in difficult times, it's the first thing to be dismissed. Also, it's frequently perceived as a distinctive hallmark: associating the kind of *mistura* (such as Mortadella or eggs) or the lack of it to situations of poverty, for example.

But differentiation through food is always contextual, relational and dynamic. A given food may be transformed (either materially or symbolically) in many different ways depending on its historic, geographical and social location. Therefore, each context will implicate in specific usages and understandings for *misturas*, and that will completely reshape its status in the dish.

The stories in this section talk about foods that can be considered *misturas* in Ceará made from beef, pork and shellfish. They're recognized in various classes of our society, deemed worthy of being tasted. Some would call them delicatessens, dishes or delicacies that don't belong to everyday life. These tales present foods and stories about other forms of *mistura*, of intertwining, exchanges and encounters, what make food habits from Ceará stick together and have the perfect texture.

Tales: *carne de sol* (sun-dried beef), *mariscos* (shellfish), *queijo de manteiga* (butter cheese) and *tripa de porco* (pork intestines).

Cassava, corn and wheat treats

The cassava-corn-wheat tripod sustains a complex and dynamic food system in Ceará. That includes not only several ways of using these three ingredients as a base but also the many meanings and memories that are connected to them, making them even more meaningful and well-established. Clearly, they've become much more than simply roots, cereals or foods. In this book, they appear as practical foundations that are even greater than eating: they communicate survival, affection, boldness and playfulness. They communicate knowledge accumulated over time and along generations about what can be eaten and how it must be used. They present everyday life in its most ordinary, contextualized and subjective facet for people from urban or countryside Ceará. Such people will use, interpret and reinterpret them in the warmth of their own kitchens. In this section, the agricultural and anthropological aspects related to the production of cassava, corn and wheat are presented. They'll emerge from the stories and perceptions from local culinarists as they interpret their own food experiences.

These tales also report ways to perceive the business world that are frequently not in tune with the capitalist logic. Selling or buying a *merenda*, according to our interviewees, isn't always defined by profit only. Meeting people, breaking the routine and working with neighbors or friends were others reasons listed in connection with the preparation, consumption or sale of foods.

Tales. *bolinho esquecido* (forgotten cupcakes), *merendas* (snacks) and *filó* (deep-fried wheat cookies).

Places, colors and flavors

Just like the countless foods and eating styles in the State of Ceará, there is an incredibly vast amount of food production and consumption places. What is served on the tables has long crossed the walls of local homes and can be used as merchandise, products from professional kitchens. Eating out has become not only a common (and necessary) experience due to contemporary labor, but also a longed experience – and even a sort of leisure activity. Therefore, understanding food culture from Ceará will necessarily imply considering the universe of selling food while avoiding merely considering obvious monetary interests.

The places that are presented in this section are seen as channels for the observation of a universe of meaning in connection with food habits. They highlight agreements and disagreements among diners, relations between food and health, the discourse of feeding and its contradictory aspects (public health, identity, hedonistic etc.). An avalanche of colors and flavors (and stories) that is especially captivating. It describes local lifestyles, habits, beliefs, technologies and products that are specific to culinary knowledge.

Tales: Travel food, markets and Juarez's ice cream.

Rigors of famine and hunger: diversity of alimentary criteria

Hunger isn't just a biological indicator of the urgency of nutrition. It's also an expression of culturally informed bodies. If famine makes selection criteria for what can be eaten less strict, the starving body also develops survival strategies based on ancient food references. Even as omnivores, we look for what's known, renowned as food. In that sense, it's possible to talk about a certain *culinary culture of famine* in Ceará; knowledge and flavors that are shared among the people from Ceará, widely known in times of drought, financial difficulties or other types of famine. Such food references evoke various feelings and memories – frequently seen as a paradox. To some, they represent the taste memory related to harsh times and suffering. To others, they've become preferences (sometimes connected to missing and longing) even in times of abundance and new consumption patterns – regardless of the context in which such foods were first introduced to them.

While Ceará is renowned for severe drought that limits water supply and compromises agriculture from time to time, it's rarely known for its production that supplies *grands cuisines*. Some of our recipes resort to creativity to cater for famine, while *gourmands* appreciate other sophisticated recipes. Our state plants, waters, prunes, cultivates and harvests some of the tastiest fruit sold throughout Brazil: melons, watermelons, cashew apples, mangoes or other equally precious delicacies. Northern European countries import our coffee to enjoy its aroma and flavor. It's been carefully produced for generations and has become so widely known to us since our ancestors.

Tales: Culinary ingenuity during famine, agroforestry production of coffee.

This book is especially dedicated to the homemade cuisine of Ceará and features photos of everything connected to it. It's about food that's eaten in *merendas* or in major meals. It's about street food and restaurants. It's about food found along journeys.

We hope our readers will find the pleasure of dining in good company. We also hope that, just like after eating a small dessert, our readers will long for more.

HISTORY AND METHODOLOGY OF THE FOODS FROM CEARÁ PROJECT

Valéria Laena

In addition to being a biological need, eating involves a complex meaning system in various levels – social, religious, political, ethical, and sexual, among others. In this sense, food is a major subject of interest at the *Museu da Cultura Cearense* (or Museum of the Culture from Ceará – MCC), since it allows observing culture, history and the development of memories related to the collective experience of belonging. Food habits are, therefore, a channel to investigate the history of customs. They're tools to understand societies along time and space.

Foods from Ceará project was born from this perspective, aiming to read the complex relations among food systems in Ceará. Such systems are analyzed as proposed by French sociologist Poulain (2006) in his book *The Sociology of Food*, seen as a set of technologic and social structures that connect the universe of food production (ingredients), the production/ transformation of food, rituals, consumption and production areas, tools, representations (including its edible form), manufacturing, distribution and consumption. *Foods from Ceará* aims to shed light on the food habits throughout its entire journey, until it reaches people's mouths. We understand that culture is not only about eating food, but also about producing and preparing it (MONTANARI, 2006).

From that point of view, the project intends to analyze the meanings of food to local lifestyles, generate documents for collections and cherish and promote such alimentary heritage. As a continuous research work that studies food habits, its diversity and inventive traditions, we hope it'll produce various ways to interact with society and with products created by the Museum, also through the establishment of partnerships. Additionally, we intend to empower the Museum as a place of learning and promoting intergenerational exchanges about food, its tools and tales. We also expect it to foster the dialog between specialists of several areas of knowledge and the masters of traditional knowledge who we interviewed. Finally, we hope it'll build new gastronomic routes that value local foods and small farmers.

We've traveled about 30,000 kilometers between 2008 and 2011, visited 63 municipalities, over 100 villages and recorded more than 600 culinary processes. Our project's collection currently has around 300 hours of interviews, 48,000 photographs and 1,500 objects related to the world of cuisine. Traveling around a State that had been showered with rain in times we'd normally refer to as winter, we've recorded how products are farmed, how seas and reservoirs are exploited. We've found rare and common ingredients and learned about their preparation. We intend to tell brief segments of a history that is little known. The history of a chain that begins at the farmer and ends on the plate.

Informed by Raul Lody, an anthropologist who's also one of the contributors of this book, we've selected a few foods that represent food systems in Ceará: cowpea beans peas, cashew apples, coconuts, corn, sugarcane, milk, cassava and a selection of meats and fish. We see them as possible interpretation paths to better understand the tastes and the food production in our State. Our daily research work, however, has expanded our minds and remodeled these initial definitions.

In addition to Lody, many other professionals have contributed with theoretical and methodological grounds for *Foods from Ceará*. Their contribution included not only field data collection, material additions to the collections and investigating complex culinary processes. They've also added their own analyses and knowledge in understanding research subjects' narratives. They're historians, sociologists, dietitians, food engineers etc. They've joined producers, photographers and the offices of the Manager and of the Supervisor of Collection and Records at the MCC[1] in visits around the city of Fortaleza and its metropolitan area, as well as in the countryside and shore areas.

Our research methodology had a few unique aspects following institutional project models for the acquisition of collections, hiring and logistics for trips. At the Museum, while a team would discuss the theoretical dimension of the survey, another team would perform preparatory/ exploratory studies to map local food habits in the cities. This team had the incredibly difficult job of selecting – among the vast culinary diversity of Ceará – only a few preparations that would be recorded in the following stage. That way, with the help of local contacts, they'd focus their research efforts in recipes that were considerably known by the local population and with a story that could be told. Finally, they'd establish an itinerary of visits for the following stage, with photographic coverage and interviews.

After this initial selection phase, a larger team would then be sent to the field. This stage would normally be started with a focal group or round of conversation with key people who had been identified in the previous stage. They consisted of city managers and their assistants from various secretariats, writers, historians, agricultural technicians and other people who lived in the area. With that set of information, the larger team would then be divided into smaller teams to follow the itinerary. It's important to note that such itinerary wasn't written in stone: as we were in the field and other culinary processes emerged, they'd be added to the research routine, whenever possible.

Such teams consisted of at least two researchers, a photographer, a documentalist, a field supervisor,

....

1 About them, I can promptly remember the contributions from Márcia Moreno, sociologist specialized in Public Management, Master Universitario en Educacion y Museos: Patrimônio, Identidad y Mediación Cultural, and from Magda Mota, Conservation, Documentation and Restoration technician of artworks, who supervises exhibitions at the MCC.

a producer (in charge of logistics) and a driver. The researchers would be in charge of conducting the interview, observing the culinary processes and reporting the experience. Given that our project had an ethnographical drive, all such professionals were instructed to study how the research subjects lived, saw and named their food habits, while interpreting the meanings in connection with the universe that was being studied. It's not possible to claim that it consisted of an ethnographical study, strictly speaking, though.[2]

As to photography, we were privileged to have Ceará-born brothers José and Maurício Albano – the latter, now in memoriam. Both were responsible for *photographic reporting* of the project, like Maurício enjoyed calling it. That would also highlight his pleasure to 'tell the history with photos' for the upcoming generations, to describe *what's to eat*[3] of what he'd call the 'deep Ceará'. That's how he described *Foods from Ceará* project's efforts to reach even the most remote areas and present even the most seldom mentioned recipes from our State. The stunning images gathered in this work are the result of the careful work of these two brothers. It's fundamental to note that they're not merely objects of decoration. Instead, they represent a particular form of interpretation and recording that is utterly adequate in the field as a methodological resource to better understand the habits that were being studied.

Documentalists,[4] who consisted of scholarship holders under supervision of museum documentalist Madga Mota, were responsible for recording artisanal tools, their typology, uses and traditional functions – but also new uses that had been subverted. For example, a drill that is turned into a mixer, blender pitchers that are only used to measure water, wooden beams that are used to cut dough, builders' trowels used to remove dough from bowls, cut truck tires that become bowls for cassava and its flour, water tanks used as milk tanks to produce curds, old beds turned into drying structures for drying *manzape* cakes etc. Creativity certainly is a very active ingredient in the kitchens in Ceará.

Documentalists would then dedicate to recording data on objects used in each recipe that was recorded in the project, including their materials, how to use them, how long they'd been used, and how they'd be called by those using them. In this part of the study, we noticed that plastic and aluminum objects, as well as tires, have become more and more common. Objects made out of tinplate or calabash[5] (*arbórea Crescentia cujete*), which used to be extremely common decades ago, have become more and more difficult to be spotted.

Additionally, documentalists were also responsible for the study documents, such as personal release agreements required from interviewees to allow the reproduction of their voices and images. The supervisor, in addition to helping conduct the interviews, was supposed to suggest improved

---

2 The following researchers have contributed in this project: Bruno Xavier, Cícera Barbosa, Delano Pessoa, Elias Veras, Fátima Façanha, Fátima Farias, Herbert Monteiro, Karla Torquarto, Luís Gonçalves, Nayara Marinho, Rosalete Lima, Vanessa Ponte and Vládia Eufrásio.

3 The expression o de comer (or what's to eat) is very frequent among poorer people and includes foods and drinks, regardless of whether it is a solid or liquid meal, as explained by Clea Valle in her book O de Comer no Ceará (here freely translated as What's to eat in Ceará), Ed. Fundação Cultural de Fortaleza, 1994.

4 Anderson Souza, Daniel Barros, Iran Monte, Luana Pierre, Magda Mota and Thiago Shead.

5 The fruit of gourd or calabash tree can be turned into bowls and containers, when harvested in the right time, cut open, seeded and sun-dried.

ways to approach the research subjects.[6] While paying attention to all the movements of the team and local specificities, they'd suggest possible paths to conduct each research procedure.

Working closely together, these teams attempted to record the entire production process of foods, from primary activities (such as farming) to processing, selling, packaging, preserving and using leftovers. We were interested in observing the technologies used in production, traditional knowledge, health procedures, food transformation techniques, kitchen tools, rituals, beliefs, symbols and other aspects in connection with memory and affection.

As soon as the field research stage was concluded, the research team would gather to assess the materials collected and think of ways to systematize and analyze it through reports. In addition to the description of each unique research experience, such reports would also include themed dissertations on feasts, religion, professions, cuisine, *merendas*, street and market foods, restaurants, drinks and sweets, among others.

Noteworthy is the vast amount and high quality of the materials collected, and the pungent need to organize it according to museological classification criteria, as well as the oral history files and incredibly numerous digital photography collection. Few museums create directions for collection, filing and conservation of recorded interviews, as well as their exhibition to the public. As to the objects from material culture intended for exhibition, the research has brought to the museum not only foods or recipes, but also crafts, artisanal works and industrial tools in connection with them.

Thanks to this study, several possibilities for further reflection are now available in the universe of culinary culture in Ceará. It's necessary to study them further and nosedive in such a rich collection that we've gathered so far. We've realized, for instance, that the kitchen is at the same time one of the most conservative and most mutant places over the last few decades. A paradox, as new procedures and technologies not only replace ancient ones but also live side by side with them. Kitchens are places that may celebrate the heritage or take up fads, where ceramic bowls and water filters (although more and more difficult to find) can be spotted next to plastic bottles. Very frequently, we'd find gas and wood fire stoves side by side in full use. Just like mortars, pestles and mills that had been replaced by blenders, but would still be stored or kept somewhere for special moments. Eduardo Campos describes scenes that we've seen ourselves. 'Along wooden beams, Orange peeled skins were hanging to bring good luck or to allow for a last-minute tea. (...) A board to chop meat, seasonings and herbs, onions, tomatoes and coriander, and next to it, the coconut peeler hanging'. Tin colanders are less and less common, though, just like 'enamel bowls for quickly washing up cups, plates and cutlery'.[7]

Foods from Ceará has not only broadened our views of food but also made us think about the role of museums in the construction of social memory. We've dedicated to granting voice and visibility to the people from Ceará so as to leverage inclusion of the local diversity in ways of being, acting and thinking. This project has strengthened such efforts since it's allowed us to learn about our local food of ordinary people in their daily lives. It's important to note that this kind of cuisine also involves a great

....

6 The following supervisors participated in the project. Ana Carla Sabino (Professor at the Department of History of the Federal University of Ceará – UFC, who has extensive works in the areas of heritage, history and education at Iphan. She was also a scientific supervisor at NPCM for nearly three years), sociologists Simone Lima (Master in Sociology from UFC and Professor at the Fortaleza University - Unifor) and Priscilliana Morais (Doctor in Sociology from UFC, Professor and Coordinator at the Social Sciences course at the State University of Ceará – UECE), and dietitian Maria Lúcia de Sá Barreto (Doctor in Sciences from the School of Public Health of the University of São Paulo, deceased in 2003).

....

7 Campos, Eduardo. Gramática do Paladar, antipasto de velhas receitas. Fortaleza: Casa José de Alencar, 1996. About Orange peeled skins, we've also noticed that they're used to speed the fire.

amount of sophistication. These people don't have the social status of famous local chefs, but carry within themselves the experience and knowledge to create recipes that are equally extraordinary. Notably, they're renowned in their regions for such outstanding skills. That's why one of the project's objectives is to promote these people as *Masters of Popular Culinary Knowledge* and shed light upon their names to foster the understanding of traditional knowledge related to food.

In the following texts, you'll find some of these culinarists, know their stories, inventions and flavors. These tales show how the dialogue among professionals from *Foods from Ceará* and the protagonists of this study go way beyond just following an itinerary or filling out forms. It's about an incredibly rich research work, about exchanging experiences and views on the universe of food. In many different ways, we've been touched by such acts of listening and recording the other, and I'm positive that we've also touched them. We left something of us with them as they left something of them with us. We're deeply thankful for such exchanges and learning.

As to the researchers, it's extremely rewarding to notice the influence of this project in their lives. They experienced moments of intense exchange. Those who have brought their own rich life experiences felt their horizons expanded and broadened even more. Some of them have even found research subjects for their scholar projects in this experience. *Foods from Ceará* has now even influenced a Doctor's Degree thesis.[8] Certainly, this is a collective project with major research importance that has contributed to the interdisciplinary formation of students and for the development of studies not only within the Museum but also in the University.

Moreover, this project also represents the affective sharing of a unique experience that was characterized by endless conversations, sounds, gestures, aromas and flavors. The team dedicated to challenging, focused tasks that were frequently tiring. Happiness and informality were sure to follow. We've many times shared the table with our interviewees, visited their stables and plantations, and had delightful conversations by rivers and seas always attempting to understand the creation of such places where food is made. We've been welcomed in the most various kitchens, frequently one of the most familiar places in a home. But our curiosity was just as big as the hospitality that would be offered, recognized and shared. After all, eating is a social experience.

About the recipes presented here, please don't expect absolute, mathematical precision – although sometimes it's possible to reach it. That's because they've been generally shared by culinarists whose experience determines quantities and defines precision. Quantities may be, for instance, measured in bunches or handfuls. That's why these recipes are, above all, ideas for the combination of ingredients that challenge the creativity and the imagination of readers who wish to try them out. They represent more than culinary challenges: they express food habits that tell the stories of Ceará.

Nowadays, the role of the chef is quite cherished in the media, and food is a recurring conversation topic. We're now much more open to new flavors and culinary experiments. What's also interesting is that we now realize the importance of redefining locations as one of the most important phenomena of the current gastronomic world. We look at traditional knowledge and newly discovered ingredients with equal interest.

We hope *Foods from Ceará* will contribute in all such ways. Enjoy your book, enjoy your experiments and enjoy your meal!

---

8 Fátima Farias, who contributed in this book, has approached the cheese production universe in Ceará through our project. That has led her to develop her current research for a Doctor's Degree in Sociology from the Federal University of Ceará about curd cheese from Jaguaribe.

CEARÁ: EATING IS ABOUT BELONGING

Raul Lody

Cassava bread, offal stew, Luís Felipe cake, *fartes*, *mão-de-vaca*, *jenipapo* liqueur, *cajuína*, *baião de dois* (dry or wet), papaya *panela*, chicken head soup, cassava cake, *sequilhos*, *fofa*, cashew apple jam, stuffed bread, *alfenim*, fish with banana, tapioca, *aluá*, savory *mugunzá*, *filhós*, sesame sweet, *queijadinha*, goat offal stew, *cachaça* from the mountains, fish pizza, fish stew with coconut sauce, beef stew, fish stew, sun dried beef, *recheado*, goat rice, pumpkin flower steak, *manzape*, *pamonha*, jackfruit sweet with caramel, *rosca de leilão*, *baião de dois* with *pequi*, *pequi* sweet, peanut sweet, Malabar plum sweet, beans with couscous, sugarcane juice, jackfruit *panela*, stew, *baião de dois* with pigeon pea, *baião* and *mistão*, *baião de dois* with bacon, *baião de dois* and *capitão* with coconut milk, *baião de dois* with navy bean, *baião de três*, *baião de quatro*, *fumim*, *tabaca da senhora*, *pau do senhor*, *sururu*, *puba*, mortar-and-pestle *paçoca*, *cafofinha*, manzape cake, think cassava starch, rice bread, *angu*, *pirão*, (...).

Foods from Ceará. Each one of them evokes an emotional response, a desire to represent a person or a place. More and more food is seen as the manifestation of sensitivity and communication among people.

Food requires all senses – and feelings – to be used so that it can be truly integrated to the body and soul, since the heart is most certainly deeply connected to the mouth.

The sense of taste, in combination with sight, hearing, smell and touch allow food to be fully understood and assimilated. That will ultimately provide its symbolic value as a ceremony.

Eating is not only a complex biological act, it's – above all – an act that translates signals, that allows the recognition of shapes, colors, textures, temperatures, flavors and aesthetics. Eating is an act that gathers memories and desires to represent people, families, communities and regions. The symbolic act of eating is more and more seen as a cultural act.

Brazilian food is plural since its historic formation that originated in the native peoples' food systems and cultures that had been in the Americas for millennia. From that point of view, the Portuguese – regarded as multicultural and globalized – brought the East and the West closer together by importing from India, Indonesia, China, Ceylon and so many other places ingredients that made the incredibly long travels *thro' seas where sail was never spread before. Because sailing is necessary*.

Therefore, Brazilians' mouths have been enriched by different flavors from various parts of the world since they first got in touch with Europe and Africa, while uniting with the native flavors of our native peoples, our indigenous nations.

Products from Asia, such as the sugarcane and dried peppers, and products from Portugal, such as wheat flour, cheese and others are known to date in Portuguese as *do reino* products (or *from the kingdom*): *farinha do reino* (flour from the kingdom or wheat flour), *queijo do reino* (cheese from the kingdom), *pimenta-do-reino* (pepper from the kingdom or black pepper) because they were first introduced by the Portuguese. Other products are called *da costa* (or *from the coast*) since they had African origins. Products that came from across the Atlantic would be called *da Costa Africana* (or *from the African Coast*) or *da Costa dos Escravos* (or *from the Slaves' Coast*). Yam, for example, is still referred to as *inhame da costa* (or yam from the coast), especially in the Northeastern region. Other products are also named this way: *búzio-da-costa* (cowry), *palha-da-costa* (raffia), *pano-da-costa* (African shawls) and *pimenta-da-costa* (grains of paradise).

Finally, there are other products referred to as *da terra* (or *from the lands*). That is, native, local products, that were found in Brazil by the Portuguese official settlers after the "discovery". That's why cassava, corn, different varieties of fresh chilies and peppers, fruit, game, plants, insects and native culinary techniques such as *moquém, tamales,* dishes wrapped in leaves such as *pamonha, beiju* – referred to as *pão da terra* or *bread from the lands, tucupi,* and so many other dishes that are part of our menus.

As to cassava, there are various types of dried flour that compose a major part of Brazilians' diets. Certainly, it's the most Brazilian of all ingredients.

Therefore, through the mouth, through choices, through dishes and through strategies to integrate food to life, all such procedures make Brazilians feel even more Brazilian in a way to strengthen their sense of belonging to a culture, to a country and to a Nation.

Another thing to be highlighted is *sweet Brazil* – sweetened with loads of sugar. That has also sweetened daily social relations that take place in parties, life experiences and upon the recognition of oneself in a recipe.

Sweets are a main subject in the formation of our regional menus, hallmarks of our social and economical history since the 16th century. Portuguese convents, as well as Brazilian convents, were the main laboratories for experimenting recipes. Many of such recipes have been included in the habits of houses, restaurants, bakeries and sweet shops. In that context, women had a major role in developing recipes and building a vast repertoire of sweets and cakes.

Another major influence came from the Muslim Maghreb – Mediterranean Northern Africa. Recipes such as *alfenim* (a pastry made of sugar and water used to make flowers, hearts and birds for decoration), *couscous* and *filhós* are outstanding proofs of their presence in the Iberian Peninsula.

Another important instance of the influence from this civilization is *couscous*. In Brazil, it's normally made from cornmeal (a native American product) or from cassava flour with grated coconut. They're living examples of the African Muslim presence in our food habits.

That's how food systems gain grounds and generate new contexts of identity and belonging, by including ingredients, recipes and foods.

The popular imaginary is another indication of the relation between food and identity, since 'you are what you eat', or 'tell me what you eat and I'll tell you who you are'.

An ingredient, a utensil, a seasoning, or even how food is organized on the dish – all of those are visual and aesthetic statements that indicate territories, ethnic origins, and identify people, nations and cultures.

> (...) when young, the couple would frequently eat rice pudding, savory bean porridge, couscous, shank stew, porridge made with its stock, ribs porridge, beans with *pequi* and fava, guinea fowl, (...) in weekends, they'll eat mostly chicken and grey mullets (...). Many times they've hunted pigeons to eat (...).
>
> (Foods from Ceará report, Cariri itinerary, researcher Cícera Rozizângela Barbosa Ribeiro, undated)

Menus are born from ecologic, social and economic opportunities and, above all, by what they represent symbolically in the relation between people and their history. Therefore, ingredient choices create unique relations between men/food and location/territory.

It's commonly understood that the territory is the construction of a sense of belonging that also happens through food. That way, it's possible to list agricultural products, fishing, animal husbandry and others as a place of self-recognition for people and their social groups.

What's traditionally eaten makes a statement of food sovereignty and heritage. What's eaten is also about recovering ancestral memories and building recent, contemporary history.

Foods are preferably interpreted as dynamic social processes that interact within complex social relations. For example, eating *acarajé* is about eating a representation of Africa, eating *baião de dois* is about the culture of cattle farming, cheese and beans in the hinterlands area. On the other hand, eating a hot dog or a hamburger is about the city and everything that is deemed urban, hallmarks of fast food in globalized societies.

Foods, feast rituals, culinary systems, gastronomy, kitchen and physical space vs. kitchen and ideological space, traditional recipes, family and home books, oral transmission, menus for the various social and economic segments show broad attitude and lifestyle processes.

Everything is important in the culinary processes: ceramic bowls, sieves, wooden spoons, pepper, sugar, pans, cooking methods, collectively- or individually-developed recipes, rules that add a social function to food that is represented in each food or drink. It's also possible to claim that, in the universe of food, there's a vast collection that is seen as traditional wisdom. In practical terms, that preserves such culinary processes.

> (...) according to Dona Valdira, *aluá* is a drink that can be very easily prepared (...). The ingredients used are, in addition to fermented coconut, water and sugar, fennel and cloves to season the *aluá* (...) once you have a bucketful of peeled coconuts, their water and their meat are poured in a bowl until full, then it is covered with a cloth (...) the coconuts then soak for three days (...) you also have to season the *aluá* (...) cloves have to be ground (...) then it is time for (...) another spice, fennel (...) sugar is also added (...) Dona Valdira then 'stirs, stirs, stirs' the *aluá*.

(*Foods from Ceará* report, Pitaguaris itineraty, Pacatuba, researcher Karla Torquato dos Anjos, 9 August 2009)

There's a strong desire to reveal, protect, document and register such phenomena with evident identity concentration because contemporary and post-modern societies reveal an identity crisis. Identity only becomes an issue when amid a crisis.

When talking about food, specifically, the context of granting special importance to heritage is a sort of recovery of ancient collections, such as technological processes and knowledge and all traces of tradition, family, regionalism, ethnicity and religiousness. Food is the result of all such processes. For instance, to make *manzape*, you must start by reusing leftovers of *panela*.

> Preparation of the *panela* honey (...). What they call (...) *panela* is, in fact, what's known elsewhere as *batida*, which is similar to *panela*, but seasoned with cloves and cinnamon (...) which is then boiled (...). When the honey is ready, it's mixed with cassava dough that has been thoroughly sieved. The ground cinnamon is also added (...). The dough is then hand-mixed, what they call trace the dough (...) it's then time to bake it. Here it's wrapped in a banana tree leaf. Before being wrapped, some more cinnamon (...). It then rests on top of the oven until the leaf becomes yellowish (...).

(*Foods from Ceará* report, Guaraciaba do Norte itinerary, researcher Thiago Schead, 18 December 2008)

Memories' ages vary greatly, and some examples show millennial technologies, such as *tamales* – foods that are wrapped in various types of leaves for cooking. It's possible to say that *manzape* is a variation of *tamales*.

Recipes, food systems and diets that make up sets of lifestyles to experience food preparation processes, along with all its added social rituals, have gained heritage status in Brazil and abroad. That sort of traditional knowledge makes up culinary repertoires.

When speaking of food systems in Ceará, the widely known *baião de dois* is a major example where there are countless types, culinary processes and individual variations for the recipes. It's possible to say that it's a recipe with a major sense of identity and heritage – while also a reference for the people from Ceará.

> (...) to prepare the dry *baião de dois*, Jô chopped onions, bell peppers and tomatoes. Then he fried them with olive oil and salt, added a scoopful of white rice and fried it for some more time. A few minutes later, he poured some water and finally added previously cooked cowpeas – two scoopfuls.
>
> (*Foods from Ceará* report, Uruburetama itinerary, researcher Elias Ferreira Veras, 11 December 2008)

One of the countless interpretations of the ubiquitous rice-and-beans combination in the food systems is presented as a *baião*, a recipe that is complemented by various different ingredients: heavy cream, curd cheese, butter cheese or beef, among so many others. It's a symbol of such vast imaginary of the food from Ceará.

The approach we adopted was developed specifically to study food systems in various places of Ceará while executing the *Foods from Ceará* project. It shows the multiple and diversified looks upon ways to gather culinary collections recorded by this vast and broad ethnographical and interpretative work. They also identify the social and cultural grounds in the State of Ceará. It certainly is a sensitive and plural way to explore the identity of the people from our State through one of the most notable means of investigation – food.

Way beyond its emerald-green sea, lobsters, *jangadas*, the imaginary of the drought, salted beef, sun dried meat, Ceará is also about its rich food heritage.

CASSAVA, CORN AND WHEAT TREATS

Snacks in Ceará

FÁTIMA FARIAS AND DOMINGOS ABREU

Merendar is not just about having a regular meal. It doesn't only translate into *having a snack*, as many would think. In Ceará, *merendar* is a term with various identities and uses. An expression that frequently gets lost in the hustle and bustle of everyday life, it becomes colorful and stands out when heard by *cearenses* (people from Ceará) who are away from home. It's a device that activates memories of places, a reference built along our history. It may be better defined by exclusion: it's neither lunch nor dinner – rather a different mealtime, although it may be very similar to one or the other at times. In the markets both in Fortaleza and in the countryside, several stalls offer breakfast (which can also be a *merenda*) that will look like a complete meal: beef stew, intestines stew, bone marrow stew, offal stew etc. Generally with a side dish of *couscous*, rice or *baião de dois* and *paçoca*. A sturdy meal for those who need the strength to endure a hard day's work or recovery for those who have just finished partying hard.

But let's just make this clear: *merenda* doesn't have all the sophistication of lunch or dinner. No formalities or protocols required. *Merenda* is less bureaucratic. Whereas *lunch time is sacred*, *merenda* time can be adjusted, adapted – it will fit in. There's no official time for it during work routines – when you're hungry, feeling like eating, like having a little something, that's when it's time. Food makes the *merenda*, but you don't necessarily need to *eat* something. It's also about taking a break from work or study, taking a moment to chill and juice up. In this case, the verb *merendar* means *taking a break*. Having a *merenda* with someone else, then, is the perfect excuse to connect, kill time and speak your mind. It's about sharing and creating memories. That's why it's not only about nurturing the body but also about nurturing our ways to look at and live the world. In this last sense, this break to feed the body and the spirit is perhaps the inspiring model of a discrete activity. It's an activity of subversion and attempt to control the body through production. It's the coffee break in places or times when *merenda* is not a verb but just a noun due to the urgency of what needs to be done or due to any other need that may come up as more important that nurturing the body or the soul.

We saw many different sorts of *merenda* being prepared in all regions of the State and we talked to many different people from Ceará about what this moment meant to them. During our research, we've come across countless different kinds of *merenda*, some highly appreciated as the expression of their local cuisine. In addition to the recipes already mentioned here, we found many different variations of *tapioca*, *couscous*, cookies, breads, cakes, biscuits, soups, *bruacas* (or deep-fried flour and sugar cookies), *pamonhas*, corn porridges etc. The list is incredibly long. Among so many options, we've also identified some that have been produced and eaten for decades in certain areas of Ceará but that are rarely seen as recipes *from* Ceará. Either because they remain connected to specific regions of the State or because they've lost popularity lately due to new food dynamics.

On the following pages, you'll find four of those recipes, *bulim de goma*, *filhós*, *chapéu-de-couro* and *pão de ló de goma*.

Bulim de goma, is a buscuit made with cassava starch. Senhor Luiz Moreira Couto, 69, currently living at an area called Tapera in Aquiraz, was the person who introduced this delicacy to us. He learned to prepare it at a young age – when he was only 14, and he continues to make them up to now. He's known in his region as *o homem do bulim* (or *the biscuit man*), but he prefers to be called *an artisan*. To him, the secret to the success of his product is doing his job with hygiene and honesty. 'I do it the best way I can, no cheating'. The ingredients must always be the same. He discourages, for example, replacing cassava starch by some other type of flour. Following the same rationale, coconut milk isn't bought. He prepares it himself by blending coconut meat with some water and then sieving it. Additionally, it's important to pay attention to the fire: wood fire is advisable to obtain softer, tastier cookies. To those who are conscious about their diet, he says that *bulim* is 'good for your digestion' and 'is not fattening at all – have it as much as you want!'

Recipe of *bulim de goma*

Ingredients:

2.5 kg cassava starch
1 kg sugar
1 liter coconut milk
1 teaspoon salt
Boiling water

Directions:

Measure and sieve the starch over a bowl and soak it with boiling salted water. This mixture will become lumpy at this point and must be vigorously mixed until smooth. The dough will be ready when it's firm and homogeneous. Then sprinkle a table with dry starch, spread the dough on it and cut it in long strips with a spatula. Next, cut it in two-feet long pieces. After that, roll the strips on ground coconut and connect the edges of the strips to make bread rings. The rings must then be laid on a baking pan and baked in a pre-heated oven at 180C/350F. The cookies will be ready when you can feel their aroma.

Filhós is a white savory dish that is also made with cassava then deep-fried in babassu oil, according to our interviewee. Born in the Cariri region, Dona Marilene dos Santos Oliveira is a *filhozeira* (or *a filhós woman*). For over 15 years she's had a shop where she sells the delicacy in downtown Crato, at Praça da Sé. She sells but also makes the cookies – all in the same day. According to *Marilene dos Filhós*, as she is commonly called, the dough cannot be stored for much time or else it won't grow well. This lady has over 30 years' experience making this delicacy and has improved the recipe she learned from her mother.

Recipe of filhós

Ingredients:

2 liters water
1 kg cassava starch – that hasn't been in contact with any type of citrus, such as lime, orange etc.
40 grams salt
½ liter refined babassu oil

Directions:

Boil water in a large pan and lower the heat when it starts boiling. On a bowl, pour the starch then gradually add water from the pan. Mix the starch and the water with a wooden spoon or spatula. Add more dry starch to improve the texture and, with your hands, mix the dough until it doesn't stick to your skin anymore. Move the dough to a wooden surface and beat it for some more time with your hands. Remember to sprinkle starch on your hands constantly so that the dough won't stick. At this stage, your hands will look as if wearing starch gloves. Next, roll the dough in long and thin strips and cut them in pieces as long as your hands. Don't refrigerate the dough or it'll dry out. Let it rest for an hour.

Heat 400 ml of babassu oil and deep-fry some cookies depending on how large your pan is. Then add the remaining 100 ml of cold oil to prevent the cookies from exploding. Turn them and bathe them evenly in the hot oil to avoid drying out. They'll be ready when they grow.

In addition to the recipe, this *filhozeira* also taught us another very important principle for commercial happiness, 'not worrying about the exact amount of cookies in a given quantity of dough'. That's right! Like her mother used to say, if you count how many *filhós* were made, you know how much money you're going to make. And if someone gets one without paying, the person selling them will notice the missing money at the end of the day. After nearly 60 years of life, she's taught us that if you 'don't count, you don't care that someone eventually takes some'.

Dona Maria Ferreira Leandro, a 64-year-old lady that is better known as Maria de Manel, presented to us the next two *merendas*. These are *chapéu de couro* (or leather hats) and *pão de ló de goma* (or cassava starch sponge cake). Born in Várzea Alegre, she arrived in Iguatu in the 1970s to work in the fields with her husband and settled there. Back then, she says, they only had 'sleeping hammocks, some small plates to eat' and 'simple ceramic pans'. They had 11 children – 9 of which survived. They were brought up with 'great difficulty', she explains, with the support from neighbors and family members who have welcomed her with 'lots of love'. The recipes she presented to us show very well such community bonds, the mutual support that is shared by women at the Gadelha district, in Iguatu. Preparation and consumption of these delicacies have a very evident collective character. Some of the steps of the recipe are performed in the houses neighboring Dona Maria's, since she doesn't own a mortar and pestle, for example, necessary to make *chapéu de couro*. Also, they commonly help each other while preparing the recipes. Their connection is so clear and they know the recipes so well that they don't even need to talk. Their hands mix ingredients interchangeably, their mutual trust is so clearly evident that those watching will be in awe. It seems that all the time they've shared has tuned the knowledge they've gained while moving around in harmony in the kitchen.

But obviously that's not always the case. In festive days, for example, when music is the background for cooking and the kitchen is full of women that will combine dance and culinary, not everything goes to plan.

Talking about one of such days when the upcoming *merendas* are commonly found, Dona Maria remembered a popular local saying 'a pan with too many chefs will make tasteless or too salty food' (or 'everybody's business is nobody's business'). Despite the risk, she says she loves such moments of interaction because 'things get more lively, much more fun'.

The recipe for *chapéu de couro* is the result of ancient knowledge that's been shared between mothers and daughters. She can still remember with love how her mother would prepare this cake when she's alone at home preparing this type of cake – which she learned just by watching. She can spot differences between now and then, though. In the past, people would normally use wood fire and ceramic pans. Also, it used to be made with banana tree leaves, while nowadays it's normally made in a frying pan. It is known as *bruaca de milho*, or a kind of thick cornmeal pancake and commonly associated with *festa junina* (or the celebrations of the nativity of Saint John the Baptist in Brazil, which happen in June).

She suggests having it as a *merenda* for kids, especially to be taken to school (*chapéu de couro* and *tapioca* were the snacks her children would normally take to school). Dona Maria also suggests having it with coffee early in the morning or in the middle of the afternoon, as usually happens in her region. Once ready, *chapéu de couro* can be kept for up to 3 days in room temperature and it can't be refrigerated or it will get dry or lose its original flavor. The recipe that is presented here is quite simple, but Dona Maria recommends adding coconut or cow milk, ground coconut and/or heavy cream to make it tastier. Ideally, it must be prepared with coarsely ground cornmeal, she uses corn grown in her own property. She believes the recipe will taste better like that. In case it's not possible, it can also be made with the thinner industry-made cornmeal that can be easily found in supermarkets.

Recipe of chapéu de couro

Ingredients:

6 eggs

2 kg cornmeal

1 cup sugar

1 tablespoon cinnamon

1 pinch of ground and sieved cloves

Oil for frying

Directions:

Soak the corn until it's soft – ideally overnight. Then grind and sieve it. Reserve it. Separate the yolks from whites and beat the whites until stiff. Add the yolks then stir it – Dona Maria suggests using a wooden spoon, which is more efficient for this recipe, in her opinion. Then add the sugar and mix thoroughly until it becomes homogeneous. Gradually add cornmeal and mix it until it reaches the desired texture: 'not too hard, not too soft'. Then, add cloves (Dona Maria wraps the cloves in a cloth, beats them with a pestle until they become powdered then sieves them before adding the powder to the dough). Finally, add yeast and mix in circular movements clockwise then anticlockwise. Heat a pan with some oil and pour the mixture. When the edges have become golden brown, turn it and fry the other side evenly.

Pão de ló de goma (or cassava starch sponge cake) is another ancient recipe that is quite popular in the region. It's commonly known as a Christmas *merenda*. Neighbors will usually gather at this time of the year to bake this cake and celebrate the birth of Christ. Differently from *chapéu de couro*, seen as more rustic, *pão de ló de goma* is a more sophisticated and lighter cookie. Also here, the women from the Gadelha district hold this precious set of knowledge and are represented by Dona Maria. Our host's mother would also make this cake and have it as a Christmas reference – a culinary tradition shared between generations. Just like back then, the dough continues to be baked in makeshift baking pans made with reused sardine or sweet cans.

Although frequently associated with Christmas, it's sometimes eaten as a *merenda* with coffee – especially in weekend afternoons. However, gathering family and neighbors to prepare large amounts of this delicacy remains the main pleasure. Baking with wood fire is dangerous but fundamental for obtaining the best flavor, in Dona Maria's opinion. However, in case it's not available or to make smaller quantities, just reduce ingredients proportionally and use a gas oven.

Recipe of pão de ló de goma

Ingredients:

12 eggs

1 kg processed cassava starch

About ½ kg sugar

1 tablespoon yeast

1 pinch ground and sieved cloves

Directions:

Separate yolks from whites and beat the whites until stiff. Add the yolks and then the sugar and mix them. Add the starch and mix. Dona Maria prefers starting with circular movements then beating and mixing vigorously with a scoop. Try the dough to determine the right amount of sugar – if necessary, add some more. Finally, add cloves and yeast. Pour the mixture in small baking pans greased with oil – but just fill them halfway through since they'll grow. Bake the cookies for 10 to 15 minutes.

Filó (*Piroca do Osnar*): intersections between food and sexuality

FÁTIMA FARIAS

> Even in elementary school, we knew about bananas. And sausage. There were awful jokes in the cafeteria on the days when knockwurst was on the menu.
>
> Bunny Crumpacker

The relations between food and libido are long and deep. There are countless, quick connections and movements between hunger and sexual appetite. The pleasure of eating has sexual pleasure as its closest and most threatening nemesis. That's why foods are sometimes interpreted in connection with sexuality.[9] Likewise, the human body is made of flavors and curves – just like *mulheres-fruta*.

....

[9] That can be confirmed when thinking about the shellfish mentioned by the female shellfish collectors: *pau do senhor* (or gentleman's stick) and *tabaco da senhora* (or lady's tabac). While these words clearly refer to the human genitals (pau/stick/penis e tabaco/tabac/vagina), fumin is probably related to the female genitals (fumin is the diminutive of fumo, synonym of tabaco/tabac, leading to vagina). Please see text about female shellfish collectors.

They became widely known in the media for their generous curves and sensual movements rocked by Brazilian funk music, a genre that encourages lust in the social imaginary.

Filó is a product that we found in the Alto region, in Jaguaruna. It's the expression of such multiple intersections between food and sex. It's a type of long and cylindrical deep-fried bread whose shape would make some blush and grin. That's what happened during the long conversation we had with Senhor José Carlos Monteiro Filho. Commonly known as Zé Carlos, he has made it for over 15 years. Before describing the production and consumption details, we will explore the life story of this 35-year-old baker. He opened his doors to the team from *Foods from Ceará* project with immense generosity and kindness.

A baker who cannot stop: the struggles of a profession

Zé Carlos first started baking when he was very young – at 15 as a production assistant. The first opportunity he had to get a better job was on a Good Friday, a national holiday. The official baker couldn't work that day because he had drunk too much wine the previous day. Zé Carlos noticed how desperate his boss had become and volunteered to be the solution himself. Although he'd never actually 'worked the dough', he managed to convince his boss that he could do it. His first batches were so successful he soon got himself the position of official baker at the company where he has worked since then.

Despite never having attended a bread making course, Zé Carlos claims that he masters nearly all techniques in this area – he just cannot make wheat rolls. He considers himself a 'professional baker' nowadays. He believes all such knowledge must have come from many years of experience in the bakery. By watching how colleagues worked and by living a very intense daily life of repetitive experiences making bread, he was able to gather a valuable set of knowledge on the preparation of various types of bread.

Zé Carlos is married and has two small children – a boy and a girl. About five years ago, he started wondering how to increase their income and started making and selling *pastelzinho de vento* (or puff pastel) and *filó* independently. Since then he usually goes to his mother's house in his free time – usually in the afternoon – after finishing his duties at the bakery. There, he's managed to create a small and improvised area to make his products. There, we saw how he makes *filó* step by step and had the opportunity to get to know the story of his life.

Even with a massive toothache (and while waiting for a medicine to take effect), Zé Carlos moves around quickly among his appliances. He has the help from his 13-year-old son, who's trying to follow his father's quick pace with some difficulty. 'It looks like Formula 1 here', he jokes about his work. With plenty of energy to 'make a living', he understands all such frenzy is a need due to his double shift. Not even during meals can he stop, 'I'll just eat while standing there because if I sit, there you go and service will be late at the bakery'. Such a race for survival takes about 15 hours of his day – every day including holidays. 'I've never ever had a day of holiday or anything… it's always been like that, busy day every day, no days off, no Sundays… Saturday to Saturday, there's no such a thing as a break', he explains with both resignation and anger.

Despite all his stamina and strength, the weight from such a work routine to which he submits daily is inevitably felt, 'you work for eight hours and eventually get tired, isn't it? Like working 15 hours non-stop without a lunch break…' In moments like this when he's exhausted, Zé Carlos seeks comfort from his family at home and from his friends at the local bars.

To Zé Carlos, telling his life story to *Foods from Ceará* project was an opportunity to think about some of the decisions he had to make and a moment to remember important events in his life. One of such decisions was quitting school:

I now regret having quit school, I shouldn't have done it, should I? Maybe today I'd be someone more… educated. I quit school in sixth grade because I saw the conditions back home. Really precarious. It was impossible for me to study. Sometimes I'd go to school without having had lunch because I hadn't had the time. In the past, meat would arrive at the grocery at around noon – or half past. There was this gigantic queue of people waiting to buy half a kilo, one kilo of meat – really tough. Then when we'd go, when mum bought food, it was already noon and my class started at one. Then I'd have lunch and dinner at the same time after school 'cause if I waited for lunch, there'd be no time for school. Then I'd eat whatever was left. Time went by and I said 'Mom, I've decided that… I'm only going to work'. Then she said: 'My son, do what you think is right'. Then I've just worked since then. I've never stopped since then.

Despite all the difficulties, Zé Carlos hasn't lost his hope for better times, less busy times. He invests a great deal of energy in this project. He dreams of building a better structure for his production so that he can only work for himself – despite feeling quite cherished and supported by his current boss. In his opinion, such autonomy would allow for a lighter routine because he would be freer. All his time would be dedicated to his own needs only.

Until that day, Zé Carlos is to maintain his double shift. He prepares the dough for the *filós* that he fries at his mother's house in the shift breaks at the bakery (where he arrives at around 3 in the morning) and right after his shift ends. That happens because of the large amount of dough he has to make every day, which requires a large mixer he cannot afford yet[10]. The day our team visited him, however, in order to show the entire production process for *filó*, Zé Carlos prepared a small quantity of dough with his own hands. The step-by-step directions are presented now.

....

10 He also uses yeast and sugar from the bakery where he works with his employer's consent.

Filó: recipe, history and meanings

In a medium plastic bowl, Zé Carlos pours 600 grams of wheat flour, 10 grams of refined salt, 2 tablespoons of sugar and 15 grams of yeast (also called *improving agent*). Next, he adds olive oil 'as the dough required', that is, mixing other ingredients in small portions until he reaches a certain homogeneous texture. It's necessary to 'work the dough', quickly pressing and folding it with the hands. In the process, whenever the dough sticks to his hands, some more oil and flour would be added.

He also adds a small quantity of water later while the dough is being worked. It's ready when it's no longer powdery to the touch and reaches a softer, more homogeneous texture. Then it's time to pass it through the cylinders, a special appliance that 'breaks' the dough – that is, softens it. According to Zé Carlos, it's advisable to pass it through the cylinders around 10 times. After that, on an aluminum table sprinkled with flour, he stretches smaller bits of dough by rolling them with the palm of his hand just like children do with play dough. He shapes it like a long cylinder constantly stretching it.

The next step is cutting bits with similar size, which he does without the need for any measuring tool. He then arranges them on large trays and allows it to rest for about an hour. It's a very important time that will allow the dough to ferment and which has a major influence on the final product. Zé Carlos explains that the dough rolls must be protected from the wind during that time, so he covers them with cloths to make the *filó* tastier. Once they've fermented (grown), the rolls must be fried within half an hour or they will begin to wilt.

The deep-frying process also must be careful. The temperature of the soy oil is fundamental – very hot. Another important factor is how the rolls are transferred from the trays to the frying pan. It's important to grab them quickly and 'with soft hands' and avoid using too much force. Or else the rolls will shrink and compromise their quality and flavor – Zé Carlos did it so quickly that our photographer even had difficulty taking photographs with greater quality.

It only takes a few brief moments in the oil for the rolls to be ready, a few seconds. An average 15 rolls are fried at a time. With a metal skimmer, Zé Carlos turns and presses the cookies against the oil surface so that all sides are evenly fried. As soon as the rolls are golden brown, they're removed from the oil and allowed to drain on a metal colander. From there, they're carefully transferred to plastic bags when cold – about half an hour later. Their shelf life is quite short (only two or three days) and, if stored in the plastic bags when hot, they will go off even more quickly. The bags are then stored on metal shelves with plenty of ventilation to avoid getting soggy.

Although very similar, the *filó* dough is different from conventional bread because it is an 'artisanal dough'. According to Zé Carlos, it is 'a more carefully crafted, tastier dough, which takes more ingredients to be made'. However, just like homemade bread, *filós* are tastier when eaten warm – or at least in the first 24 hours. After that, they shrink and lose their qualities. Because of that, Zé Carlos' production of *filó* is smaller than that of *pastelzinho de vento*, whose flavor does not change much for about three days. Additionally, *pastéis* and *filós* are only distributed to shops in the following morning, after Zé Carlos has finished all his duties at the bakery. He usually negotiates with these shops, and sells a bag of about 20 *pastéis* at R$ 0.80 and a bag of 10 *filós* at R$ 1.00. Very rarely are bags left, 'I try and make the right amount not to waste much', he explains. He also sells at his house and at his mother's, where clients will usually show up in the early morning or late afternoon to buy *filó*. They'll usually have it with coffee, juice or soda.

Although he cannot state precisely how old *filó* is or how long it's been eaten in Jaguaruana, he says that it's an ancient recipe because he can remember eating this kind of bread when he was young. He's found new ways to prepare it since he first learned how to make them 15 years ago at the bakery where he works because he enjoys trying out new things in the kitchen. 'I enjoy testing things, sometimes I'll do something and it's no good. So I do it again and it works out'. That's how he realized that it is possible to improve the flavor of *filó* by adding eggs and margarine to the dough. It can even be stuffed depending on the customer's wishes – and the baker's creativity. Zé Carlos even mentioned how he'd like to show all these possible ways to make *filó* for us to taste – he dreams of having a diner where he'll be able to sell all types of *filó*. He wasn't able to do it because he didn't have the time, though. He mentioned that such improvements increase considerably the cost of the final product making it inaccessible to his current customers.

So, the recipe of *filó* that Zé Carlos has prepared and sold regularly has been the same since the day he started working as a baker at his current job. The format chosen for this bread also has remained the same (there are other formats).[11] That would've been an idea of a baker called Osnar, also from Jaguaruana. That is why the product is known as *piroca do Osnar* (or Osnar's penis), a joke that still makes him and his clients laugh.

At this point, the interview becomes really relaxed, with plenty of laughter and blushing. Zé Carlos mentioned, for example, how women tend to prefer *filó*. 'Women are crazy about *filó*. When we arrive at the shops, women start asking if there's *filó* at once!' Always with a good sense of humor, he says he's frequently surprised by women's taste for *filó* and, playing with the double meaning of expressions, he mentions he usually says to more avid customers: 'what if I brought it very warm, huh?' To him, they find it very funny.

Men, on the other hand, the very few who enjoy it – and will admit it – will always find a way to ignore the phallic format of *filó* by breaking it in half before eating it, for example. Such radical rejection of the product or just its possible similarities with a well-known (and defining) part of the male anatomy may be understood as an affirmation of the heterosexual, virile masculinity that is experienced and reproduced by Zé Carlos. With a grin, he tells us he doesn't eat *filó* and justifies it by saying that he doesn't really like fatty foods. We found out later that *pastel de vento*, the other type of deep-fried food that he also sells, is an exception. 'Like I told you, women prefer *filó* for some reason I don't know', he says while smiling, trying to explain the reasons why he wouldn't eat *filó*. At home, his wife eats it more often. 'Women like it a lot', he says, 'very funny' – and laughs.

With a very good sense of humor, Zé Carlos tries to live a lighter life in such moments of happiness. They represent the frequent connections between sex and food in everyday life. Despite being apparently tired during the interview, which could be noticed here and there through a gesture or a sentence, he's very proud to call himself 'a professional baker'. A display of personal strength and stamina that inspired all of us. He hopes that his son William will soon realize the importance of fostering such stamina. He's already helping Zé Carlos make *filó*. Although 'a little slow', he believes he'll soon 'get smarter' one day.

The recipe of *filó* described here and all its possible variations are kept in his mind. So many years repeating the same process daily ensures that all details are carefully remembered, which differentiates his products from the competitors. When asked about his wish to pass on his trade secrets to others, he says calmly that he's never encouraged selfishness because he's already suffered a lot with other people who did it. That's why he's absolutely pleased to reveal all details of this recipe to whoever is interested.

....

11 Zé Carlos remembered that *filó* had other formats in other shops, such as laces or bagels, for example.

Forgotten cupcakes – hard to forget

ROSALETE LIMA

Bolinho esquecido (or forgotten cupcakes) is made of cassava starch, eggs and plenty of mystery. In Bitupitá, where the beach of the municipality of Barroquinha is, they're a much-appreciated delicacy that is sold at the local bakery and in other smaller shops. It's also popular in Camocim. The explanation for its name, though, remains unanswered. As a researcher of *Foods from Ceará* project, I've interviewed a few local women who didn't know the origins of the name, but introduced me to the secrets of its recipe.

The main interviewee, 49-year-old Dona Toinha (or dona Antônia), prepared a batch of cookies for us. Other people who have contributed to our learning in Bitupitá were: dona Toinha's sister dona Chagas, 69, owner of the local bakery dona Ritinha, 37, and dona Teresa, 57. In Camocin, another nearby town, we've interviewed the owner of a traditional local bakery, dona Odete, 65.

Despite the name, all interviewees reported that it's an extremely popular cake that becomes an excellent business opportunity for those who know how to make it. It seems that those who have eaten it, cannot forget it. We've found records of Portuguese recipes of *bolinhos esquecidos* from the Covilhã region in Portugal, as well as its version from the Brazilian State of Rio Grande do Sul – both made with wheat flour. The Ceará version is made from cassava starch. In the Brazilian culinary tradition, cassava starch has frequently replaced wheat flour in several Portuguese recipes, especially in the Northeastern region.

A cake that feeds

Dona Toinha is a 49-year-old woman that doesn't speak much. In the afternoon of March 15th, 2010, she had us over to teach us how to prepare *bolinhos esquecidos*. A batch of one hundred cakes!

When did she start making them? She tells us she's learned it with her mother when she was 20. Before, she didn't like them very much, but since her mother became ill, she's replaced her at work. Since then, 29 years have gone by and she claims that her cakes have never gone wrong. She has financial motivations to make the cakes, she sells them. She normally sells them to Seu Juraci's shop. Sometimes she sells them on the streets knocking on people's doors. Each cakes costs 25 cents. She prepares batches with 50 or 100 cakes at a time, and will only make a new batch once they're finished. The cookies will last in average a week and can be kept in a plastic container.

Selling cakes is a tradition she inherited from her mother. She tells us her mother enjoyed cooking but would do it especially because she had to, for her daughters. When her father died, she was the youngest and was one year old. In all, they were nine daughters. She explains to us with great pride her mother could cook mostly anything and also taught her daughters to. According to her, 'all nine are very hardworking people' just like their mother. By selling food, she was able to support all her daughters by herself.

Dona Toinha makes the cakes at her sister's home, dona Francisca. She has a large wood fire brick oven in the backyard. She tells us this oven is better for the cakes, and that they're no good when baked in gas ovens.

The house has three areas for food preparation. The first one is a kitchen right after the lounge with a food cabinet, refrigerator, cupboards and a stove. After going through a door, there is a veranda with white walls and red cement floor. There, you can see a brick stove and a bag of coal, a small wooden piece of furniture, a large wooden table with chairs and a large sink. A small gate separated the veranda-kitchen from the backyard. There, a large brick oven was under the shadow of several fruit trees. A fence separated this initial area from the rest of the backyard, where animals were kept especially ducks and chickens. Next to the oven there was a black dog breastfeeding her puppies. This is the place where we learned how to make *bolinhos esquecidos*...

'I'm going to light the oven'. That's the sentence that starts the processes. Dona Toinha then selects some pieces of wood, puts them inside the large backyard oven and sets them on fire with a paper egg box and matches. She then closes the oven and goes back to the veranda. There, she places all the ingredientes on the table and shows us the small tin and zinc baking pans she uses. When she's about to start, she realizes that she's forgotten the lime – one of the secrets for this recipe. Other tips eventually come up: in her opinion, the recipe tastes better with free-range eggs, and that the cookies don't taste good with manufactured cassava starch. They end up heavy, without their characteristic softness.

She starts by separating yolks from whites and putting all yolks in a large bowl. With an aluminum eggbeater, she beats the whites vigorously while answering our questions with very short answers. One of the researchers mentions she has strong arms while beating the dough, and she reports she has been in pain because of that movement. The smoke from the oven then invades the place and starts irritating our eyes – she seems not to be bothered by it at all. She just continues the firm and repetitive movements. When the whites are stiff, she adds a whole lime peel and continues beating them. A few minutes later, she adds the yolks and beats them some more. She then adds sugar and continues her movements. She says the right texture is achieved when the sugar has melted. That's when the cassava starch is added without sieving.

All such work seems pretty tiring, and Dona Toinha explains to us that the correct texture for the dough is when is gets thicker. She notices that texture just by looking. Once the dough is ready, she starts preparing the small baking pans by greasing them with soy oil. She says she's taken good care of these small baking pans for 29 years. She also has a knife that is used specifically to clean the pans. She does it individually, pan by pan.

She has a special technique to grease the pans. She fills one with oil then transfers it to the next one, and so on until the last one. She does it with great speed and high concentration. She then starts filling the small baking pans with the dough, beating the dough from time to time to make it more homogeneous. According to her, 'if you don't beat it, the starch lays on the bottom'. She then remembers to remove the lime peel from the dough.

Next, she lays the small baking pans on large aluminum baking pans. She then goes over to the oven and, with an 'oven squeegee', removes the ashes and pushes the live coal to the bottom of the oven. With the same tool, the pushes the large baking pans to the bottom of the oven. Another instrument used is the 'pulling stick', a quince branch with a nail on its tip that is used to move pans around the oven. She uses it to bring the pans closer or farther from the fire whenever necessary, and to pull the pans out of the oven. She has to look after the pans constantly since the oven gets very hot inside. The cakes are ready in 10 to 15 minutes.

While the small pans are still warm, she starts the process of 'removing the cakes'. She handles the pans with her bare hands – no protection at all – and hits the pans against the table so that they come off, and drops them on a large aluminum pan. In her own words, her hands 'are already burned all over'. The body gets used to the work, pain in her arms, her burned hands, her watery eyes from the smoke, sweat running down her face. All part of her job, part of making *bolinhos esquecidos* using traditional technologies without electric mixers or gas ovens.

The aroma from the cookies is fascinating, it reminds us of homemade bread or *bulim*. About flavor and texture, it's well worth waiting. They're not too sweet and are somewhats similar to sponge cake with a slightly more rubbery texture – soft, tough. We couldn't stop eating them!

When he sees the cookies are ready, Seu Tabosa (Dona Toinha's brother-in-law) smiles like a child! He tells us his grandmother knew how to make them but didn't sell them – they were made for the family. It's possible to notice that the aroma has taken him back to another time. He remembers when he was a boy, just 10 or 12 years old. His grandmother would make the cakes for her children and grandchildren. He's thrilled to even hold the cakes and eat them, and he shares his version for their name: 'Maybe someone ate them and became forgetful', and he laughs. He also says his wife doesn't make the *bolinhos esquecidos*, her specialty is cassava cake.

Later, when we meet Dona Chagas (Dona Toinha's sister), she admits to us that her culinary passion is the *bolo grude* (or sticky cake). In a family with so many women that have survived by using their culinary knowledge, it's possible to suppose that the choice to specialize in certain recipes is connected to differentiation. Perhaps, a way to establish their own culinary identity using their own 'specialties'. Each conversation makes us realize that, beyond family and affective bonds, there's a network of culinary knowledge in that small village. It creates the bonds among those who hold the traditional culinary knowledge, their pupils and the consumers.

We also meet 57-year-old Dona Teresa. She confirms that her motivation to make those cakes is also financial. About a year before she had started helping her daughter. She sells them at Carinha's shop (Seu Formiga's son), as well as on the streets. Each cake costs 30 cents.

We're able to notice some differences between Dona Toinha's and Dona Teresa's recipes. In addition to different ingredients, Dona Teresa uses lime juice instead of its peel, and processed starch instead of the thicker version. We also notice something else on the packaging of the starch. It was made in the city of Londrina, in the State of Paraná, while Dona Toinha uses locally-made starch. Also, she uses a gas stove and believes that it doesn't really make a difference. Her small baking pans have also been bought in Barroquinha. Dona Teresa smiles and talks a lot. She explains that she knows the recipe 'by heart', since she can barely read or write. She makes a batch of 40 cakes every day. About the name of the cake, she shrugs, laughs and says 'They've forgotten about Forgotten Cupcakes'. She explains she learned this recipe when she was a young girl with Dona Loura, who must know the meaning of the name since she is 100 years old. However, she believes Dona Loura may not remember it because she 'has already become forgetful'. And the mystery remains.

According to Seu Carinha, who owns the shop that sells Dona Teresa's cakes, it's mainly kids and *fixers* (women who clean fish) who buy cakes. Normally, they're eaten during the afternoon snack.

Dona Ritinha, 37, owns Bitupitá's bakery and confirms that the cupcake is popular. Once more, another different recipe. This one doesn't take lime. Dona Ritina learned it with Dona Chagas Rocha, Dona Toinha's sister. Even before she had the bakery, she'd already make them at home. Many different kinds of people like them, children and adults. 'Everyone likes them'. She takes us on a visit to the premises to show us her machinery, the heavy-duty oven where she bakes her cookies and her small baking pans made in Barroquinha. Her pans are smaller compared to the pans seen before. She tells us she once found the cakes at a distributor in Parnaíba, but they called them *pão-de-ló* (or sponge cakes). She wasn't sure it was the same thing, so she didn't buy them – the format was the same, though.

In Camocin, we meet Dona Maria Odete, 65, who owns a local bakery that also sells the cakes. Dona Odete tells us that she learned how to make them in Barroquinha with Dona Ernestina Rocha, an old friend of the family. 'We'd go there and all we could think of was eating these cakes'.

She keeps the recipe on a cookbook, and she's prepared *bolinhos esquecidos* for 40 years. That is the amount of time she's been at Padaria Ideal with her husband. According to her, it is the oldest bakery in Camocin, and it previously belonged to her father-in-law, Pedro Aragão. We interviewed her at her family home, an apartment on top of the bakery. From there, she makes the dough and her employees take it downstairs for baking.

Dona Odete says that *bolinhos esquecidos* were very popular, and sometimes she'd get orders from Fortaleza. She even has her own theory, 'They're healthy, they're a good thing, tasty, and they're natural'.

She also makes comparisons with the past. Before, you'd grease the pans with your fingers, now with pastry brushes. Before, no yeast was necessary since the starch had good quality, the small baking pan didn't exist, and the cooks back then would use empty cans of sweet. 'Too bad now the sweets come in plastic containers, iisn´t it?', she concludes.

When asked about the origin of the name, she says she doesn't know. But her daughter suggests that maybe the person who was preparing them '(...) had forgotten about them, just put them in the oven and forgot them...' The fact is that 'I've always known them as *bolinhos esquecidos*'. She reminds us that the secret for a good *bolinho esquecido* is having proper cassava starch, following the recipe and having 'the right' recipe. So now let's venture into the making of *bolinhos esquecidos* while remembering all these ladies, their stories and knowledge.

RECIPES OF BOLINHOS ESQUECIDOS

Dona Toinha's Recipe (Bitupitá – Barroquinha)

Ingredients:

1.5 kg thick cassava starch
1 kg sugar
20 eggs (preferably free-range)
Oil for greasing
Peel of a lime

Directions:

Separate yolks from whites. Beat the whites until stiff. Add the lime peel and beat. Add the yolks and beat. Add sugar and beat until it has become completely homogeneous. Add the starch and mix vigorously with a spoon. spoon. Remove the lime peel from the dough. Grease the small baking pans and pour the dough. Place them on large baking pans and bake them in a previously heated brick oven with wood fire for 15 minutes. Make sure you turn the pans regularly to bake evenly.

Preparation time: 30 - 40 minutes in average.

***

Dona Teresa's Recipe (Bitupitá – Barroquinha)

Ingredients:

15 eggs
1 kg sugar
1 kg processed cassava starch
A few drops of lime juice
Oil to grease the small baking pans

Directions:

Separate yolks from whites. Beat whites until stiff. Add some drops of lime juice and beat again. Add the yolks and beat. Add sugar and beat until it has become completely homogeneous. Add the starch and beat again. Grease the small baking pans with oil and pour the dough. Place the small baking pans on a large baking pan that will hold them. Preheat a gas oven in medium heat and bake it until golden brown, or for about 40 minutes. After 20 minutes, turn the pan to bake evenly.

***

Dona Ritinha's Recipe (Bitupitá – Barroquinha)

Ingredients:

5 eggs

250 g sugar

500 g thick cassava starch, sieved

Oil to grease the small baking pans

Directions:

Separate yolks from whites. Beat the whites until stiff. Add yolks and beat. Add sugar and beat until it has become homogeneous. Add the starch by sieving it and beat again. Grease the small baking pans with oil using a sponge. Pour the dough. Place the small baking pans on the large baking pan. Bake it in a large-scale oven in medium heat for 10-15 minutes. You can make 30 cakes that will last for about 8 days.

***

Dona Maria Odete's Recipe (Camocim)

Ingredients:

500 g sugar

800 g cassava starch

12 eggs

1 tablespoon yeast

Butter to grease with a brush

Directions:

Beat the whites until stiff, then add the yolks and beat more. Add sugar, then remove from mixer, add the starch and mix manually with a spoon. Finally, add the yeast. Grease the small baking pans, pour the dough and bake in medium heat for 30-40 minutes. You can make an average of 80 cakes.

TALES AND MIXTURES: BEEF, PORK AND SHELL

Senhor Baba's sun dried meat: a must-eat

VANESSA PONTE

> "The famous cow moos, eating newly-born grass, it's worth the noise from the holy creation. In this gorgeous trio, full of apparatus, each animal in the woods will do their job."
>
> Patativa do Assaré

Sun dried meat is one of the dearest recipes in the culture from the hinterlands of Ceará. It basically consists of an artisanal technique of conservation. First, the meat is salted and then dried in the sun. It requires a dry weather, and that is why it's so popular in the semi-arid regions of the Brazilian Northeast.

Brazilian writer Rachel de Queiroz talks about this food in *Não me deixes: suas histórias e sua cozinha* (or *Don't leave me: tales and their cuisine*, freely translated here).

> Dried meat, known elsewhere as sun dried meat, is proper quality beef cut in steaks, sprinkled with salt and exposed to the sun for more than a day until it becomes dry. It's the meat that fed the ancient *tropeiros* while almost ready to be eaten, just some quick roasting over fire needed. (QUEIROZ, 2000, p. 97)

In a specific region of Ceará, it's possible to go from literature to real life and actually experience (and taste) sun dried meat. The city of Russas, in the Low Jaguaribe area, is known for its delicious recipes made with sun dried meat. Among countless restaurants, we've chosen *Churrascaria Dois Irmãos* (or barbecue restaurant) in downtown Russas. It has 40-year tradition making sun dried meat.

Senhor Carlos Augusto Sombra, 49 (actually known as Babá), was born in Russas and owns the *churrascaria*. He prepares the sun dried meat in drums. He is a large person, very tall, with black hair and a few grey ones – a serious person with a bass voice. A man who doesn't talk much and is incredibly polite.

He's dedicated most of his life working at the *churrascaria Dois Irmãos*. There, many stories of the Sombra family have intertwined along generations dedicated to commerce and sun dried meat making. Senhor Babá starts his story about the place by remembering the story of his father, his main role model. His serious expression melts when he mentions how much he misses him, 'I feel very happy to carry on with my father's profession. I'll even say his name, Augustinho Sombra. He is quite famous'. Senhor Babá is one of the sons that dedicates the most to following his father's teachings with great effort.

Churrascaria Dois Irmãos is a rather simple place. A red, rectangular façade with its name in blue. From the entrance it's possible to see the main room with its asbestos roofing, cement floor and walls painted yellow. On the front columns, several telephone wires are stretched with large pieces of meat hanging. Under the wires, there's an artisanal device that Senhor Babá calls a drum, consisting of a ceramic bar and a truck wheel used for roasting meats. On the drum, there's a round grill. Next to that structure, there's a wooden table painted white and blue. On it, a plastic bowl and some utensils, knives, forks and plates. The room is full of tables and chairs. Some made of wood, others made of metal. The strong aroma of roasted meat floods the whole place.

Around the place, there's a vast area of sand where trucks and cars can park. Many of the drivers come from distant places and stop at *churrascaria*

Dois Irmãos to relax, appreciate its food, buy meat and strengthen social bonds that are experienced there. Senhor Babá tells us that his customers are mostly men. They come from Russas and from other locations, too. According to him, 'They come from the South, from the city, from the Capital… many truck drivers'. His customers usually have sun dried meat there for lunch or dinner. They sometimes have it as an appetizer to be eaten with *cachaça* (or sugarcane brandy) or beer, to release the pressure from a hard day's work.

When talking about his customers, Senhor Carlos Augusto again becomes less serious and smiles. 'To me, it's a pleasure being here. It´s great fun chatting with my friends'. He refuses to say exactly what he talks about with his customers or among them. Being serious again, he ends the subject by saying 'It's just friends' talk, really'.

He proudly reflects upon his *churrascaria* and all the activities there. 'This is a 40-year-old tradition'. When asked what he understands as *tradition*, he says at once 'tradition is what has happened for a long time'. With a look of experience, he shares with us his knowledge of meat handling that he learned with his father. 'He [my father] taught me to roast meats, cut them, salt them. (…) I learned as he did it. I kept watching, then I learned'. Using such knowledge, he feels very secure to state that 'I know how to do it because it's my job. I'm a meat roaster'.

One of the things he learned by watching his father – then improved in time – is the choice of meats. He prefers 'quality meats', which are defined by the cut. He prefers tenderloin and sirloin steak. He always buys the cuts at Russas' Meat Market. When it's time to choose, he tries to consider his customers' taste. 'People tend to prefer meats with more fat'. Each day he buys 60 kg. About the quantity, he says that 'I only buy the quantity I'll sell. Only what I'll sell. Tomorrow it's all new again. All sold again'.

After bringing the fresh meats, he dries them. The first step is to cut them. Using a 10-inch knife, he 'opens the meats', in his own words. He cuts steaks that aren't too thick on a wooden board that has been with him for longer that he can remember. He highlights the board quality and says 'I wash it every day, I look after it'. About his remarkable ability to cut the meat, he says 'I'd watch my dad opening it, then I'd watch and learn, I kept training then did it'.

After cutting the meats, he starts preparing the cuts – salting them. Senhor Babá crushes garlic on a small wooden pestle and mortar and adds it to the salt, then spreads it on the meats that are inside a large plastic bowl. For 60 kg, he uses 1 kg of salt and two garlic cloves. 'Mix it all. Mix it all with the salt, with the garlic. (…) and use your hand to mix it, everything, because the flavor penetrates the meat, the garlic. It absorbs the aroma. When it's in the salting process, everyone can smell the garlic', he explains.

After salting it, comes the time to place it under the sun. 'Now it's time to stretch it', he says. He hangs the cuts on the telephone wires. At this stage, the time is absolutely relevant for the meat to dry properly. It usually happens in the *churrascaria* at around 8 in the morning. At 2 in the afternoon, he removes the cuts. Then he places the meats in a bowl and covers them 'to mature'. At around 4.30 in the afternoon, he stretches them again and they're ready to be roasted. 'It can be stored for about four days in the freezer. The drier they are, the better they are'.

Then it's time to roast the meat in the artisanal device he calls *drum*. 'This is a drum with a truck wheel inside. You put a ceramic bar inside and it stands upright. Then all you need is to add coal', he describes. According to him, the right moment to place the meats is when 'the coal is live reddish'. He lays the meats and, with a brush, spreads margarine on them. 'They roast and I turn them. I keep watching to know the right doneness. When it's pretty blackish, it's nearly done', he adds. The aroma invades the room and announces the fantastic flavor it has. Once ready, Senhor Babá serves it according to the customers' preferences. 'With *baião*, sweet potatoes, tomatoes, onions, *farofa*, *paçoca*…'

In addition to grilling the meats, he also prepares the meat 'blankets'. He explains that 'a meat *blanket* is a large steak. With a knife, I cut it open. It comes as a large piece, and I slice it'. All the process requires great knowledge of the meat and its cuts. About the customers for the 'blankets', he explains 'I make it for friends, they come and ask me to buy and make it. Then I sell it! Sometimes people just come and ask – How large is this 'blanket'? Then I sell it. The customer comes and asks – Can you sell me five kilos, six kilos? A 'blanket' like this, I just weight it and sell it'.

He keeps the recipe for sun dried meat and the procedure to prepare the 'blanket' only in his mind. There's no written recipe. They're much appreciated in the city of Russas and in so many other places. He also says he'll teach it to whoever wants to learn. With some sadness and resignation he explains that his children don't want to take after him. They've looked for other ways to make a living. He remains tireless. He arrives early at the market to buy meats, hurts his hands to salt and cut them, and extenuates his body in front of the scorching heat of the drum. When asked about his motivation to deal with his daily life at the *churrascaria*, he simply explains that 'I feel good. It's what everyone likes'.

Hard shellfish work: tales of fisherwomen

Vanessa Ponte

"Those who chose the quest cannot refuse the crossing"

Guimarães Rosa

Not only have Maria do Livramento Santos, Lucélia Torres and Socorro de Lima walked with us by the sea and at the mangrove, but they've also opened the doors of their homes to us. They've shared their life histories at work through open, transparent conversations and made us better understand the universe of food in these shore areas.

We'd like to invite our readers to go on a narrative journey of intertwined experiences that have been lived and evoked by these women as their life stories have developed at the mangrove or by the sea while collecting shellfish. They've also reflected upon how these activities have influenced their lives, homes and communities. We'll get to know these three women in their journey between collection and preparation of food – but not before getting to know their stories.

Lucélia Torres, 31, born in Bitupitá, is married and the mother of a 2-year-old girl. She started working with shellfish when she was 23 because she had to contribute to the subsistence of her family. According to her, 'I do this because I need it. When there's little fish, we go to the mangrove'. She describes the daily difficulties she is made to endure at the mangroves and banks with certain sorrow, 'our legs hurt a lot and the sun scorches our skin'. But in her words, there's not only suffering. Quite the opposite – she describes many informal, fun moments of socialization with other women at the mangrove. 'So many women go, it's a party'. Her happiness is also clear when she describes the quality of the shellfish, 'We're so glad because this is pure health, this is natural, it's pure health – not these vegetables full of dirt and whatnot'. As a religious person, she affirms that 'it's the work of the Lord. He gave us the mangrove for the times when there's no fish in the sea'. Her stamina teaches us that sitting and waiting for life to come is a sign of weakness – you must go and get it.

Socorro de Lima, 35, was also born in Bitupitá. Her everyday life is shared between being a housewife, a mother and a shellfish collector. Most of her day is spent at the mangroves and banks collecting shellfish. In her narrative with a very emotional tone, she is able to remember living during her childhood with her mother, who first encouraged her to get into collecting shellfish. Her recent passing makes matters even more emotional. Her mother has taught her that the most important thing when collecting shellfish is to take it home for the family, and that there's no room for being lazy. Sobbing, she states that, despite all difficulties in her work, she feels an immense pleasure while at the mangrove. 'When we're at the mangrove, it's good. Time flies'. This is partly due to the pleasure from talking and exchanging with the colleagues. 'At the mangrove, we talk a lot'. In her narrative, she lets through that she's sure it's the place where she finds the energy to overcome all challenges in her life.

Maria Livramento, 47, commonly known as Menta or Mentinha was born and raised in Curral Velho. She is profoundly proud of knowing about the place where she came from and the respect for the families that live there. With a firm voice, she says that 'I know the community like the palm of my hand'. She takes a deep breath and, visibly touched, remembers the days of her childhood and the things she learned from her parents, both fisherpeople. Her narrative tells about her mother's presence, an experienced shellfish collector. When Menta was just a young girl, she'd always follow her mother. She longed to walk at the mangroves and banks even against her mother's will. She feared the young girl wouldn't be able to stand the hard work, hunger and thirst and would make her go back home. As time went by, they became companions while collecting shellfish. Her mother eventually fell ill and passed, and Menta carried on with the job. She reports having had other jobs, she worked in a nuts processing plant and was a teacher in a state school. She makes it very clear though that 'I did it all, all those hard works, but I always knew I was a fisherwoman. I'm very proud to say I'm a shellfish collector. I know how to do this very well'. She is married to fisherman Antonio José, with whom she's had seven children – one of which has passed. She shows major pride when talking about her union. 'Everyone in our community says we're the perfect couple, I really don't know of a fight between him and I'. One of the motivations of her life is the work she has developed at the *Associação Comunitária de Marisqueiras e Pescadores de Curral Velho* (or the Community Association of Shellfish Collectors and Fisherpeople in Curral Velho) established on 13 August 2003.

She also shows she's not happy about the precarious social and economic conditions of most of the female workers: lack of recognition of their knowledge and activities, difficulties to obtain their labor rights, vulnerable living conditions, precarious healthcare. Another thing that irritates her is the devastation of the environment, especially at the mangroves, and she criticizes shrimp farming heavily. To her, the owners of such farms destroy everything, and their activities cause the water to become saline and the vegetation to die. Menta also denounces that they forbid locals to fish. Amid all such conflicts, she's tried to change it with her work at the association. She's a woman with very clear standings, one of those people who don't seem to be frightened by anything. About the meaning of struggling in life, she explains that

This struggle has resulted in many absolutely important victories. To me, even if I made 10,000 reais per month as a salary, that wouldn't pay off all these victories. You know, it's about dedicating to something your entire life. Because we've had to face everything, so many ugly people have threatened us, perhaps we've nearly gotten killed. I got offers and I said NO! Just because I'm poor, it doesn't mean I'll need to be corrupt. These victories, they come every day from each day's work.

To her heart, every little step we take, every right we fight for, life will recognize it and pay back with fairer horizons.

Daily struggles of the female shellfish collectors

With the narratives told by Socorro, Lucélia and Menta, we've learned that shellfish collection takes place at the mangrove and on the dry beach sand. Planning and preparation of a day's work in collection involve so many sets of knowledge. It's necessary to perceive the environment and, above all, understand the peculiarities of the mangrove and of the beach sand to have satisfactory results.

Another fundamental criteria is the understanding of the sea tides, the weather, moon phases and movements, the logic of the winds, since all such things will define their working hours. To understand it better, let's hear what they've said about it. 'We only collect *sururu* (mussels) when the beach is dry. The shellfish collector has to learn a lot because it's our art', says Socorro. 'To know what to do, we have to pay attention to the sea', explains Lucélia. 'Collecting shellfish is no good during winter because the fresh water kills the *sururus* – and when they survive, they become kind of sweet', says Dona Menta.

Another thing we've noticed is the amount of prejudice describing the time spent in their work. They've often been described as lazy since it's possible to find them sometimes in the middle of the morning socializing in groups, lying on hammocks or at their homes. All such comments don't consider the fact that these social subjects have their own particular logic. Their working hours is in tune with the rhythm of the environment, with the pace of the sea tides and seasons. Differently from the logic in factories that is defined by clock hours, the pace of these female shellfish collectors and fisherwomen requires major efforts and wit. The quantity and variety of these narratives highlight the daily struggles of this activity and are fundamental devices to debunk such sorts of stigmas against people who frequently will wake up before the sun and the tide rise.

Let's now return to the details of the daily struggles these shellfish collectors face. First they identify the most adequate time to take the relatively long paths to arrive at the mangroves or beaches. Then, they prepare their bodies for the work. That begins by getting dressed. The choice of garments for another day's work isn't random, Menta, Lucélia and Socorro have to consider mobility and comfort. Some of the elements they'll face in the places they'll be working include a scorching weather, mud, sand, wind, water to the knees, slippery places and endless obstacles. 'I put on a long-sleeved shirt because the sun burns the skin!', says Socorro. 'The clothes have to allow you to move freely', explains Lucélia.

Then, properly dressed for the day, they'll catch their work tools to collect shellfish. They'll take buckets, spoons and knifes to help remove the shellfish and a sieve to wash them. It's important to notice that the same hands that make small, sometimes delicate movements to handle the shells will carry full buckets at the end of the work back to their homes. That totally deconstructs the common sense that sees women as fragile beings.

Arriving at the collection points, they start looking for the shellfish. They report that the mere act of looking for them makes it happen. The types of shellfish that Lucélia, Socorro and Menta usually collect more frequently at the mangrove are *sururus* (mussels). They also collect cowries and *capotas* (another type of mussels) on the beach. Local communities will name shellfish differently, the same type will have different names along the shore. Some of them are *fumin* (small tabac), *moelinha* (small gizzard), *tabaco da senhora* (lady's tabac), *pau do senhor* (gentleman's stick), *pé de bode* (goat's foot)...

On the mangrove or beach, female shellfish collectors will crouch or bend to dig the cowries that are below the fine sand surface. It's basically a manual process, and they'll use spoons or knives to dig and make it easier to collect them. After collecting them, they're placed on a sieve for washing then dropped in a bucket. These ladies have incredibly well-trained eyes that are capable of finding shellfish, identifying them on the beach or mangrove sand, selecting the adequate size, identifying the various shades of mauve, brown, black, grey, and clearly differentiating each species. As well as their manual skills, the way they handle the spoon and knife, the precision in their look and their confidence to classify each species, the capacity to move around in extremely winding and slippery paths. All that shows that Menta, Socorro and Lucélia have developed profound understanding and knowledge of the natural environment to perform their crafts.

The struggles and difficulties can be evidently and clearly seen in their bodies. Their hands bear visible marks of what they call 'strikes', the wounds that originate from handling the sharp edges of shellfish. Their skins bear the marks of endless days under a scorching sun. Their backs and arms bear the pains from excessive movements on their upper portion of the body, the fact that they spend countless hours in the same position, and because they carry heavy buckets at the end of the workday. All such facts show us that their bodies will tell stories. Their marks and wounds will describe the struggles. Their daily journey lasts from two to six hours, three to seven times a week. That's just the part of collecting the shellfish – but they also have to be processed afterwards. That involves removing the shell, extracting the soft parts of the mollusks and cleaning them to make them ready for consumption.

At the communities where Socorro, Lucélia and Menta live, women are supposed to look after the house and the family entirely. So, in addition to being mothers, housewives and wives, they must also be competent shellfish collectors. Doubtlessly, there are many overlapping functions.

Consequently, it's relevant to think about some recurring visions that compare the daily struggle of female shellfish collectors to other fishing activities done by men and grant them a lightweight, subsidiary status. A bucketful of shellfish is often the base of the diet at their homes. As shown by Lucélia's words, 'when the sea is difficult, we run to the mangroves'. In this sentence, *run* means *survive*. It's also relevant to highlight what Menta says when she describes the importance of recognizing the work of female shellfish collectors and their hectic days:

> Our objective with the national, regional, city and state movement of fisherwomen is to fight for our identity, to make it be seen as any other job. (...) We also struggle a lot to collect [shellfish]. Because when our spouses spend 15 days on the sea, if the woman makes a living out of fishing, she'll run to cowries, small or large crabs. She'll feed the house while he's out there fishing [on the sea]. Then, this work has its value, doesn't it? Let's be fair here. If you really think about it, we're the ones who are leading this, because our calendar is always full (Menta, emphasis added).

The narratives of the female shellfish collectors make the sets of knowledge, struggles and specificities of their crafts to be evidenced. They also make it clear that this job lacks public policies to grant these women rights and conditions to continue their journeys with dignity.

Sociability and affection: enduring the mangrove

> We get so happy. We talk to each other. At the mangrove, we talk a lot. (Socorro).

> In summer, there are lots of women. It's a party. (Lucélia).

> When someone can't fill her bucket, we help her fill it. (Lucélia).

> My mother was crazy about the mangrove. She'd go with her friends. (Menta).

> We go in a group while we chat. (Menta).

The stories told by Socorro, Lucélia and Menta show that the mangrove and the seashore, in addition to being their workplace, are also places for them to socialize. They've told us that affective exchange actually becomes what supports them, since they share stamina and happiness with one another. And as they exchange affection, they become more productive and fill their buckets with shellfish and lots of pleasure.

The friendship between Lucélia and Socorro is an example of a bond that has been strengthened in the daily struggles at the mangrove and on the beach. In times of little food, health problems and other adversities, they reach out for each other and that becomes their source of strength to carry on in life.

Menta, Socorro and Lucélia have told us that, overall, cordiality and respect is the norm among female shellfish collectors. They talk everyday about family, work specifics, events in the community, what's on TV, and all the dilemmas and joys related to these subjects. They'll do it without losing focus on their work, since they know the sea tide won't wait. When it's high tide, everything will be flooded, and they must use the time before that to fill their buckets.

Socorro says that they keep an eye on each other's buckets to see which one will fill first. A sort of friendly competition becomes evident in her narrative. When one of them has difficulty collecting shellfish in time, she'll count on the solidarity from some other colleague.

In their narratives, it becomes evident that many of these women find comfort and support by sharing their problems and dilemmas at the mangrove. Some will identify sincere bonds, and some will even say the mangrove is their refuge, an escape from the tensions from outside. According to our three women, the mangrove and the beach are not only spaces where female shellfish collectors will look for better food and financial conditions. They'll also look for camaraderie, encounters, complicity and laughter.

These female shellfish collectors nurture mutual respect in their daily work relations, as well as solidarity and happiness to share. That, in their opinion, increases productivity and allows them to differentiate themselves from other industries in our society. Settings where individualism, top-down relations, brutal competition and inhumane quest for money are the compass for relations at the work environment – frequently at the cost of personal relations. They've taught us that another work environment is possible. Somewhere that is more pleasant and strategic for the promotion of improved quality of life amid countless adversities connected to it.

Learning: taking the first steps to collect shellfish

Sometimes calm and smiling, other times serious and tearful. They remind us of other times and places when they took their first steps towards collecting shellfish. They shared with us memories of images, places, events, learning and feelings from their bodily experiences when they were young. Accounts of how it all reflected upon their lives back then, and how it still resonates nowadays.

> My mother was mad about the mangrove. She'd go with her friends. I remember crying at 6 or 7 years old, I'd cry so that I could go, too. She'd tell me 'you can't go cause you're going to be hungry and I won't have anything to give you'. And I'd tell her 'I'll go'. Then I'd insist and run after her. Watching all that, I quickly learned the process of shellfish collection, which is difficult. But once you get used to it, you start liking it. I remember we'd return from the collection at around 1 in the afternoon, and there was a salt pan exactly here where the fish farm is, you know? When it was the salt pan, it was fenced and I remember bringing a bucketful of shellfish at that time. Because as I was a child, she wouldn't allow me to carry heavy stuff, we could only help with the collection. Then when she was crossing the barbed wire fence, its "roses" hooked her thighs, right here. And she said

'Oh no! I hurt my leg here!' And when I looked back at it, there was a lot of blood coming out. She even had a piece of flesh ripped out of her thigh. It's something I'll never forget. There's this song she enjoyed singing: 'I dreamed that I was wandering at the beach, staring at the waves, I caught a boat that came from the beach to look for that gorgeous young girl. I got close, she dove and never returned and I've never spoken to her anymore'. I hear it and can never forget. Every day it's as if I was with my father and mother. (Menta).

My mother used to go, too, and I'd go with her. That's when I started to learn. When I was little, she cleaned a lot of fish. Every time she'd go to the fishery clean fish, I'd go with her scale fish with her. I'd watch her to learn. I've lost my mother then took after her, the same craft I learned from her. (Socorro).

I learned how to make *sururu* with my mother. She could cook since she was a child. She could make pies, Maria-Isabel (rice) and farofa. (Lucélia).

The stories told by Socorro and Menta allow us to realize that their bodies had been prepared socially since their childhood to take up the craft of shellfish collection. Most of that preparation has come from the time they've spent with other women who expressed their knowledge of the craft daily through actions and words.

Socorro, Menta and Lucélia have shared their memories of the time they spent with their mothers. They'd engage in conversations, set limits, encourage, compel and praise the girls so that they could learn. Knowledge that included the cycle of the tides, the phases of the moon, the logic of the winds, shellfish species, body techniques and strategies to know how to look, collect, treat and turn the shellfish into actual meals.

The conflicts, boundaries, exchanges, encouragements, dialogs, complicity, growth and discovery they experienced in this learning process had been so striking to them that they were immensely touched by feelings when talking about their mothers and what they had taught them. They've also reported that they frequently feel the presence of their mothers when at the mangroves or on the beach through their memories.

When diving deeper in the memories of Menta, Socorro and Lucélia about their childhood, it's possible to notice that they'd play *collecting shellfish*. It's a major fact to realize that playfulness was part of their socialization process, and served as constant, daily training to learn the female shellfish collector's way of life.

With these three women, we've also learned that shellfish collection is also about a set of knowledge and know-hows that are transmitted from mother to daughter. It's a true encounter of generations around a learning process. Knowledge acquires new, different meanings along time. The intergenerational dialog is thus established.

However, it's important to highlight that not all children in a given social and cultural community react to the educational process in the same way. Although there's a considerable number of women that, since their childhood, take after their mothers' steps in shellfish collection due to the same survival needs their mothers had, the fates of the daughters of female shellfish collectors are not inevitable. Several young women don't wish to take after their mothers' professions. Possibly due to prejudice and the difficulties connected to informal jobs. They realize all the struggles those women have to endure: the destruction of the mangroves due to shrimp farming, dealing with the lack of the right to live close to those ecosystems, noticing the reduction of fish stocks due to fishing techniques that benefit large companies, and experiencing first-hand the difficulties of obtaining their labor rights and having their craft recognized.

The experiences of female shellfish collectors are utterly relevant. Let them share the wealth of knowledge they've acquired with other communities of the shores of Ceará. It's of utmost importance publicly sharing such reflections to mobilize the attention of the society and of governments to the needs and difficulties these people endure day after day. Let's remember what Dona Menta said when she explained that, to many, artisanal fishing goes way beyond the sense of survival, beyond the body feeding function. Such hunger also represents the defense of their parents' teachings, of their memories, of the knowledge and habits of their communities, and all the strength in their cultures. Frequently, collecting shellfish isn't only about looking for *sururus* on the sand, it's also about a quest for recognition as a whole. It's about the possibility of a better life.

We'd like to invite readers now to taste the recipes with shellfish prepared by Lucélia.

Recipes with *sururu* (mussels)

At around 10 in the morning, Lucélia opens the doors of her house to teach us some recipes made with mussels. She invites her sister, Lucilena, 27, to help in the process. Soon after, their mother Dona Clélia, 53, shows up and immediately takes leadership of everything. Their friend, Socorrinha, 35, also shows up to observe the events and chat. All of them know the life at the mangrove, shellfish collection, and have precious stories about these habits and ways to cook this delicacy.

Lucélia is wearing a cooking cap. She says the situation looks like morning TV program *Mais Você*, hosted by Ana Maria Braga. While she explains the first recipe to us, her sister Lucilena takes care of the beans that are being cooked for the *baião*. Her hair is tied. She explains she'll prepare a recipe in addition to the ones she'd promised. She'll prepare an omelet with the remaining mussels.

First recipe:
Maria-Isabel rice with pé-de-bode *mussels*

Ingredients:

2 large tomatoes,

2 onions (red and white),

1 bell pepper,

annatto powder,

black pepper,

garlic,

oil,

1 kg parboiled rice,

800 g pé-de-bode mussels.

Directions:

All the seasonings must be chopped and mixed in a bowl – except garlic and black pepper. Soak the rice for 20 minutes to soften it. Fry the seasonings in oil then add the mussels. Fry it until 'the aroma comes out', then drain the rice and add it to the pan. Add boiling water. Cooking time: 20-30 minutes.

About this recipe, Lucélia explains she learned it when she was 11, maybe 12, with her mother. She also says her mother taught her everything, and she intends to do the same with her daughter. This is when her mother, Dona Célia, enters through the back door and comes to the kitchen to see if her daughter is 'doing everything right'. At once, she complains that the food doesn't have the aroma it should have, and that they've probably used too little garlic. And she adds that 'garlic is the secret… It's what gives the aroma… Food with too little garlic is just no good'. This lady shows major culinary sensitivity and makes it very clear in her talk that taste, smell and looks walk hand in hand. To her, food must look good and smell good so that 'you really feel like eating it'. This is when Lucilena says it's time to conclude the *baião* and start the other recipes. *Farofa* with *moelinha* mussels and omelet with *pé-de-bode* mussels will be prepared at the same time with the help from Dona Célia.

Second Recipe:
farofa *with* moelinha/capota *mussels*

Ingredients:

2 large tomatoes,

2 onions (red and white),

1 bell pepper,

annatto powder,

black pepper and garlic,

1 bunch of spring onions,

oil,

500 g moelinha mussels,

500 g thin white cassava flour.

Directions:

All the seasonings must be chopped and mixed in a bowl – except garlic and the black pepper. The mussels must be previously cooked in a pressure cooker with just a little water for about 30 minutes until tender. First, fry the mussels, since they're harder, they must come first. When they become golden brown, add the seasonings but only add the garlic in the end because it burns easily. When the aroma from the mussels begins to come out and the mussels are tender (with the same consistence of chicken gizzards), add the flour and mix vigorously.

Third Recipe:
pé-de-bode *mussels omelet*

Ingredients:

1 small tomato,

1 red onion,

½ a bell pepper,

annatto powder,

black pepper and garlic,

1 bunch of spring onions,

400 g pé-de-bode mussels,

3 eggs,

oil,

salt and annatto powder for the dough,

some wheat flour.

Directions:

All the seasonings must be chopped and mixed in a bowl – except garlic and the black pepper. In a large frying pan, add oil and the ingredients. Fry them well then add the mussels. Keep stirring well then reserve. Separate yolks from whites and beat the whites until foamy. Add a pinch of salt, beat some more, add the yolks and keep beating it. Then add the annatto powder and some wheat flour. Heat the oil on the frying pan, pour the mixture, then the mussels and fry until cooked. Flip it over and fry the other side.

When Dona Célia arrives, everything changes. The daughters then become assistants in the process. Lucélia is chopping the ingredients, Lucilena is preparing the omelet dough, while the mother tells them what to do and looks after the stove. She is constantly concerned about the aroma coming out of the pans, her way to control whether or not the recipe is in the right direction. Dona Célia then talks about her life as a shellfish collector and her relation with the kitchen and the foods. She says she learned how to cook by herself at around 8 years of age. According to her, her mother was 'lazy' in the kitchen. She'd only make basic fishermen's food. I ask her what it was, and she says 'fish with flour and fish stew'. At a very early age, Dona Célia started cooking for the entire family and says it was her gift. She feels happy while cooking.

In that place fully taken by women, it's possible to notice that their procedures while preparing food reveal their daily relations. All the dynamics that connect the mangrove to the kitchen and maintain the transmission of knowledge between generations, their work experience, their celebrations and personal relations, all connected by shared experiences and affections.

Jaguaruana's most famous pig intestines are on the banks of River Serafim

Vanessa Ponte

"The river doesn't want to arrive anywhere, it just wants to be deeper"

Guimarães Rosa

We now go to Jaguaruana, on the banks of River Serafim, to visit Seu Afonso's food stall. Earthen floor, roof covered in tiles held by cement columns, and a fence with very thin beams. White plastic chairs and tables are everywhere. There's an ample backyard with some plants, and a small kitchen next to it. The river is just a few meters away and is responsible for bringing life and color to everything around it. A stark contrast the rest of the local area, the general landscape in Jaguaruana – barren, dried land due to the lack of rain and government policies. Loyal local customers visit the restaurant. Tourists also go there searching for leisure, socialization, rest from the daily hustle and bustle but, above all, for the pleasure of tasting the foods made there. Among them are the deep-fried pig intestines, one of the most popular foods in the area.

Afonso Cesar Rocha, 45, born in Cabaças, Cratéus, prepares this famous recipe himself. He's married to Leuda, his companion for work and life. Before talking about the famous pig intestines, Afonso talks about the life of a small shop owner in the food industry. 'Gotta be very professional, you know? I'm a pro! Twenty-three years making a living with my stall!' To him, a decent shopkeeper and a good cook must be constantly paying attention to the wishes of their customers. Unhappy customers really worry Afonso. As he explains,

> Each person has their own professional side... doctors feel good when they send a patient home... because they've recovered on that bed, because they gave them meds and treated them... In the same way, they feel terrible when they... send a dead patient to the family, isn't it? It must be like that. I feel really bothered when a customer asks me 'Afonso, got some intestines today?' 'Man, I ain't got them today [and makes a sad face]'. 'Afonso, got some intestines today?' And I tell them 'YES!' If I tell them 'I ain't got it', they go like 'Man, we came all the way from the capital to eat these intestines, man...' 'Oh, God, I should have some intestines to serve to this man'. A shopkeeper will feel terrible if they can't serve a customer.

Afonso feels really proud to have his own shop and serve customers from Jaguaruana and many other regions. But he admits his profession brings many difficulties, as well as sweaty and tiring days.

He once again mentions this sense of satisfaction and difficulties in his craft.

> It really is a struggle, you know? A 23-year struggle, not a 23-day struggle, you know? Sometimes I think to myself 'I'm going to... I'm tired, I've been here for 23 years, I'm gonna get another job... (...) Then I look at the other industries, and they're also... they're worse than here... If it's the wholesaler at the slaughterhouse, he'll complain, if it's the small shop owner, he'll complain many people haven't paid him and he isn't getting the profit he'd like... This is my place... Here I get happy and I mobilize my entire family! Sometimes, my wife will tell me 'Man! I don't want to come here anymore, I'm working too much'. And I tell her 'Listen, work... having a space to work, we've already conquered this'. Now can you imagine if I had to pay rent for this? Can you imagine having to pay rent first... then electricity, water, supporting our families, our children, their studies, oh man... From here, I can obtain as much as possible. When there are many customers, I buy more. When there are fewer clients, I buy less. But it's all mine, you know? I don't have to worry about rent that will soon be due.

When he reflects upon the pros and cons of his job, Afonso states firmly that he intends to remain in the business. He wants to live his entire journey with his job at the stall. Clearly touched by his feelings, he says that 'My story will end here. *Afonso from the stall* has died'. It's interesting to notice that *from the stall* has already become his last name. The stall is part of him and has deep bonds with River Serafim. He considers that a very calm area. In fact, it's a problem when he has to go to downtown Jaguaruana to buy ingredients for the dishes he serves. He soon becomes bothered, misses the river, the relaxing landscape and the pace that reminds him of the countryside.

> I stay here, I don't go out, also because I come from the countryside, and those who come from there never get used to the downtown... So I take this cart and go downtown only to go to the market. I first see what I need, oil, margarine, onions, tomatoes etc. So I pay attention to the things I need, I go to the places that have the things I need. I buy them, put them in my cart and come back at once. 'Where you going, Afonso?' 'I'm going to the river'. It's a thing with the street, I don't like the streets... I was born and raised in the countryside... and this is the countryside, and I want to stay here.

He gets pretty excited at the positive feedback from his customers on service, food, and especially about the fried pig intestines, the main item on his menu.

> Each client will have a piece of intestines on one of these tables. Sometimes there are 30 customers... all 30 will want at least one. Some people want more and will order two or three. All types of clients, men, women... There's no specific richness or poverty status... Then the client says 'Afonso, send me some intestines'. I go there and get it with a bowl... Then I bring it to the fire, make it and take it to them. There, on the stove, there's nothing left, nothing left on the stove! 'Seu Afonso, make me some intestines to take away 'cause I want to take it home'. It's even been taken to Fortaleza already. Moral of the story, it never goes off, my pig intestines never go off... just like that.

Afonso proudly tells that he has developed the recipe and all the details of such popular food. He describes this process as a major struggle. In the beginning, he tried it many times unsuccessfully. After much trial and error, he reached it. A recipe of fried pig intestines that can bring people from far away just to try it. A recipe that makes clients fight for a table in his stall on weekends, even when the tables in his competitors are empty.

Well, nobody taught me this, I believe I've created it myself. In the beginning, I struggled a lot. Like 'how to make it crunchy, I'm going to have to learn it right here', but it eventually worked out, thanks God. There are so many customers and they come from far away. This little thing called pig intestines, oh girl, this I created myself.

Afonso has already been asked countless times about the secret in the recipe. Clients and even competitors ask him to share the details of the preparation. With his elegant modes, he never refuses the requests. With great patience, he reveals all the steps of the making. 'People ask me 'Afonso, how do you make it? Brother, because I can't make it at home'. Then I tell them 'Brother, just follow the recipe, it's like this, and that and the other'.

Along his narrative, Afonso makes us understand that the secret in the recipe isn't in the ingredients only, or in the steps of the recipe. The secret is in his hands, in his experienced feelings to know the right frying time and temperature. Long story short, the secret is his know-how. It's important to mention that his famous pig intestines recipe isn't written anywhere. In his own words, 'it's in my head… there's no notebook for this… yeah… I learned it by doing, I make it here, if I need to go to Fortaleza to make it, I'll go to Fortaleza'. So now let's see how to make this recipe.

It all begins at the Jaguaruana market to buy the pig intestines. He explains that finding them isn't a simple task. He complains that the market is small and cannot cater for all the needs of the shop owners. To find pig intestines, he sometimes needs to travel to other villages nearby. Afonso describes here the difficulty to find pig intestines.

The market is small… and Jaguaruana slaughters very few pigs a day… so they're in high demand, we're about 12 stall keepers here… and everybody wants them, you know? I've got a supplier that saves them for me every week, and he sends me a larger quantity. Sometimes 14 kilos, sometimes 16… It depends on how many pigs he slaughters, it's a slaughterhouse in the countryside… but there are weeks when he'll call and tell me 'Seu Afonso, I couldn't get anything this week, I didn't slaughter any pigs this week, I've got nothing here'. Then I have to run to another city, to Baraúna, sometimes Aracati… It's a major struggle, you gotta run around to get it, it's the product we sell…

The intestines bought by Afonso come *fixed* from the Market or supplier. In his words, '*fixing* the intestines means removing the feces, since when the intestines are removed from the pig, they have feces. And they have employees just doing that, just removing them. They have a type of stick, a wand that they use to turn the intestines inside out'. So, *fixing* means *cleaning* the intestines. However, Afonso says that he doesn't trust the way the wholesalers clean them, so he's developed a process he calls in his stall *Total Cleaning*. He says his parameter is imagining he's preparing them for his own family to eat.

Cleaning a lot, a lot, not only because my customers will eat them. I eat them, too, my family eats them, and my children love them. If I clean them only for my children, what about my customers? Gotta clean them for everyone, the same way I clean them for my customers I clean them at home for us. (…) It's a major cleaning process.

The cleaning process happens in the back of the stall. There, Afonso places a plastic table and a large plastic bowl with the intestines inside. Then, he pours a large quantity of lime juice. 'For 16, sometimes 14 kilos, I'll use about 30 limes, large limes, they've got plenty of juice… it's around that'. Here we can see all his efforts in the *Total Cleaning* process.

> When I take it, it's entire like this. It's entire, so I chop it and take all the fragments, rub them with lime juice. It's a lot of lime juice, twice in the sink, then again. Squeeze, squeeze, squeeze, mix it with some garlic and stir, stir, stir. You know, the more lime, the better. And the customers also order even more lime at the table.

In addition to his concern about diseases, the cleaning process also aims to remove the odors from the intestines that really displease customers. 'Gotta remove the smell. If you don't clean it, it smells. Then the dish will have a different smell'.

At the end of the cleaning process, he salts it. 'After rubbing it with lime, then I rub it with a little salt'. At this moment, his strong hands, scarred by the hard work become soft so that the intestines 'become exactly the way they have to be, right on the spot'. He explains that 'it's a minimal quantity of salt because some clients don't like it very salty'. After they've been cleaned and salted, they are hung for at least 8 hours to dry. Afonso explains this step, 'I hang it on a wire and cover it with a net'. It protects the intestines from flies, insects and dust.

After all the steps described here, the intestines are removed from the wires and chopped with a large, sharp knife on a wooden board. Then, he fries them in the tiny kitchen at the stall. Afonso performs all steps with great agility. He takes a small frying pan, it's already rather worn out by the time, without a handle and very dark. He shows an enormous deal of affection and trust when showing his work materials. This is how he talks about his frying pan:

> It's been a while I've been working with it... It's almost my age. This little one is already pretty old, the little thing. I've already bought new ones, I've bought new frying pans, but when you fry something for the first time, the handle will already come off at once. Then it becomes like that, in this situation.

Afonso pours some oil in the old frying pan and places it on low heat in a gas stove. He explains that 'this little oil is so that it doesn't start dry, you know'. About the quantity, he says 'it's not just a little. The quantity isn't precise, you'll just add some so that it settles in the pan. If the intestines are dry in the pan they'll dry out and won't be no good'. He also explains that the oil mixes with the fat that comes out of the intestines. 'The fat slowly melts and mixes with this oil that I added and, in the end, it'll be pretty dry'.

After pouring the oil on the frying pan and allowing it to heat, he adds the chopped intestines and 'stir, stir, stir until it's good, until they're crunchy'. He highlights the sounds from the frying process, 'it started to crack... when it starts cracking, one on top of the other, then you know it's almost ready'.

Afonso goes about the kitchen in a very peculiar manner. It's in fact an arena. He narrates the making of the intestines as if he was narrating a fight, a battle that requires bravery, wit and strength.

> As the heat increases, some bits will jump and I protect myself from it... Look, it's already started. There you go, now I stir, stir, stir... you can't stop, if you stop, it'll burn, right? Stir, stir (...) Look! It jumped, and I have to be very careful or it'll burn me. It jumps, jumps, just like popcorn. Sometimes they even fall on the floor... they jump on me, I've got to defend myself. Here I have to use my experience, you know? If someone who never did this comes here, he'll burn himself completely.

He recommends we should be guided by the cracks, by the smell, by how it looks. Normally, he'll define doneness according to customers' preferences. 'Some clients order it... less... you know? Not too dry, not too hard, you know?' He explains his personal preference, 'I like it pretty crunchy. It cracks between the teeth just like popcorn... dry and crunchy it's delicious'.

After removing it from the heat, he says 'there will have a lot of oil, so just drain it. Swing it to one side and drain it'. The intestines are placed inside a large spoon with holes, which he calls *scoop*. Completely sweaty and proud, he finishes another fight with the intestines. In a way, he's won it; he's prepared the delicious fried pig intestines – in his opinion, the most delicious one in the area. He usually serves them with '*baião*, *farofa* and vegetables'. It's served with spoons, knives and forks. At his restaurant, the customer is king and chooses how they'll eat. 'On the table, the intestines are served full, and they [the customers] will choose how to eat them, with a spoon, knife and fork'.

Afonso's eyes are filled with emotions during his narrative, as lively as the nearby River Serafim. He's transmitted to us all his tranquility, opened his front door to us and never closed it, calmed our frenzy, made us feel lighthearted amid a scorching hot afternoon of work. And the pig intestines? Oh, gosh... they tasted delicious!

Butter cheese, leather suitcase and other memories

FÁTIMA FARIAS

The earthen tones of the dirt road were brighter under the early morning light. Together with the *mandacaru* cactuses along the road, they announced the semiarid region, a place that is the home and the main challenge for local inhabitants. We're going to visit the village of Juá, in the town of Parambu. The thick vegetation and the large trees suggest that the rain had been around, although probably just quickly. Not much water is required for the *sertão* (the hinterlands) to get dressed in sophisticated, quenched green. Since it's already used to the lack of resources, it knows how to use wisely each drop that it's granted.

It was nearly six in the morning when we arrived at the farm. It belongs to the couple Luiz Lopes da Silva (or Quililiu) and Laura Gerônimo Simplício. The intense, scorching heat that is common in this area of southern Ceará known as Inhamuns hasn't woken up yet. A certain cold persists until the first rays of light appear. Our hosts, however, have been up for quite some time already running errands. The house was full of guests, relatives that had come from other regions. We're welcomed with affection, happiness and coffee.

The team is later divided to start the interviews, some remain in the kitchen to see the making of a type of cheese called *queijo de manteiga* (or butter cheese). A *merenda* is served to us there. Along our journeys around the State with the Foods from Ceará project, this was the only family we were able to find who would produce this cheese as presented here. Researcher and food engineer Vládia Lima leads the conversation about this food with the women in the house, the guardians of this know-how. The rest of the team goes outside, in the veranda. There, they dedicate to seeing the making of *malas de couro* (or leather suitcases), whose main use in the past was to carry the cheese in long trips. Valéria Laena, the project coordinator and I lead this part of the interview.

Despite our initial interest in the cheese suitcase, the interviewees also shared other memories and sets of knowledge connected to food. That has allowed us to access, through their narratives, a world of feelings and culinary possibilities that is rooted deep down in the hinterlands of Ceará. Traces of an ancient cuisine that influence current food choices in this region.

Luiz and Laura have been married for over 50 years, have had nine children, 24 grandchildren and three great-grandchildren. When we met them, in June 2011, he was 75 and she was 80. They met when they were young. At the time, Luiz lived around the farm where Laura's father was a cowboy. Almost everyday, 'a hell lot of girls and boys would get together there', he said, 'to play ring around the rosie and *cai no poço*', popular playground games. That is how she met Laura, who was 27 at the time – and whom he quickly fell in love with. He also says that knowing how to dance *forró* makes all the difference when looking for a girlfriend. She confirms his theory. When we ask about the beginning of the story of the couple, the first memory that she has is 'he was good at dancing *forró*, he loved dancing'. Their engagement resisted six months of separation because, soon after Luiz proposed, Laura moved to her newly married sister's house, in Senador Pompeu. She only came back one day before her wedding. And according to Luiz, he was only able to take her from her parents' home after eight days!

He remains a party spirit and loves seeing his home full of people, although he doesn't dance anymore. He reminds our team of New Year's parties and June parties, which they usually throw since he was a kid. More than the cake usually associated to birthday parties, the food presented as a symbol of this kind of celebration is pork. Slaughtering a pig and preparing it together with the family or with friends is a kind of event that will break the routine and strengthen social bonds. Death here has another symbology. It doesn't mean pain or the end, but happiness and continuity due to the incorporation of the food. Also, using an animal like this, deemed extremely valuable in the context of rural Ceará, is an act of generosity, a gift, and the expression of abundance. Similarly, when the *Quadrilha* Dance festivals happen around the city in the June parties, corn and pumpkin are protagonists at Luiz and Laura's home. They play a special role in the affective memory of the family and are roasted on the fire that the entire family lights in their backyard. They just stick them in the live coal and, a couple of minutes later it's ready. 'Nothing else is required, you can eat it plain', says Luiz, who is absolutely certain of the success of his technique.

Luiz was born and raised in Cococi, currently a village in the town of Parambu – famous for being a "ghost town", nobody lives there. According to him, the intensity of the drought and corruption scandals encouraged the locals to leave the place. He's lost his father when he was just a young boy, and that's why he's had to 'suffer a lot in life' to help his mother and siblings. They were so many that he can't recall anymore how many they were exactly. A Major from the rich and renowned family Feitosa who was a cattle farmer then welcomed him as a cowboy. He proudly remembers the many difficulties faced in this job, all the dangers he faced while 'running behind cattle in the middle of the vegetation'. He also tells us, while taking a deep breath and diving in his own experience, that 'cowboys suffer immensely'. Their struggle is that of women in the kitchen, he compares, 'it never ends'. About the changes he can identify nowadays, he mentions that people won't accept the same bad conditions he faced in his youth. Especially about food.

> Nowadays, foods are different. People don't want to eat what we used to. Beans, corn porridge, only that. In the past, we'd eat beans, corn porridge and bacon. But people don't want it anymore, you know? We were raised working and eating sugarcane *panela* with flour. That was all we'd eat. Nowadays, if you give someone *panela* and flour, they won't want it. They don't want to work like that. They want roasted meat, tapioca, cheese, this kind of thing. They don't even want cookies. It's weird. They're either getting smart or snobbish.

In his comparison between the past and the present, he also remembers game meat, which so often has fed him. Things like rock cavy, three- and six-banded armadillo, Brazilian guinea pig, tamandua, deer and opossums. In that sense, he also mentions fowl, such as *picazuro* pigeon, guan, *caatinga* parakeet and eared dove. When younger, Luiz would go hunting with a rifle to feed his family with the help of a dog. He'd eat these meats 'quickly roasted over fire', and often they'd be the only type of food available, especially during long droughts. The prohibition of hunting and certain improvements in living conditions have allowed for the disappearance of this type of habit. Still, he won't forget the flavor of *tamandua* meat, 'it's delicious when roasted. I won't change a chop of roasted *tamanduá* for chicken'.

Along the years, his family was supported by three complementary activities. He'd 'struggle with cattle' as a cowboy, he'd trade products by cattle traveling around other cities, and he'd produce leather suitcases. Additionally, women would make cheese and farm the land. At 17, Luiz learned how to make suitcases with his grandfather. He reported that one day he broke his mattock while farming the land, and decided he didn't want to do it anymore. His grandfather, who was known locally as 'Old Miguel Branco' called him to spend some time at his home and teach him this new craft. He told Luiz that he should only leave his house when he had mastered all the techniques to make leather suitcases. Learning was quick, but Luiz remained with his grandfather for two more months to deepen his knowledge. When he left his grandfather's, he was given all the tools required and started investing in this new business.

The suitcase is made with calf leather, 'the only one that is any good for this', he explains. You have to soak it in water then dry it under the sun, stretched on the floor. It is cut only in the following day with the help of a knife and a wooden ruler. The size of the cover, sides and bottom of the suitcase must be precise so that they'll adjust perfectly during assembly. 'It's like a puzzle', says Luiz about this difficult part of the process.

The cut pieces are sewn together by 'goat leather strips' that he makes from a large matured piece of goat leather. Sitting on a stool, Luiz uses a *mulungu* tree board on his legs as the support to cut the strips. He uses a small knife and doesn't even need to measure them and does them 'as usual', in his words. He also mentions that it's necessary to carefully 'trim the sides', that is, remove any imperfections. They're then rubbed with lamb fat from locally produced animals, according to him. To make it last longer, he smashes the fat with a pestle and mortar, then makes a ball with his hands and keeps it in a plastic bag.

Once the strips are ready, it's time to make small holes along the edges of each piece of calf leather that was previously cut. This requires significant strength to push the punch through the leather because the sides of the suitcase have an internal lining also made with calf leather in the same size. Such lining is important to squeeze in thin wooden boards that will provide support for the suitcase.

Finally, he sews the suitcase passing the strips through the holes. Luiz explains that it takes three days for a suitcase to be ready. Another version without a cover is also available, called *caçuá* (or a basket). It's also necessary to add straps in the back of the suitcase so that they can be attached to a packsaddle, which was common in the past when these suitcases would be used to carry cheese and flour. These straps are made of braided goat leather.

Luiz says that the suitcases currently are used to store all kinds of things, including food, since 'they don't stink' and 'they don't give weird tastes to the food'. It's only important not to let it sit too long on cement floors, because that will easy wear the leather. That said, the products are incredibly durable and may last decades.

Additionally, he says he's had many orders, even from other States, such as São Paulo. As he doesn't have anyone to help, he sometimes will refuse some orders. He worries about the continuity of his craft, since he doesn't know anyone else who also makes this kind of handicraft. He hopes that some of his children will one day be interested in mastering this art, and maintain it alive after he dies.

While making leather suitcases is a craft that is learned and reproduced among men in Luiz's family, making cheese is an activity performed by women. There are no impediments to invert roles there, as told to us, but it's been like that for generations. It doesn't mean either that the kitchen is a predominantly female space for them. Also because the concept of cuisine is broader in this type of rural context. It begins with animal husbandry and slaughtering, and planting and harvesting of vegetables. The farm of our host couple has a little of everything, from various types of animals (cattle, sheep, chickens etc.) to corn, to various types of beans and pumpkin and elephant grass to feed the animals. Everyone helps by sharing tasks and helping each other.

Cheese, for example, begins outside the house by milking the cows – Luiz's daily responsibility. When the milk is taken to the kitchen, the process continues through Laura's skillful hands. She's been trained in culinary arts since she was 10, when she learned how to reproduce her mother's ancient recipe.

During our interview, Laura speaks very little and focuses on the stove. One of her daughters told us in the morning when we arrived that she had woken up with severe knee pain. 'That's nothing at all', she responded quickly with a smile. Later, we understand the reason for this sentence. Laura had had a hardworking life at the fields and much work at home. She'd always 'worked hard'. The memories of such history of struggles turn this nuisance into a tiny little detail. About all the pains she has felt and still feels, she'd rather not complain about them. From her childhood and adolescence working hard with her parents, she only says that 'everything was so different', but 'not difficult', since 'she was used' to doing all those things. The struggles of life have turned her into a strong and patient woman. Someone who cares constantly about what's under her responsibility, and it can be easily noticed from her cooking habits.

Recipes represent not only the flavors of a geographical region. They also announce the condiments that season socially located personal histories. Laura has learned how to deal with difficulties from a very early age, she got used to them. That's also why we can find this butter cheese in her kitchen. Famous for being 'difficult', 'complicated' and 'little profitable', it exists (and resists) thanks to this woman's and her daughters' efforts. Despite the high costs, they continue making it.

That's because it's a recipe that requires a great amount of strength and energy for cooking its extra heavy cream, which is stirred with a wooden spoon in the extreme heat of a wood fire stove. But the simplicity of its preparation and appearance is misleading: it hides the sophistication of the sets of knowledge involved, the historically refined sensitivity that is required, and the attention and movements of those making it. It's a recipe that requires serenity that is developed along a lot of time, slowly cooked knowledge about the limits and uses of milk, a certain resistance to the fire, and respect for the time – the operator of the expected changes.

Once the cow has been milked, milk is filtered through fabric to separate it from any debris and allowed to rest in an aluminum pan until it curdles naturally. Ten liters are milked every morning. According to Laura, it's usually necessary to wait overnight, but that will depend on the local temperature. It's important to pay attention to the local weather and not allow it to curdle too much. That will reduce productivity, which is already seen as low. Then, it's time to drain the whey and boil the curd with some fresh milk. It can only be stirred after it starts boiling to dissolve any larger chunks. This is when Luizinha, one of Laura's daughters who was in the kitchen, starts stirring and dissolving it by the fire, constantly stirring it. The temperature is very high at this stage of the preparation, and a great amount of stamina is required to make this recipe. Laura, at 80 years of age, has shown impeccable strength, she's leaning against the very hot sides of the stove and takes the lid with bare hands. She seems to be pretty used to all that, just like her daughters who are helping her, Luizinha and Ericélia. From time to time, you'll hear someone say 'ouch' – all the steam coming out of the large pan will exceed acceptable limits and hurt the hands of the cooks. None of that would stop them from stirring the curd, whose weight increases as the whey evaporates and the dough becomes even more solid and thicker. A wooden spoon with a long handle surely helps in this moment, as well as a thick pan. That will prevent the dough from sticking in the bottom and burning with the high temperature.

Laura warns that it's important not to allow the curd to cook too much, though. She tries to explain the right amount of cooking, which she knows 'just by looking'. It's when the mixture changes color and goes from white to yellowish – time to remove it from the heat. Another way to know when to stop cooking is by testing it with the fingertips. Get some of the curd and press it, it'll be ready when very thick.

Then allow it to cool for some time before the next step because it involves pouring the curd in the *sack* (a bag made of fabric to drain the curd made by our interviewee) and allowing it to drain until it's thicker. According to Laura, the quality of the cheese may be compromised if the curd is poured in the fabric while too hot. Make sure you pour the curd to the sack inside a pan, so that there's plenty of room for the whey as it drains. Then, tie the sack with a string letting a loop of string to hang it on a *bileira*. That's an old piece of furniture owned by the family that is used in the production of cheese. It's similar to a table in which the board has a hole that holds a beam. This beam will pass through the loop of string and hold the sack of cheese, which hangs inside a pan on the floor. Please see the photo to understand it better. There, the curd must drain for at least an hour. It's possible to expedite this procedure by hanging it for 20 minutes then pressing the sack with the hands and spinning the sack until it has stopped dripping. It's fundamental to drain the curd thoroughly, or the cheese quality will be compromised.

As the farm doesn't produce much milk, it's necessary to save 'cooked curd' for two or three days at a time (sometimes even more) to make about two kilos of cheese. Laura explains to us that this food, which is often made to be sold, is prepared from milk leftovers. 'I'm not just going to save milk to make money and not drink it in the morning. We make it from leftovers', she says, while clearly expressing her priorities. Milk left from the *merendas* is allowed to curdle.

That means that the entire process described here is repeated every single day, and the new curd is added to the old one – the one that was draining in the sack. Laura explains to us that this will make the curd last for up to five days without going off. Adding the hot curd to the cold one helps conserve it. However, she doesn't recommend adding curd for too many days, since the cooking process becomes too heavy.

When there's enough curd in the sack for the amount of cheese desired, remove it from the sack and pour it on a bowl. It's then time to homogenize the curd with the hands. Then, the dough is transferred to a pan on wood fire (more adequate for this kind of cooking, they believe). As soon as the curd is firmer and very hot, it's time to add salt and *manteiga de garrafa* (or butter-in-a-bottle, clarified butter kept in a bottle). It's prepared with the whey drained from the previous steps and also used to feed the pigs.

The whey is cooked for many hours in a wood fire until it becomes butter. It's then added to the curd 'to add flavor' when it's already firm, with a yellowish or slightly brownish color and while on the heat. Soon after that the mixture is transferred with a scoop to small plastic containers. Laura uses old margarine tubs or other food plastic containers available.

Most of the time, she has the help from her daughters to make this type of cheese. They try to be together whenever they can, they explain. They share their taste for the kitchen. Since they were very young, they've joined their mother while farming and cooking. Their father would be away doing his obligations as cowboy. The memories from this time still are very clear, says Luizinha. She can remember the childhood games, when she'd ask her mother for pieces of cooked curd to pour in matchboxes, as if she had her own kitchen. She also mentions all the lunches she'd help her mother prepare for her father and the other workers at the farm where they lived, in the village of Riacho do Mato. 'We'd make an incredible amount of food every day. And we had to make goat meat'. It's when beans also became indispensable in their daily diet, 'if there's no beans, there's nothing. I don't like it when there's no beans in my plate'.

Laura also shares with us some memories from the past. 'It was a time with less abundance', she says. In comparison to the present, she explains the family table is now more abundant and with far greater variety, but there's an overload for those who stay at the farm, given that some of the children dedicate to studying only. However, she recognizes the importance of education to improve life conditions. She regrets that such changes are accompanied by changes in values she deems important. 'There was greater respect back then', and she claims that 'there's no more respect for parents nowadays'.

About the butter cheese, she tells us she used to make larger quantities when she lived in a farm in Várzea Grande, another city in the State of Ceará. There, the daily production of milk was larger in quantity. At the time, it was a major source of income for the family, so it was made in the morning and in the afternoon to be sold later. Buyers would take the cheese directly from the farm. They'd arrive on donkeys coming from neighboring cities, such as Juazeiro do Norte. They'd then return with their leather suitcases fully loaded with butter cheese for resale.

About the making this type of cheese, she says it's easier to make them nowadays, despite all the difficulties in the process. They used to be made in *alguidares*, ceramic bowls that demanded much more care and strength to be used. All the time dedicated to this preparation made Laura and her children stop liking this food. 'Whoever makes it too often ends up getting sick of it', she concludes. They prefer curd cheese, also produced in the farm. Those who come from other places, however, always want to try and take home the butter cheese, explains Luizinha. She says it's a product that can be hardly found elsewhere. Even there in Parambu, it's not very easy to find it anymore, since it demands an enormous amount of work. On the other hand, it's a more expensive type of cheese. At the time of this interview, its kilogram was 6 reais more expensive than curd cheese – or 40% more expensive. Still, production is too small for the weekly demand.

Butter cheese, says Laura, is perfect to be eaten with some freshly brewed coffee in the afternoon. Ideally, it must be eaten fresh and warm. It's also possible to fry it, but 'it's only good with butter-in-a--bottle', explains Luizinha. It can be kept in a refrigerator but also in room temperature when wrapped in a clean piece of cloth. It's also important that this cloth is replaced frequently to allow this cheese to last 'forever'.

Time is a frequent topic either as an ingredient or as part of our visit. We've seen the making and enjoyed each minute of their stories. And we've also enjoyed much more – while the cheese is getting cold to 'be shaped', we're invited to try what is left in the pan with some flour. Following the habits of the house, each person takes a spoon and tries that delicacy straight from the pan while it's warm. A unique experience of sharing and flavor that's hard to forget.

Recipe of *queijo de manteiga*

Ingredients:

Raw milk *

Salt

Manteiga de garrafa **(or butter-in-a-bottle)**

*The recipe doesn't depend on an exact quantity of milk. It's known that 12 liters will make in average 1 kg of cheese. You can use the quantity of milk available or desired.

Directions:

Allow the milk to curdle naturally in a bowl with a lid in room temperature. When the curd is ready, separate it from the whey and reserve it. In a pan, heat some raw milk – preferably on wood fire. When it's very hot but before it boils, add the curd. Allow it to heat inside the milk. Stir as it starts boiling. It's fundamental to constantly stir the mixture from this moment to avoid the formation of oversized lumps. Remove from heat when the whey begins to separate and the curd starts to change color (it becomes more yellowish). Allow it to cool for a few minutes and transfer it to a cloth bag (a 'sack') inside a pan or large bowl. That will allow the whey to drain and be stored. Hang this bag with the curd for more whey to drain and so that it becomes drier. It's advisable to allow it to drain for an entire day. In case you want to speed this part of the process, allow it to drain for 20 minutes inside the sack then continue to drain the whey by spinning the sack with your hands until it stops dripping. Then return the drained curd to a pan on heat in small quantities and make sure you stir it vigorously to avoid burning. When it's very hot and with a firm texture, add salt and butter-in-a-bottle.

In case you can't find butter-in-a-bottle near you, it's possible to make it from the whey that was drained from the curd. Boil it in medium heat for some hours until it becomes liquid butter.

PLACES, COLORS AND FLAVORS

Markets in Fortaleza: culinary processes and plural eating habits

Evandro Magalhães

Markets represent the encounter of countless forms of cultural expression in a given region. People with various backgrounds, various products, and the encounter of all such things produces an ocean of colors, aromas and sensations. The product of human labor is also the expression of its culture represented by things. That being said, the various types of food and its utensils are the final result of a long process that has markets as one of its destinations. In addition to the commercial exchange of products by their sales value, markets also offer the symbolic exchange of people and things. They also offer the exchange among people themselves through things. That is the representation of people's subjectivity.

Culinary art is an example of that. Perhaps this is the human activity that shows more clearly how people's subjectivity influences the final result. There's a popular belief that says that food tastes better when seasoned with love and affection, and perhaps many of us have already confirmed that. The opposite is also true. So, in addition to the technical experience, the subjective value of that activity is frequently fundamental.

We've found an immense variety of foods and products in three of the most important markets in Fortaleza. At *Mercado São Sebastião* (or Saint Sebastian Market), a reference in the city, you can find mostly anything. The *Mercado Central* (or Central Market) is popular both among locals and tourists. The *Mercado dos Peixes* (or Fish Market) at the Carlito Pamplona area represents the typical diversity and abundance of our culture.

At Saint Sebastian Market, it's possible to find an incredible variety of products. Handicrafts made in ceramic, aluminum, fruits, vegetables, meats, fish, seasonings and food for local consumption.

At this time of the year, in November, we find many types of fruit. Cashew apples, mangoes, Barbados cherries, hog plums, purple mombins, apples, papayas and pineapples. Most of them come straight from the producing areas. Barbados cherries come from the Jubaia area, in the city of Maranguape. Mangoes come from Pindoretama, Cascavel and Itapipoca. Cashew apples come from their traditional area, Beberibe. It's also possible to find products from other States, such as papayas from Rio Grande do Norte and pineapples from Paraíba.

The merchants at the stalls negotiate directly with suppliers or with distributors, who will procure, sell, transport and distribute the fruits at the markets in Fortaleza and its metropolitan area. These distributors use trucks and smaller vehicles to travel to places where the harvest is better for each fruit then distribute them to merchants.

The peak demand periods are during the end-of-the-year holidays season, June parties season and Holy Week, as explained by Cícero Trajano (Stall 266) and Manoel Carneiro (271). They've been in this industry for at least 35 years.

At the stalls selling seasonings, garlic, black pepper and annatto powder can be found equally. Annatto powder is considered the typical seasoning from Ceará, and it's produced locally in the cities of Caucaia and Baturité. Garlic normally comes from China or from the city of Petrolina, in the State of Pernambuco. Black pepper comes from the State of Pará. Reginaldo Farias from Stall 204 explains that there's no peak for seasonings, and the demand for them is constant throughout the year. That information is confirmed by José Sales, from Stall 187, who's been working at the Market for 25 years.

The entire market seems to work as a universe of its own, and products often circulate inside the market itself. Fruits, vegetables, meats, fish and seasonings supply external customers. But inside, there are consumers as well, such as other people who spend the entire day at work. That's also the case with small restaurants, where all the ingredients for the dishes in their menus can be found at the market stalls.

José Serafim has worked with his wife Maria Aparecida for 44 years at a food stall in the market. The most popular dishes are the *panelada*, lamb stew, chicken stew, pan roast, fish soup and chicken soup. The juices are made with various fruits, such as Barbados cherries, soursops, passion fruits, mangoes and hog plums. At the stall owned by Lourdes Freitas, lamb stew is also very popular, in addition to offal stew and fish stew.

There are all types of client, including tourists, but in smaller quantities. Those who eat their products the most are local workers and merchants.

The Central Market is a major tourist destination in Fortaleza. It offers various kinds of cultural products from the State of Ceará, such as clothes, handicrafts, decorative artworks and utensils. You can also find foods, such as cashew nuts, the traditional sugarcane *panela*, and drinks such as *cachaça* (or sugarcane brandy), cashew wine etc.

In the stalls where nuts, sweets and drinks are sold, it's possible to find a vast range of products. Thinks like *canjirão* (or cashew nut sweet), *dulce de leche* with coconut, guava paste, pineapple sweet, homemade *dulce de leche*, jackfruit *panela*, papaya *panela* with coconut, cashew apple *panela*, *mariola* (or sweet, dried and caramelized banana bars), coconut jawbreaker, *coxão de noiva* (a kind of cake) and sugarcane *alfenim*.

All types of nuts can be found, such as raw nuts, toasted nuts and crystallized nuts with cinnamon or ginger. They come from the city of Chorozinho and, above all from Pacajus. Whenever these cities don't have the product available, it's brought from the State of Piauí.

In terms of alcoholic beverages, it's possible to find the most common ones, such as *cachaça* Ypióca and Sapupara, and other less famous brands, such as Rapariga (made in the city of Viçosa) and Meladinha, from the Ibiapaba Mountain Range area. Additionally, it's possible to find Siará and cashew wine (or fermented beverages made from cashew apples).

According to the local shopkeepers, the most popular product is the toasted nut, which is bought especially by Brazilian tourists. The peak is in summer (December and January, with a major influx of Brazilians) and July (or ships season, when cruise ships coming from other countries arrive).

At the local restaurants, you'll find sun dried meat, devilfish stew and shrimp lasagna, among others. According to César Duarte, from Stall 31, his menu is an attempt to present typical foods from Ceará but to 'a more sophisticated clientele', people who want to discover regional dishes but prefer those that are also known elsewhere. They'll prefer dishes that they can identify by their name, such as meat, stew or lasagna. Tourists that tend to remain in their comfort zones usually won't try dishes that are far from their daily food grammar, such as *panelada* (bovine offal and intestine stew), *buchada* (lamb offal and intestine stew) and *sarrabulho* (pork blood and offal stew), available in another local stall.

The Carlito Pamplona Market is a major fresh water fish distribution center in Fortaleza. Fish is sold both in wholesale and retail. Before, seawater and fresh water fish sales would also take place at San Sebastian Market, says José Carlos, the operator of Stall 117. According to him, the City Hall has created an area specifically for fresh water fish aiming at cleaner operations. At this Market, you'll find products from the main fish farms from Ceará and elsewhere. Among others, fish comes from Bahia, Pernambuco, Alagoas and Rio Grande do Norte. Additionally, you'll find fish from the cities of Banabuiú, Sítios Novos, Pentecoste, Açude do Castanhão and Açude da Vazante in Ceará.

The flow at the Market is pretty straightforward. Trucks arrive and unload their fish. Inside the trucks, fish is stored in cold boxes made of Styrofoam and covered internally and externally by galvanized zinc plates. Such boxes can also be found at the stalls in the Market. They're used to show fish to customers. Other types of refrigeration equipment are also used, such as *gamelas* (rectangular plastic containers). Fish is then exposed for customers to choose them.

The workers who bring fish to the boxes are called *peões* or *botadores*. They're paid by stall operators for this job, and receive a commission of a few reais.

People come from everywhere, stall owners from other markets, grocery store owners, or people from the Market itself. They buy the fish in wholesale to resell in retail in the other side of the Market, since there are distinct wholesale and retail areas.

Jaira Alves and Francisco Wilson Rabelo are salespeople at street markets, which occur each day in a different neighborhood. Because they're experienced shoppers, they pay great attention to the type and size of fish. That will vary according to the wealth of the neighborhood where the market will happen. Larger fish go to wealthier neighborhoods. According to them, people from wealthier areas are more demanding and refuse to buy small fish because they believe they'll have low quality. They buy an average of 150 kg of fish per day to resell. That day, they bought 125 kg of fish – mostly tilapias and hake.

According to Jaira and Francisco, peak times are Lent and Holy Week, and the most popular fish is tilapia. Nowadays, it's possible to find an enormous amount of cuts from this fish, such as fillets, sausages and breaded cuts.

To ease the heat and taste stories and fruits from Ceará: Juarez's ice cream shop

Vanessa Ponte

"My eye-fingers slowly discover sweet mysteries".

Eugênia Tabosa.

João Juarez de Albuquerque is 88 and was born in the city of Santana do Acaraú, in the State of Ceará. He's the owner of a few ice cream shops in Fortaleza and has shared with us his life journey. With notable energy, he's told us the story of the creation of the renowned fruit ice creams from Ceará, carefully crafted for four decades. Along all this time, these delicacies have been chosen by different generations from Fortaleza and have become very dear to locals. They are truly loved by people even amid novelties in the segment such as Italian-style ice creams, more and more popular in the streets of the Land of the Sun – Fortaleza. In order to unveil the mysteries of these charming flavors, it's necessary to go way beyond their recipes and taste the tales told by their creator.

Senhor Juarez has grey hair, whitened by time and concealed under a hat. On his face, deep eyes behind square glasses and a thick, voluminous grey mustache. His skin brings the marks of emotions from nearly nine decades of life. His hands are rough from carefully choosing each fruit used in the preparation of his ice creams. He enjoys wearing a buttoned plaid shirt and trousers made in soft fabric. This is how he hosts his customers at his ice cream shop on Barão de Studart Avenue. Seu Juarez welcomes his clients with affection and tenderness and usually recognizes them by their names. He usually introduces himself singing, which he's learned as a little boy with his father in countryside Ceará. With a strong voice, he'll sing 'João Juarez de Albuquerque de Almeida Monte, for the old and cruel, a fire torch around their feet, the fingers go, the rings stay, but everything in a minute can change'.

He's recognized by his good spirits, wit and physique. Some will even ask him his secret for vitality. Differently from his ice cream recipe, he'll promptly give this one. He reveals his strength comes from a diet based on cowpeas, pork, cassava flour, pasta, *panela* and cheese. On food restrictions, he says 'I'm 88 and I know I don't like Coca-Cola. No drinks at all. And there's another thing that looks like Coca-Cola, coffee. To me, it's no use'.

He explains that, in addition to his diet, also good spirits and his attitude towards life are important, following what his parents taught him. They'd always talk about the dangers of greed and pride. In his words, 'I'm the happiest person in the world. I don't bear any grudges. I don't think I'm better than anyone else. I was raised at my father's farm, where 22 boys were born, but education was always strict'. Between sales of ice creams at the counter of his ice cream shop, Seu Juarez frequently remembers his childhood in countryside Ceará, in Santana do Acaraú.

He remembers his discipline to listen to his parents, playground games, foods from the hinterlands, waiting for the rain, the aroma of the season fruits, all the values he still carries within himself today.

Contrary to what people may think, making ice creams wasn't born at that time and it wasn't taught by his family either. He was the first in his circle to take up this craft. But he insists on saying that the lessons he's learned in his early years are the fundamental ingredients for the development of his talent. Things such as perseverance, discipline and appreciation for the work. The first ice cream flavor he developed was inspired by some advice given by his father. He proudly tells that 'the first ice cream flavor was mango, thinking about what my father would say, that mango and milk cannot be mixed, I only mixed mango and sugar. It came out magnificent!'

One of his favorite narratives tells the story of how he first started working as an ice cream man. He'll tell that, when he was young, he once traveled to the State of Piauí to manage a bakery that belonged to his brother-in-law Raimundo Messias. After paying attention to the clientele and the local weather, young Juarez suggested 'Raimundo Messias, what if you sold ice cream here in your bakery? You'd sell it like hotcakes'.

The owner accepted the idea, but was in doubt since he didn't know how to make ice creams, and Juarez had no experience whatsoever. With confidence, our interviewee replied that 'No one is born knowing everything, and you can only succeed if you try'. He then insisted and said 'Don't worry, I'll do it my way'.

Raimundo Messias then decided to buy the necessary appliances to make ice cream. Seu Juarez can remember very well, 'the machines arrived and were brand new, so gorgeous'.

The ice cream was an absolute success and became one of the most popular products at the store. He was thrilled to have found his talent. 'I rocked!', he celebrates. After the outstanding success of the mango flavor, Seu Juarez started creating new flavors. He wouldn't follow recipes, he'd develop little by little a refined perception to understand how the flavors contrasted or complemented each other, instead. 'I noticed that pineapple rejected milk, it spilled from the machines, so I didn't add it'. The more he gave attention to the ice cream, the more this food gained space in his life. At a point, young Juarez understood that his brother-in-law's bakery was too small for his creations, and decided to hit the road and go to Fortaleza.

In 1972, he opened the Juarez's Ice Cream Shop at the corner of Santos Dumont Avenue and José Lourenço Street. Soon after that, he moved to 2023, Barão de Studart Avenue, his current location. He tries not to change any details in the premises, consisting only of a long counter, a few refrigerators and large benches for his customers.

Such lack of renovations since he first opened is his way of saying that, if the place hasn't changed at all in time, neither has the ice cream quality.

Recognition from his clientele has grown and taken over the entire city. Other shops were also opened, at 603, Engenheiro Santana Junior Avenue and at 781, Washington Soares Avenue. These other shops are larger and his son Expedito manages them. However, Seu Juarez prefers the simple structure of the Barão de Studart shop, where he has managed everything for decades. He's in charge of ice cream making, welcoming customers, entertaining them at the counter and listening to their stories. Their website tells this story:

> In the 1970s, the Sunday activities for the family consisted of going to Saint Vincent's Church, walking on the Beira-Mar Avenue and having ice cream. That's how the slogan *The taste of childhood and adolescence* first appeared, since many people came when they had their first kiss, then returned after getting married, then with their children, then with their grandchildren. Seu Juarez's Ice Cream Shop belongs to the history of the families in Ceará.

Despite the differences among his shops, Seu Juarez says that it's possible to eat healthy, tasty ice cream in all shops. He explains that his products don't have emulsifiers, vegetable shortening, liquid yeast, dry yeast, stabilizers, colorings, corn starch, rice starch, eggs, cornmeal, wheat flour or glucose. He also criticizes heavily other ice cream shops because they'll add all of those substances and an excessive quantity of water in their ice cream. 'People in general, other ice cream shop owners – I don't like saying this, but I have to – make ice cream with water and not with fruit', laughing. 'It takes the flavor off the fruit. It's pure chemicals! Nasty chemicals! Emulsifiers, softeners. A young child, a 5-year old child will eat it and people don't know it'.

As the years went by, Seu Juarez has developed many recipes. Very proudly, he declares himself the author of all of them. 'My recipes were created by me. You didn't give them to me, no men, no women gave them to me. I haven't found them on a piece of paper. I created them myself'. Among his creations, it's possible to find several flavors, such as: peanuts, sugar apple, *bacuri* (the fruit of a palm tree), caramel bananas, vanilla, cookies, *brigadeiro* (chocolate cream and chocolate sprinkles), coffee, hog plum, ambarella, cashew apples, lemongrass, nuts, chocolate, white chocolate, *dulce de leche*, *dulce de leche* with chocolate chips, vanilla with chocolate chips, guava, soursop, jackfruit, milk, milk with raisins, lime, nance, guava and milk cream, *prestígio* (chocolate and coconut), *pavê* (biscuit pie), sapodilla, purple mombin, tamarind, tangerine and tapioca.

One of Seu Juarez's dilemmas is, in his opinion, impertinent people who will be constantly be asking for his recipes. He has developed a strategy for these people: he gives the wrong recipe.

We've been extremely privileged and one of the secrets in the quality of his ice creams has been revealed. The main secret to his ice cream is the careful selection of fruit. He knows the season for each fruit and tries to notice the quality by their texture, color and aroma. He even teaches us the right season to harvest each fruit. With this knowledge, he knows exactly what fruits have received interventions of chemicals to accelerate ripening.

> Today there are fruits, tomorrow maybe there won't be. Today there's little fruit because it didn't rain. Today there's sapodilla, tomorrow there isn't. Tomorrow there's soursop, today there isn't. Each fruit has its own season! And others, for example, there's sapodilla all the time, passion fruit all the time, avocado all the time. And there aren't others, like tangerines, soursops and hog plums.

He's also shared with our team how he buys fruits. He'd rather buy them at San Sebastian Market, on Clarindo de Queiroz Street, in Fortaleza. 'I go to the market every day'. At four in the morning he enters the fruit section, and the merchants fight for the ice cream man's attention. In his words, 'they fight for me'. He explains that these pleas don't touch him, and that he negotiates with merchants using strict criteria, being serious and by prioritizing quality. He pays attention not to take fruit with chemicals. 'They add them [the chemicals] to ripen... they add them to ripen faster. I know it! They'll open the box that has carbide and it's just like fire, the fruit are completely dodgy'.

He reveals that the secret lies in the hands, in the sensitivity to feel how intact the fruits are. He has an incredibly acute touch, developed by years of work. In that sense, he describes the science involved in choosing coconuts. According to him, 'every stall that sells coconut has an iron wand [for customers to assess the coconut]. I don't need it! I just need to shake it. As I shake it, I can feel it all! That's where the habit is'.

He's become so intimate to the fruits that he's even developed adjectives and games to play with them. He classifies tangerines as 'delicate', since it gets bitter easily. Hog plums are called 'hold her', a play with the word *seriguela* in Portuguese and *holding a woman* (*seriguela* and *segura ela*). After choosing the fruits, he'll carry them in his car, which he drives himself. He arrives at his ice cream shop and starts to prepare the fruit pulp. He's very clear about this, 'I buy and I make the pulp. I only trust it if I make and I store it. I don't trust the pulp that you make and that he makes'. Extracting pulps is his strategy to deal with seasonality. That will allow customers to eat sapodilla ice cream even when it's not its harvest season. He also describes how to make the pulp: peel and seed the sapodilla, it'll result in seven to nine kilograms of ice cream. He doesn't use water. After ready, the pulp is stored, 'after freezing it, it'll last forever, it never goes off'.

He's proud that his pulps don't take water. 'Three of my flavors take zero milk, mango, pineapple and tamarind'. Seu Juarez wants his customers to feel that they're eating the very fruit when they eat his ice cream. He often offers some ice cream for customers to try the flavor and guess what it is. Sometimes, he intentionally offers a flavor saying that it's another one. But his ice creams have such distinguishing flavors that customers know exactly the flavor they're eating.

His satisfaction goes beyond profits. He enjoys being praised and seeing how happy his customers are when eating. One thing that really devastates him is when someone can't eat because of medical restrictions. To him, life without the flavor of an ice cream is life without color and fun. That's why he's developed lactose-free flavors dedicated especially to people who can't intake it.

> There was a lady who came for two years here for ice cream. She'd bring her children. Two of them would have it, and two wouldn't. The mother then told him 'Juarez, your ice cream is delicious, but I have two children who can't have it because of the lactose'. But why didn't you tell me that before? I have three flavors here that are milk-free. I then filled the box with four scoops, two pineapple scoops on one side and two mango scoops on the other. whoever doesn't like mango can have pineapple, whoever doesn't like pineapple can have mango. Then they [the boys] arrived here paying attention to everything. And I told them 'Now you're going to have ice cream!'

And that's how Seu Juarez attracts and engages with his customers, by paying close attention to their needs and talking to them as he constructs his life history in the city where he chose to live with his family. And that's one of the narratives that he'll tell more frequently at the counter. He'll explain about the foundations of his marriage, about the support he's always received from his wife to carry on with professional and personal issues, to carry on with their family. 'We're here because at home there are almost no boys', he says while laughing. 'Only 13 children were born! Four have perished and nine have survived, so we have eight daughters and only one son. All eight women have received full education, all eight got married. We now have 15 grandchildren and four great-grandchildren!'

But despite all his achievements, he reports a problem. He's been losing younger customers. They require ice creams to be covered with toppings, chocolate, strawberry, *dulce de leche*, jelly sweets and other candies that are offered in many ice cream shops in town. Seu Juarez believes these elements are unnecessary since they interfere with the flavor of his creations. 'My customers, I've lost them! Those toppings, those things. People ask me – Got toppings? And I'll tell them – Bring them from home!', he says showing great dissatisfaction.

To prove that his ice cream is different, he decides to share with us one of his exclusive recipes, coconut ice cream. It's one of the most popular flavors among his customers, and we've followed the process paying a lot of attention.

He chooses coconuts he calls 'from the beach'. According to him, they're more adequate for making ice cream since they'll have more meat. To make eight kilos of ice cream, 10 coconuts are required. They're broken open with an iron hammer. The white part of the coconut is removed and put in a small plastic bucket. Then, he blends the coconut meat. After 15 minutes, the paste is sieved to remove all the water. Two packets of powdered milk and two kilograms of sugar are added. The ingredients are then mixed in the blender once more and then transferred to an Italian machine similar to a mixer. After being mixed, it's ready to be stored in an aluminum box and refrigerated. After it's cold, it's ready to be served.

He feels flattered when a client makes a compliment and celebrates the moment of eating with a laughter and says out loud something that represents the major importance that ice creams have in his life, 'if necessary, I'll only eat ice creams for lunch and dinner. My ice cream makes me complete in all senses'. Despite being proud of his craft, he says he cherishes being simple and never greedy. 'My main problem nowadays is called *88 years old*'. The thing he appreciates the most is the exchange, ice creams and singing. 'Boy, I ask you, write to me tenderly. And if you can't find someone to send it, send it through a birdy!'

Whenever you arrive at the ice cream shop, there he is sharing stories about everything he's learned in life. His words remind us of Ana Jácomo when she says 'I've learned with time that happiness vibrates in the frequency of the simplest things. What makes life tender sparks the laughter and invites the soul to play. All such immense little things embroidered with threads of light on the rough fabric of every day life'.

Foods on the way: highway restaurants

RAFAEL SILVA

We start our journey in Pacatuba, metropolitan area of Fortaleza, at *Restaurante Dozinho da Jia*. Dona Maria Zuleida Pereira Chagas and her husband, Dozinho, own it. Dona Zuleida is almost 80 and was born in São Gonçalo do Amarante. She tells us she started working at a very early age making foods at a bar she owned in Fortaleza in 1965. Since then, she's taken various different ways along time and moved to Pacatuba after some time at the city of Itaitinga. There, she also owned a bar where she sold frog meat: breaded or with garlic.

She started using this type of meat through a friend who was in Germany and said that it was a common dish there. She then sent the recipe to Dona Zuleida, and that's how she started using it. First, she'd buy it in the countryside. Eventually, the Brazilian Institute of Environment and Renewable Natural Resources (IBAMA) set clearer rules for frog meats that allowed only male frogs to be sold, since females are responsible for reproduction.

Back when hunting was permitted, Dona Zuleida would receive these frogs alive and would slaughter them with warm water. According to her, 'it wasn't possible to hit them or they'd go off'. Nowadays, she receives them frozen, and she says the freezing process actually changes the flavor of the meat. She also reveals that she 'never actually tasted frog', but that Dozinho and her children like it. She also explains that one of the main success factors for her food is how she makes it. She cooks as if it was for herself, and explains that what she doesn't want for herself, she won't give to anyone else. She also says she doesn't enjoy tasting the food because she can tell if it has too much or too little salt only by its aroma.

Our next stop is at *Restaurante Quatro Bocas*, at the city of Beberibe. One of the dishes served in this famous stop for those travelling around the region is the *Leitão à lenha* (or Pork over Wood Fire), as presented by the restaurant owner, Dona Maria Fernandes. According to her, when she first started her business with her husband in 1971, 'there was no highway, it was a dirt road, there was no asphalt', and very few bus lines passed here.

Pork over Wood Fire is one of the main dishes at her restaurant, and it's usually eaten 'by travellers, truck drivers and workers from the City Hall', she explains. The meat can be prepared with or without its skin. When prepared with its skin, the external layer of fat is maintained (the skin and the bacon), and that this variation will depend on clients' preferences and health requirements – but 'they like it anyway'. Dona Maria Fernandes was taught the recipe of *Pork over Wood Fire* by Marineilda. The pork that is used usually comes from Juazeiro do Norte or it's locally bought from friends and family. According to the interviewee, the main reasons for good results are washing the meat thoroughly four times (using water, vinegar and lime juice) and using plenty of seasoning (onion, garlic, bell pepper, tomato, green onion and parsley). She also tries not to use too much water in the pan because 'if you cook any type of meat with too much water, it's no good. It's tasteless and the salt won't penetrate the meat properly'.

Our last stop is at *Restaurante Marrocos*, in Mulungu, about 120 km from Fortaleza. At this place, we had the opportunity to watch the making of duck stew. Dona Vera Arruda, who presents the dish to us, explains that before the preparation, you must observe how old the duck is. Ducks that are under 1 year old mustn't be slaughtered. She also tells us that, when she first started, nobody raised chickens, ducks and guinea fowls anymore. Nowadays, she sells around 250 fowls during carnival.

Dona Vera reveals that she learned how to cook when she was a child by watching her parents do it when she had to look after her 10 siblings. Since then, she's known all recipes by heart, she doesn't use books because 'those who can do something never forget it', and that she 'was born to work'. She also says she enjoys teaching others how to cook. According to her, making foods home-style makes them tastier, and that her husband (Senhor Francisco) is in charge of slaughtering all the fowls used in the restaurant. Dona Vera and Senhor Francisco say they don't name the animals or get attached to them because they need to slaughter them, so they can't feel sorry for them.

Recipe of frog meat with garlic

Ingredients:

Frog chops;

Black pepper;

Chopped garlic;

Annatto powder;

Sauce (any will do, for example, cheese sauce); salt.

Directions:

Defrost the meat, in case it's frozen. In a bowl, add the meat, black pepper, sauce, annatto powder and salt. Mix well to penetrate the meat. Then fry in preheated oil for 10 minutes. Next add the garlic and fry for 10 more minutes until it's red. All the frying process will take approximately 20 minutes.

***

Recipe of Pork over Wood Fire

Ingredients:

Pork (with or without skin);

Onion;

Tomato;

Annatto powder;

Chili peppers;

Garlic,

Pre-prepared seasoning;

Salt.

Directions:

The first thing to do is washing the meat thoroughly with water and vinegar, and repeating the process four times. However, vinegar must only be used in the first washing and can be replaced by lime juice. After that, lay the meat in a large casserole and cover it with all the seasonings. Take it to the heat with very little water because the meat and the seasonings will let out water during the cooking process. Cooking time: between one and two hours, if it's meat from a young pig.

***

Recipe of duck stew

Ingredients:

1 duck chopped in pieces,

3 teaspoons coriander, chopped,

3 teaspoons red onion;

3 teaspoons garlic;

1 tablespoon vinegar;

1 ½ tablespoon annatto powder;

Salt;

Green onion;

Parsley.

Directions:

Slaughter the duck and bleed it though its neck. Then, remove its feathers in boiling water, clean it with water and lime juice and chop it. Put the duck chops in a pan, add coriander, red onion, garlic, vinegar, annatto powder, green onions, parsley and salt. Stir well until all seasonings are homogeneous, add some water and cover with a lid. Cooking time: 1 to 2 hours, add boiling water whenever necessary. In case it's a casserole that takes longer to heat or in low heat, then cook it for about 3 hours.

RIGORS OF FAMINE AND HUNGER: DIVERSITY OF ALIMENTARY CRITERIA

Culinary wit in times of scarcity

VLÁDIA LIMA

Party food, market food, street food, restaurant food, riverside, lake and beachfront food, farewell (and welcome) food, common land food, industrial food, sophisticated and simple food. Among so many types of food, we've found instances in connection with survival in times of scarcity. Endless droughts are a rather common scenario in the semiarid weather, and keeping children alive is a compelling requirement to sustain life. It implies wit, intuition and intelligence. Primitive preservation instincts have taken parents to overcome starvation and a child's crying in long off-season times and during droughts in the hinterlands through creative, inventive culinary solutions. Some examples are *angu de ovo* (or egg porridge), *cafofa* or *cafofinha de café* (or coffee porridge), *mingau de jatobá* (or West Indian locust porridge), *chibé* (porridge made of cassava flour and coffee), *jacuba* (drink made with water and lime juice and sweetened with sugarcane *panela*) and *macambira* bread (a plant in the same family as the pineapple). Next, we'll explore the stories of the three of these recipes: egg porridge, coffee porridge and West Indian locust porridge.

All of them were found in neighboring communities in the Itaiçaba area. To get there, it's necessary to drive along difficult, dirt roads along the *caatinga*. These are nearly uninhabited areas with colors that ranged from an incredibly deep blue sky to shades of red and adobe. A place that seemed to have stopped in time with all its lack of resources. The wind coming from the sea was delightfully refreshing under the shadows of squeaky-clean yards at the local homes. Silence was the music of our thoughts.

At the Baixo Jequi area, we found Dona Alda's egg porridge. The first time we went to her house, the 79-year-old lady refused to talk because 'her house was a mess', and because of the 'bad memories' that the dish brought her. We then returned there a second time and insisted. Dona Alda found it 'weird' that we'd be interested in 'such unimportant' recipe, 'so common', in her opinion, and went straight on to its preparation. Without explaining much about the details of the recipe and with confident movements in the kitchen, she gives straight answers to our team with tears in her eyes. Dona Alda is very uncomfortable while preparing the dish and revisiting all the memories connected to it. After an entire life of struggle and resistance, she's sure to say that her wealth lies in her 12 children – six men and six women. They've often been fed with egg porridge back at a time when 'milk was hard to find' and 'there wasn't enough for everyone'. To her, cooking and eating the egg porridge isn't a pleasant thing, it's a reminder of times of scarcity.

Coffee porridge was found at a place called Caris, at Dona Fátima's home. At 69, she's the mother of three children and has been divorced from her husband for 37 years. At her simple and neatly organized kitchen (she shares her home with her mother), she describes how coffee porridge is currently made and how it used to be made. She says that, as a child, coffee would be toasted and ground manually, and that sugarcane *panela* would be the sweetener. Flour would be bought measured in liters, and sometimes 'coffee wasn't filtered', and 'bread and cookie were very hard to find'. Such foods could only be found in the city downtown. Dona Fátima learned to make coffee porridge by watching her mother prepare it for her and her siblings. Whenever her mother couldn't make it, she'd make it herself for her family. She's also fed her children with coffee porridge. At the time, each child would have its own 'small bowl to eat the porridge with a spoon'. Dona Fátima says that 'people from the past would do anything to survive, sister'.

The translucent red of the West Indian locust tree porridge was found on the same street in Caris. Dona Maria, 77, invented this rare recipe. We interviewed her in her kitchen and, according to her it was 'a matter of survival'. Dona Maria realized that she could use the West Indian locust tree tea that was commonly used to treat asthma and colds in kids to feed her kids and make them stop crying by adding cassava starch. She attempted to reproduce the preparation in the closest possible way she did in the past. Dona Maria made it while crouching and using a primitive portable stove and a powdered milk can as the pan explaining that, back then, there were no butane gas stoves. There were no small porridge pans either, and that's why she'd use the cans she'd find or be given by neighbors. She summarized her life experience by saying 'oh boy! You have an extremely good life! In my life? I'd make porridge, I'd cook locust bark, orange porridge, you have everything you want nowadays!'

Those who enjoy sensory experiences will definitely enjoy these recipes. They certainly feature extremely unusual, unique flavors and tasty experiences.

Recipe of egg porridge

Ingredients:

½ liter water,

1 tablespoon soy oil,

annatto powder,

½ onion, chopped,

3 eggs,

a few handfuls of thick cassava flour,

salt.

Directions:

Add water, oil, annatto powder, onion and salt in a pan and heat it. When it boils, break the eggs very carefully so that they remain whole during the cooking process. After some minutes, remove the pan from heat and take the eggs one by one from the pan with a spoon. Reserve them. Sprinkle the mixture in the pan with cassava flour in small quantities with one hand, and stir it with a spoon using the other hand. Again, place the pan on heat until it becomes a thick cream. It'll be ready when the flour becomes reddish. Serve it on a plate with the three eggs on top.

***

Recipe of coffee porridge

Ingredients:

1 liter water,

5 tablespoons coffee powder,

6 tablespoons sugar,

1 cup thick cassava flour.

Directions:

Boil 1 liter of water in a pan. Meanwhile, add the coffee powder to a coffee filter on a teapot. When boiling, pour the water in the filter and brew the coffee. Add sugar to the drink. In another pan, add a cup of flour and the coffee. Place the pan on heat and cook it until it boils stirring vigorously and becomes a thick cream. This porridge is thick, has tiny grains and is bright brown in color. Serve it in cups and eat it with spoons. In case you'd like a more liquid texture, add more coffee, hot milk or butter.

***

Recipe of west indian locust porridge

Ingredients:

350 ml water,

1 handful of West Indian locust (*Jatobá*) bark in pieces,

1 tablespoon white sugar,

1 tablespoon cassava starch.

Directions:

First break and grind the pieces of West Indian locust bark using two stones. Then, boil them in a pan for a few minutes. Next, filter the tea using a cloth filter to separate the fibers and cool it by pouring it from a bowl into another – it cools as it's exposed to the air. It's fundamental to cool the tea and prevent the porridge from becoming lumpy and unpleasant to consumption. As soon as it reaches room temperature, add sugar and starch to the tea. Place the pan on heat and boil it again. The porridge will acquire a bright burgundy color and can be served in a cup to be eaten with a spoon.

Agroforestry coffee –Baturité Massif

Nahyara Marinho

"A stimulant drink, coffee is to people from Ceará as *chimarrão* is to people from Rio Grande do Sul: to be drunk at any time, anywhere."

Alberto S. Galeno

The aroma of coffee will usually evoke good memories, good feelings. It brings energy for a new day but also evokes a moment of break during work, chatting time with friends and family in the afternoon break. Despite high average temperatures in Ceará, people usually brew and drink coffee everywhere in the State. It's usually served to guests hot, strong and sweetened.

If the coffee trees could report all they've witnessed, they'd be able to tell us the history of their production and consumption in our State over the last 160 years, at least. At the Baturité Massif in the mountainous area of Ceará, some coffee trees will be that age. They won't have the same production rates as newer trees, but are equally respected by farmers. These farmers will be as careful not to break as single branch, under the risk of losing its beans in the upcoming harvest.

Marcos José de Arruda Garcia from the city of Mulungu is a local inhabitant at the village of Lameirão. He followed us while we investigated these and other stories about coffee. He tells that he was born amid the culture of coffee, and that his family has been in this business since his great-grandfather. These sets of knowledge and know-how were first transmitted to his grandfather Sebastião, then to his mother, who has worked with her nine children in coffee faming since then. Marcos tells us that he'd follow his grandfather during the entire process, including harvest, drying and bean processing.

The Baturité Massif coffee was considered one of the best in the world 150 years ago, and that brought countless riches to the region. It allowed large farmers to send their children to study in other regions and gain external recognition. At a time when money wasn't used, coffee was also the trade currency. Coffee and other products from the mountains such as sugarcane *panela* and banana would be traded by cattle, lambs, flour and other foods from the hinterlands. Marcos's father Nilson was a travelling merchant. He'd travel with a herd of donkeys taking products from one place to another to be sold or traded. An assistant and a son would also follow on foot, and they'd go to the hinterlands carrying the products from the mountains on donkeys. Later, they'd bring chickens, guinea fowls, pigs and cheese. To the family, his return meant absolute happiness and abundance. To the son, these trips remain live in his memory as adventures in 'distant lands', such as Canindé, Caridade and Campos Belos. This profession is extinct nowadays mainly due to roads, cars, trucks and markets.

Also in Marcos's memories are the celebrations of the coffee harvest in the mountains. Farmers would frequently organize these parties and invite neighbors who helped in the production process. Wealthier farmers would even slaughter cattle to be barbecued. Those who were less wealthy would also offer their best: lambs or pigs. In these parties, you could find *mugunzá* (or sweet white corn porridge), *aluá* (a fermented drink made with corn), juice made from the fruits in the farm, wine, and toasted coffee. This tradition is slowly dying nowadays as few families have maintained it.

In 1996, the CEPEMA foundation (Popular Education Center for the Defense of the Environment) offered a course to train Ecologic Agriculture Agents at the Baturité Massif. It was aimed especially at the children of local farmers so that they could learn techniques and encourage their parents to adopt this farming style. Marcos participated in this course because of his interest in agriculture. Despite all the difficulties to attend the course, he concluded it two years later and joined other projects to promote coffee culture and the implementation of agroforestry and organic and ecologic agriculture.

Our interviewee tells us that the ancient farmers wouldn't listen to the younger people and what they'd learned in the course. They didn't want to change their old habits, and these younger people then created smaller areas to train the new techniques. That's how *COMCafé* (Joint Cooperative of Coffee Farmers from the Baturité Massif) was born. It was *Joint* because it aimed at working other products planted in the region, such as bananas, vegetables, fruit and wood. Coffee would be the main product, though. Back in 1998 the *APEMB* (Ecologist Farmers from the Baturité Massif Association) was created, and it now has over 160 coffee farmers from all five municipalities in this massif (Baturité, Palmácia, Mulungu, Pacoti and Guaramiranga) and from the Meruoca Mountain Range area, in Sobral. At that time, their own coffee brand was created: *Café Pico Alto*.

Although the concept of organic production only reached the Massif in 1996, Marcos tells us that the history of coffee production in the region 'was already natural', that is, without chemicals and planted under shadows. In that technique, coffee trees are planted under larger trees. According to him, farmers 'had no idea of what they produced in their fields', referring to the impression that farmers weren't aware of the potential of the coffee they produced. They had no idea it was (or could become) a premium product. With this project, however, they realized the value of the coffee that they produced not only in terms of marketing, but also in terms of history for the region. With the Association, they also have the chance to certify their product as organic and obtain foreign seals (a Swedish and a German seal) and export to other countries.

At the time of this interview (2011), we were informed that the exports had been reduced since production wasn't sufficient to meet the demand. Also because of the quantity of ancient coffee trees, which have lower production capacity than newer younger ones. Other factors that influenced such reduction were the insufficient articulation between the producers and the cooperative and the dependence on distributors. Distributors can finance the production at any time and have the contacts that are required to sell the harvest. The Association aims to eliminate the need for distributors, so that farmers can have higher profits. However, that hadn't been reached so far.

The research team has conducted the interviews at the Association's factory premises, which consists of a large industrial shed lent by the City Hall and filled with vast machinery acquired by the Ministry of the Environment's Environmental Development Program. There was a one-year gap between the initial contract and the arrival of the machinery, causing the local population to become highly disappointed. The arrival of the machinery was celebrated with a party and distribution of processed coffee to everyone in the factory premises. Marcos highlights the importance of the support given by Future Earth, a Swedish organization whose objective is to raise funds for investment in social projects in developing countries.

Later, a team from São Paulo visited the factory to provide training on how to operate the machinery, because the members didn't know how to operate them. Farmers usually take the harvest to the factory with two objectives: either they'll pay for it to be processed (for selling it or for local consumption) or they'll sell it to the cooperative. One of the machines "assesses" the coffee supplied by considering its details. It will assess bean moisture levels, size and weight. Production defects are then placed on a scale. After that, another machine produces the drink. So, each farmer's production samples are assessed as they arrive at the factory.

A small peeling machine peels a sample of the coffee brought by the farmer and then it's sent to the moisture meter. Ideally, moisture levels should remain below 12% and reach a maximum of 14%. Beans are then classified by sieving. This machine has multiple layers with holes in various diameters – the larger the bean, the more expensive it'll be. Most beans produced locally are sieve size 18. In addition to value, the diameter is also used to prescribe the toasting time.

The last process to assess the coffee is the preparation of the drink followed by its tasting. In this stage, specific utensils are necessary – such as glass containers washed with water only not to be contaminated by other aromas and scoop-shaped spoons for the coffee to be tasted only – not drunk. All the content of the scoop is sucked at once for the tasting. To learn the technique, one of the members was trained in São Paulo and then multiplied it to others.

Once the coffee has gone through all these initial assessment procedures, larger quantities are then brought for processing. First, it passes through a peeling machine that peels and weighs the beans concomitantly using fans. Lighter beans are discarded and reused as fertilizer, larger ones are classified by weight and sent to the next stage – toasting. The smaller the beans, the shorter the toasting time. That time will also determine how strong the coffee is. Less toasted beans are closer in flavor to tea. The longer the beans remain in this stage, the stronger the drink will be. It's also fundamental to pay great attention at this stage not to burn the beans. Finally, coffee beans are ground and packaged. This machine creates individual packets with variable pre-programmed weight. The last step involves a high precision scale to check weight and a sealing machine that uses pressure.

The local production at the Massif is quite small in size, and represents about 15,000 coffee bags (60 kg each) in the whole area. That is the equivalent to the production of a sole farm in the main Brazilian coffee producing areas. That's why the farmers at the Massif try to stand out with premium, high-quality products, and selection plays an important role there. Currently, machines make the selection by weight using fans, but some *defective* beans still escape this process and have to be manually removed.

This step takes place before the beans are toasted. Women are in charge of this stage. As we were told, that is due to their practice acquired at home picking rice and beans. They are called for more demanding services, when a client demands coffee with *higher quality*. These ladies are called *pickers* and work in groups of 20 people in morning, afternoon and evening shifts. They can't wear nail polish or perfume not to interfere in the beans' flavor. According to Marcos, older women with more experience in home chores perform with higher quality.

These women search the beans for defects. Blotchy beans, for example, may result from problems in drying. A bean may have absorbed moisture or have dried unevenly. These beans are larger thus visible. Bits, stones, coffee berry borer (a beetle that drills coffee beans), black beans (unripened or green beans that are darker and influence the final flavor), crushed or stained beans (as they toast faster, final flavor will also be affected), mocha beans (round beans that toast faster): everything is duly identified. Musty beans are another problem due to fermentation that can increase the temperature and burn the beans, the result of inadequate storage with excessive moisture. A technician from the State of Minas Gerais was hired to identify and train others to identify all such defects.

Marcos also tells us that technology won't replace the traditional farmer's knowledge that he's received from his father. It's in their essence, he says. Agronomists learn it from books, farmers learn it from experience. He gives an example on this subject telling us about a training course that was given at the Massif. The course prescribed cutting down trees to increase productivity. However, he tells us that this type of technique is specific for other types of weather but not the weather in Ceará. Due to its extreme temperatures, it's necessary to have 60% to 70% shadows. Contour plowing, however, is a fundamental kind of knowledge for the region that wasn't present in their traditional farming techniques. Our interlocutor highlights the importance of such dialog between the farmers' experience and the knowledge from scientific research.

He also tells us about coffee farming in the past. In his grandfather's days, coffee was ground in a machine called *rodeiro*, which was run by an animal. When people processed their own coffee at home, they'd toast it in large ceramic pans (sometimes in a *caco*[12]) and grind it with a mortar and pestle. To know when the drying stage on patios was over, beans would be shaken and their sound, assessed.

Farmers wouldn't be able to afford agrochemicals, and had to weed their terroirs manually with

....

12 These large ceramic pans would usually belong to the farm owner. The *caco* was a crack from the owner's pan that would break away from it and was used by the employees, who couldn't afford their own pan.

mattocks and sickles. Women would be responsible for harvesting in groups of 10 and an overseer. This person would oversee the work and help women reach higher branches, for example. Currently, women won't accept this kind of work anymore because 'it's considered too heavy'. Additionally, there's 'rain, snakes and other animals'. But that's not all. Marcos also believes that low wages are another factor that keeps women away from the fields. He believes that men-led harvesting is less profitable because women tend to be more careful, more patient – while men will break branches more frequently.

We also visited *Fazenda Floresta*, a farm in the city of Guaramiranga, in the same Massif. There, we discovered the reality of another type of farmer, those from large farms belonging to families that have produced coffee for generations, since the Golden Age of the area. The white house in ancient style has a date on its façade, 1875. It's located close to the street in one of its curves and it's extremely beautiful and well preserved. Our hosts are Senhor João Caracas and his wife, Dona Eunice. The mild weather at the Massif due to a cloudy day is leveraged by a large amount of plants in their property. There were plants all over the place and the walls were dotted with vases hanging on them. Senhor Caracas keeps a kiosk close to the road, next to the entrance to the property. There, he sells his products to passersby, such as packs of coffee, bottled banana *cachaça* (or banana brandy), jenipapo and tangerine liqueurs, brown sugar, banana flour, dried bananas etc. Everything locally produced at *Fazenda Floresta*.

The couple then invites us to visit the place where they process coffee, sugar and the banana *cachaça*. We are then taken to the farm's factory, a vast shed with various levels, extensive machinery, gears and tools. We start our visit through the back, and see a gear with a circle around it on the floor. In the past, animals would push that machine called *rodero* to peel the coffee cherries. Coffee cherries were placed at the center of the machine to be peeled. Then, the resulting product would be taken to an *urupema*[13], where the peels were separated from the beans. Senhor Caracas tells us that the process of peeling coffee cherries in the *rodero* would last about 40 minutes, and that it's a very ancient technique that dates back to his grandfather's days. The machine currently used saves time, since it peels and removes the peels at once – his father bought it in 1945. According to Senhor Caracas, the machine produces five coffee bags (or 300 kg) per hour.

But before being processed, red coffee cherries are dried under the sun for 20 days on the patio. Senhor Caracas highlights the importance of the construction material used in the patio, he believes that patios built with cement or tiles may burn the coffee. It's ideally constructed in adobe or ceramic bricks. His patio was built with ceramic bricks. Coffee cherries must be revolved three times a day and moved to a drier area of the patio to avoid the reabsorption of moisture.

After being peeled, the beans move to the toasting machine. In the past, they'd be toasted in large ceramic pans, an activity that would be usually performed by women. Nowadays, an electric machine that processes 10-kilogram batches powers a gear that spins a cylinder. Inside it, coffee beans are toasted under a gas flame for about 30 minutes. Senhor Caracas shares his knowledge of coffee toasting saying that three factors must be carefully observed, time, smoke and color. Time is an average that's defined by experience. It defines when it's time to care about the other factors. The smoke changes color when the coffee is nearly done becoming bluish. Finally, the color of the beans must be brown, 'the same color as a Franciscan friar's cassock', explains the interviewee.

Toasting is one of the most critical stages in coffee production. If it's either too toasted (burned) or not enough toasted, its flavor will be affected, and an entire harvest may be lost. The drink may become too bitter. That being said, Senhor Caracas

....

13 A sieve made with vegetable fiber.

explains that women who used to toast coffee in the past were in fact coffee experts called *toasters*. They'd be renowned in the entire area for having such sets of knowledge.

Finally, after being toasted, coffee is then ground. Senhor Caracas explains to us that he had bought a grinder in São Paulo. But because he considered that it was too slow, he's adapted a grass grinder, normally used to grind straws and other vegetables for animal fodder. That was a very fortunate event to him, since it's a major time saver and production enhancer and it was his own idea. According to him, that happened thanks to his experience acquired in factories in Rio de Janeiro, where he learned about machinery in general.

Senhor Caracas also explains that his coffee is 'pure': it consists only of toasted, ground coffee beans and nothing else. Also according to him, there are countless brands of "corned" coffee in the market, which add maize straw in the grinding stage. Another difference that he presents to justify his coffee's higher quality is its species. There are two species, *arabica* (with larger beans) and *robusta* (more productive, easier to handle, but with smaller beans). Senhor Caracas explains to us that the *arabica* coffee cherries have a type of 'honey' that is absorbed by the beans while they dry on the patio. *Robusta* coffee cherries, also known as *Conilon* coffee, are smaller and cannot be dried on the patio. They're processed in machines that dry, peel, toast and grind them within a single day. Senhor Caracas identifies that production time difference, including the planting time and the drink flavor as the main quality factors.

The following process is packaging, when the ground coffee is weighed and packaged in transparent plastic bags, which are wrapped by jute or cotton sacks, then labeled with the product information. Senhor Caracas also tells us that, when not sealed properly or exposed to direct sunlight, coffee will lose its flavor and aroma. That's why he's chosen to sell his coffee in this type of double--layered packaging.

After visiting the factory premises, we're taken to see a coffee tree in his farm. He shows major concerns about the environment and explains that two-thirds of his farm isn't used for planting, so that water won't run dry. He's also chosen to produce organically, that is, without using pesticides or chemical fertilizers. That's why his farm doesn't have productivity levels similar to others that use these products.

He's also shown great concerns about the agrochemicals used in other farms to eliminate invading weeds or insects that may harm the plantations as a strategy to increase productivity. He sees them as poison, absorbed by our bodies when products are eaten, causing various diseases.

The Caracas have worked with coffee for four generations, since the 19th century. In his farm, there are centennial coffee trees that still produce. His history and his family's are consequently intertwined with the history of coffee farming in the State of Ceará.

The house where he currently lives belonged to his grandfather. His family, however, used to live in the city of Guaramiranga. After his father Senhor Rodrigo Caracas got married, however, the just--married couple moved to the farm, back in 1922. Since then, he expanded business and made a few changes to the house expanding it to host a growing family. In all, he had nine children.

The columns inside the house were originally made in wood. But since they demanded much maintenance, they've been replaced by masonry columns. The furniture was mostly considerably ancient and very well preserved. Some made of real wood, inherited from his grandmother.

When showing the photographs of his family, Senhor João Caracas is touched by strong emotions. His parents, grandparents, brothers, sisters and in-laws, people whose names he's able to tell one by one by pointing at their faces. There are also portraits painted by a sister, his wife and his mother.

His mother's paintings were the most precious ones to him, and are kept in Fortaleza to avoid being harmed by the humidity. She was born in Parnaíba, in the State of Piauí, and had studied in the Fine Arts Institute, in Rio de Janeiro. There were also countless souvenirs from trips in all rooms around the house.

Senhor Caracas frequently praises and remembers his father's efforts to provide education to all of his nine children. His sisters reached middle school locally in Guaramiranga or Pacoti. He and his brothers went to other cities and were supported by their father. He attended middle school in Parnaíba, State of Piauí, and secondary school in São Luiz, in the State of Maranhão. In the end of 1952 he returned home for school holidays. But as his father was ill, he asked him to stay for a few days to help. He ended up staying until 1958 to help manage the employees and other duties. He then decided to move away in that year because he'd planted a vast area with corn, beans and cotton but the drought prevented them from harvesting it, which made him rather depressed.

Aged 21 at the time, he moved away from Ceará to Rio de Janeiro, where he managed to find a stoker job at a factory. There, he'd help maintain the boiler that powered all the machines in the factory. He spent 20 years at this factory and eventually became a manager. After that, he passed a civil service test for the Industry Confederation, and worked there for 15 more years. That was when he was asked to work in Fortaleza in shrimp farming and met his wife, who he'd dated in their adolescence.

Everything he knows about farming he learned from his father. Preparing the land, weeding, harvesting, drying, peeling and toasting. Among all the things he's learned in order to produce high-quality coffee, he was taught that the coffee trees had to be sheltered under the shadows of larger trees. Also, removing larger plants from around the coffee trees after April, when it's about time to harvest. Additionally, it's important to observe the drying stage, as explained before. Finally, coffee must only be peeled if it's toasted immediately. If, for some reason, the subsequent stages cannot be performed at once, the dried coffee cherries must be stored with their peels. If the peels aren't kept, humidity may acidify them and lead to fermentation.

He also tells us that in the 1920s, because of World War I, the coffee crisis in Brazil also reached Guaramiranga. Farmers started planting sugarcane and producing brown sugar and sugarcane *panela*. At the time, people would come in animal-drawn wagon convoys to exchange local produce by produce from the hinterlands, such as beans and cotton. Using print money and coins was rare at the time, and product exchange was considerably more common. Also, they'd use a local currency called *boró*, a type of voucher that would be accepted by other shops and farms. Workers would also get paid with this currency.

And that's the end of our journey in the coffee world, from the point of view of these experience people, at the Baturité Massif. A journey in a mild weather and delightful perfume that evokes so many memories connected to familiar flavors and aromas.

EQUIPE - TEAM

IDEALIZAÇÃO E COORDENAÇÃO DA PESQUISA COMIDA CEARÁ - *FOOD IN CEARÁ RESEARCH CONCEPTION AND COORDINATION*

Valéria Laena, historiadora pela Universidade Federal do Ceará com pesquisas relacionadas a bens culturais materiais e imateriais no estado, na pesquisa e produção de documentários que valorizam a criação artesanal e artística de anônimos e mestres de ofícios, e na gestão de museus. Trabalhou como diretora na reestruturação do museu oficial do Estado, Museu do Ceará, e atualmente na diretoria de museus no Instituto Dragão do Mar em Fortaleza onde cria e desenvolve projetos especialmente para o Museu da Cultura Cearense. É idealizadora do Projeto Comida Ceará, coordenadora da pesquisa de campo e organização dos acervos desse projeto para fins de exposições, documentários e publicações entre outros produtos.

Valéria Laena holds a degree in History from the Federal University of Ceará. She's done research on material and immaterial cultural assets in Ceará, research and production of documentaries on the artisanal and artistic creation of anonymous people and crafts masters, and on museum management. She's worked as a director in the restructuring of the official State museum, the Museum of Ceará. Currently, she creates and develops projects for the Museum of the Culture from Ceará at the Office of the Director of Museums at the Sea Dragon Institute in Fortaleza. She has created the Foods from Ceará project and ishe s the project coordinator of field research and organization of collections for exhibitions, documentaries and publications, among other products.

CONSULTORIA E ORIENTAÇÃO - *CONSULTING AND GUIDANCE*

Raul Lody, antropólogo, museólogo, escritor, pensador da comida e da alimentação, criador e curador do Museu da Gastronomia Baiana – Senac Bahia (2006) representou o Brasil na International Commission on the Anthropology Food – ICAF (2003-2013). É autor de centenas de artigos e mais de 70 livros publicados sobre comida e cultura, patrimônios culturais de matriz africana e arte popular. Recebeu cinco premiações nacionais e duas premiações mundiais pelo Gourmand World Cookbook Awards. Coordenou o projeto de patrimonialização do Ofício da Baiana de Acarajé como Patrimônio Nacional (Iphan). Recentemente publicou pela editora Senac São Paulo os livros "*Coco, Comida Cultura e Patrimônio*", "*Vocabulário do Açúcar: histórias, cultura e gastronomia da cana sacarina no Brasil*" e "*A Virtude da Gula: pensando a cozinha brasileira*". Assina o blog *brasilbomdeboca. wordpress.com*. Desenvolve, no Brasil e no exterior, projetos de pesquisa sobre alimentação e cultura.

Raul Lody, anthropologist, museologist, writer, food thinker, creator and curator of the Museu da Gastronomia Baiana – Senac Bahia (or Museum of the Gastronomy from Bahia) (2006), represented Brazil at the International Commission on the Anthropology of Food – ICAF (2003-2013). He's written hundreds of articles and published over 70 books about food and culture, African heritage and popular culture. He's been awarded five times in Brazil and twice abroad by the Gourmand World Cookbook Awards. He coordinated the project to turn the Craft of the Baiana of the Acarajé into a National Heritage (Iphan). Recently, he's had the books Coco, Comida, Cultura e Patrimônio, Vocabulário do Açúcar: histórias, cultura e gastronomia da cana sacarina no Brasil and A Virtude da Gula: pensando a cozinha brasileira published by Editora Senac São Paulo. He also develops, both in Brazil and worldwide, research projects on food and culture. You can visit his blog on brasilbomdeboca.wordpress.com.

ORGANIZADORES DESTE LIVRO - *ORGANIZERS OF THIS BOOK*

Domingos Abreu fez graduação e mestrado em Lyon e seu doutorado em Fortaleza. É professor titular da Universidade Federal do Ceará no departamento de Ciências Sociais (entrou na UFC em 2000). Dá aulas de sociologia para o curso de gastronomia da UFC e orientou alguns trabalhos de conclusão do curso de gastronomia que mostram a interface entre o ato alimentar e a socialização dos indivíduos. Foi cozinheiro profissional nos anos 1980 e ainda hoje leva muito a sério a preparação das refeições em sua casa, sendo por elas o responsável (o que deixa sua esposa muito feliz).

Domingos Abreu holds a master's and an undergraduate degree obtained in Lyon and a doctor's degree obtained in Fortaleza. He's a professor at the Federal University of Ceará in the Social Sciences Department – he's been at UFC since 2000. He teaches Sociology for the Gastronomy undergraduate course at UFC and has supervised Gastronomy monographs that show the relations between food actions and socialization among people. He was a professional cook in the 1980s and continues to take food preparation very seriously at his home. He's in charge of cooking at home, to his wife's delight.

Maria de Fátima Farias de Lima é doutoranda em Sociologia pela Universidade Federal do Ceará, mestre em Sociologia (2010) e graduada em Ciências Sociais pela mesma universidade (2007). Tem experiência nas áreas de Antropologia e Sociologia, com ênfase em Antropologia da Cultura Material e Sociologia da Alimentação. Realiza pesquisas sobre práticas alimentares, patrimônio cultural e memória social desde 2006. Desde 2015 tem se dedicado especificamente ao estudo da produção de queijo artesanal de leite cru no Brasil e dos universos práticos, teóricos e legais que o cercam. Foi pesquisadora do Projeto Comida Ceará e membro do Núcleo de Pesquisa Cultura e Memória do Centro Dragão do Mar de Arte e Cultura.

Maria de Fátima Farias de Lima is a doctoral candidate in Sociology at the Federal University of Ceará. Maria also holds a master's degree in Sociology (2010) and an undergraduate degree in Social Sciences (2007) from UFC. She's experienced in Anthropology and Sociology, especially in Anthropology of the Material Culture and Food Sociology. She's developed research on food habits, cultural heritage and social memory since 2006. She's dedicated specifically to the study of the production of artisanal cheese made from raw milk in Brazil and its related practical, theoretical and legal issues since 2015. She was a researcher of Foods from Ceará project and a member of the Memory and Culture Research Group from the Sea Dragon Center of Arts and Culture.

FOTOGRAFIA - *PHOTOGRAPHY*

José Albano foi professor de Inglês e Português antes de optar pela fotografia, obtendo um mestrado na Syracuse University, Nova York, com bolsa da Comissão Fulbright do governo americano. Como fotojornalista, percorreu os Estados Unidos, o Canadá e 12 países da Europa, publicando 42 reportagens (texto e fotos) no jornal O Povo, em Fortaleza, cidade onde trabalhou com publicidade, retratos, ilustração de livros didáticos, documentação para o governo, comércio, indústria, agricultura e ecologia, hotelaria e turismo, artes e espetáculos, além da paisagem, fauna e flora do Ceará, as viagens de motocicleta e o movimento alternativo em todo o Brasil. Publicou dois livros "José Albano – 40 Anos de Fotografia" e "Manual do Viajante Solitário" pela Terra da Luz Editorial. Como ambientalista, conduz uma ecovila dedicada ao reflorestamento e ao uso da energia solar em Sabiaguaba, Fortaleza, onde mora desde 1975.

José Albano was an English and Portuguese teacher before he chose photography. He holds a Master's degree from Syracuse University, New York, obtained with a Fullbright Commission scholarship from the USA government. As a photojournalist, he's traveled around the USA, Canada and 12 European countries and published 42 features (text and photographs) on O Povo newspaper, in Fortaleza. There, he's worked in advertising, portraits, illustration of schoolbooks, documents for the government, commerce, industry, agriculture and ecology, hotels and tourism, arts and performance. He's also photographed the fauna and flora of the State of Ceará, motorcycle travels and alternative movements all around Brazil. He's had two books (José Albano – 40 Anos de Fotografia and Manual do Viajante Solitário) published by Terra da Luz Editorial. As an environmentalist, he runs an ecovillage dedicated to reforestation and use of solar energy in Sabiaguaba, Fortaleza, where he's lived since 1975.

Maurício Albano ensinou Inglês antes de tornar-se fotógrafo profissional com curso de fotojornalismo, estúdio e laboratório colorido no Philadelphia College of Art com bolsa da CAPES/Fulbright, atuando nas áreas de fotografia de eventos sociais, retratos, publicidade, turismo, arquitetura, agricultura, indústria e comércio, editorial, didática, ambiental e fotografia aérea. Documentou, durante os anos 1970, os principais polos de produção do artesanato cearense para a Secretaria da Cultura do Estado do Ceará – Secult. A partir daí, passou a documentar com muito afeto, durante todo o resto da sua vida, o patrimônio cultural, imaterial e natural dos diversos ecossistemas cearenses, onde seu olho colocava-se para fora de si mesmo, indo em busca da alteridade e da mais autêntica cearensidade. Essa paixão gerou a parceria com Rachel de Queiroz no seu livro "Visões" para a editora Tempo d'Imagem, continuando no livro "Panoramas Ceará por Inteiro" para a Terra da Luz Editorial.

Maurício Albano taught English before becoming a professional photographer with a course in photojournalism, studio photography and development of color photos at the Philadelphia College of Art with a CAPES/Fullbright scholarship. He worked with photography for events, portraits, advertising, tourism, architecture, agriculture, industry and commerce, publishing, didactical, environmental and aerial shooting. In the 1970s, he photographed the main handicrafts production areas in the State of Ceará for the State Secretariat of Culture (Secult). After that, he dedicated to documenting the material, immaterial, cultural and natural heritage in the various ecosystems in the State of Ceará. He attempted to distance his gaze from himself to search for alterity and the most authentic identity from the State of Ceará. Such passion evolved into a partnership with Rachel de Queiroz in their book Visões, for Editora Tempo d'Imagem, which was continued in the book Panoramas Ceará por Inteiro, for Terra da Luz Editorial.

PESQUISADORES - *RESEARCHERS*

Evandro de Lima Magalhães tem graduação em Ciências Sociais pela Universidade Federal do Ceará. É pesquisador do projeto "Antropologia e Políticas Públicas: Incentivo ao Turismo no Extremo-Oeste da Costa Cearense e Impactos sobre Populações Locais", coordenado pela Profª. Drª. Lea Carvalho Rodrigues (Ciências Sociais, UFC). Possui experiência no trabalho de campo em Antropologia Social e das Sociedades Contemporâneas, tendo realizado, desde outubro de 2007, pesquisas etnográficas no Município de Camocim, praia de Nova Tatajuba, a respeito das relações entre turismo e populações locais. Participou da pesquisa sobre os "Microprojetos Mais Cultura no Semi-árido Brasileiro", do Ministério da Cultura, tendo experiência em trabalhos etnográficos em comunidades urbanas, indígenas e quilombolas nos estados do Maranhão, Piauí, Rio Grande do Norte, Paraíba e Bahia.

Evandro de Lima Magalhães holds a degree in Social Sciences from the Federal University of Ceará. He's a researcher for the project "Anthropology and Public Policies – Tourism Incentives in the Far-West Coast of Ceará and Impacts on the Local Populations", which is coordinated by professor Lea Carvalho Rodrigues (Social Sciences/UFC). He's experienced in field research on Social Anthropology and Contemporary Societies and has developed ethnographic studies at the Nova Tatajuba beach in the city of Camocim on the relations between tourism and the local populations since October 2007. He participated in Ministry of Culture's study "Microprojects More Culture at the Brazilian Semi-arid", and has experience in ethnographic studies in urban, indigenous and quilombola communities in the States of Maranhão, Piauí, Rio Grande do Norte, Paraíba and Bahia.

....

Magda Mota possui formação técnica em Restauração de obras de arte. Atua principalmente nos seguintes temas: exposições, documentação e conservação de acervos museológicos. Hoje, a partir da participação da documentação da Pesquisa Comida Ceará, desenvolve um olhar pesquisador sobre os processos artesanais de feitura do de comer no Ceará.

Magda Mota is an Artworks Restoration technician. She works especially with exhibitions, document collection and conservation of museum collections. Currently, she studies artisanal processes of food making in Ceará since her participation in document collection for Foods from Ceará project.

....

Maria Rosalete Pontes Lima tem graduação em Ciências Sociais pela Universidade Federal do Ceará (2006) e mestrado em Sociologia pela Universidade Federal do Ceará (2009). Foi Analista de Desenvolvimento Urbano na Secretaria das Cidades do Governo do Estado do Ceará, atuando na área de Habitação de Interesse Social nos anos de 2015 e 2016. Entre 2013 e 2014 foi consultora PRODOC (IPHAN/UNESCO) no Instituto do Patrimônio Histórico e Artístico Nacional em Fortaleza/CE, desempenhando atividades na área do patrimônio imaterial, relacionadas à capoeira e festas religiosas. Como pesquisadora do Memorial da Cultura Cearense (Centro Cultural Dragão do Mar), no período de 2009 à 2012, realizou pesquisas e ações relacionadas à cultura, à memória e à oralidade cearenses, debruçando-se sobre questões como arte e cultura, cotidiano, trabalho e alimentação. Como docente ministrou disciplinas no Instituto de Desenvolvimento, Educação e Cultura do Ceará (IDECC), Faculdade Maurício de Nassau e Faculdade Metropolitana da Grande Fortaleza (FAMETRO) e foi tutora da UAB-UFC. Realizou trabalho de assessoria técnica para assentados da Reforma Agrária pela COPASAT – Cooperativa de Prestação de Serviços e Assistência Técnica, com atividades educacionais e de pesquisa. Tem experiência em pesquisa acadêmica e museólogica na área de Ciências Sociais, com ênfase em Sociologia e Antropologia, atuando principalmente nos seguintes temas: pensamento social brasileiro, intelectuais, identidade cultural, identidade nacional e patrimônio cultural.

Maria Rosalete Pontes Lima holds an undergraduate degree in Social Sciences (2006) and a master's degree in Sociology (2009) from the Federal University of Ceará. She was an Urban Development Analyst at the Secretariat for the Cities in the Government of the State of Ceará, where she worked with social interest housing in 2015/2016. In 2013/2014, she worked as a PRODOC consultant (Iphan/Unesco) at the National Historic and Artistic Heritage Institute in Fortaleza, where she developed activities related to immaterial heritage about capoeira and religious festivities. As a researcher at the Memorial for the Culture of Ceará (Sea Dragon Cultural Center) between 2009 and 2012, she developed studies and initiatives related to culture, memory and orality from Ceará and studied arts, culture, daily life, work and food. As a professor, she's taught courses at the Development, Education and Culture Institute from Ceará (IDECC), Maurício de Nassau Faculty, Metropolitan Faculty from the Great Fortaleza (FAMETRO), and was a supervisor at the UAB-UFC. She's also provided technical assistance to people from Land Reform settlements via the Cooperative for Provision of Services and Technical Assistance (COPASAT) in the areas of education and research. She's experienced in academic research and museology in the area of Social Sciences, especially in Sociology and Anthropology. She's worked with the following subjects: Brazilian social thinking, intellectuals, cultural identity, national identity and cultural heritage.

....

Nahyara Estevam Marinho é doutoranda em Sociologia pela Universidade Federal do Ceará, fez graduação em Ciências Sociais e mestrado em Sociologia na mesma Universidade. Atualmente desenvolve pesquisa sobre os trabalhadores portuários avulsos no Porto do Mucuripe e teve experiências profissionais em ensino, consultoria e pesquisa. Com relação à docência, ministrou aulas presenciais em diferentes instituições, em Fortaleza e em cidades do interior do Ceará, também facilitou aulas a distância, por meio da metodologia de EaD da Universidade Aberta do Brasil – UFC e IFCE. Em consultoria, participou da elaboração dos Planos Territoriais de Desenvolvimento Rural e Sustentável – PTDRS, relativo às áreas de Educação e Cultura, para o Instituto Agropólos do Ceará e Governo Federal. Na pesquisa, colaborou com o Mapeamento do Patrimônio Material e Imaterial do Estado do Ceará e no Projeto Comida Ceará, promovido pelo Memorial da Cultura Cearense do Instituto Dragão do Mar de Arte e Cultura.

Nahyara Estevam Marinho is a doctoral candidate at the Federal University of Ceará (UFC). Nahyara also holds a master's degree in Sociology and an undergraduate degree in Social Sciences from UFC. Currently, she develops a research project on freelance port workers at the Mucuripe Port. She's experienced in education, consultancy and research. She's taught on-site courses in several different institutes in Fortaleza and in Ceará countryside, as well as distance-learning courses for the Brazilian Open University (UFC & IFCe). Nahyara has participated as a consultant in the development of the Territorial Plans for Sustainable Rural Development (PTDRS) in the areas of Education and Culture for the Federal Government and Agricultural Centers Institute of Ceará. She's collaborated as a researcher in the Material and Immaterial Heritage Mapping of the State of Ceará and in the Foods from Ceará project by Memorial of the Culture from Ceará from the Sea Dragon Center of Arts and Culture.

....

Rafael Ricarte da Silva é doutorando em História Social pela Universidade Federal do Ceará, com estágio de Doutorado Sanduiche no Instituto Universitário de Lisboa – ISCTE, Mestre em História Social (2010) e Licenciado em História pela UFC (2007). Especialista em Planejamento, Implementação e Gestão da Educação a Distância pela Universidade Federal Fluminense (2012). Participa do Grupo de Estudo e Pesquisa – História do Ceará Colonial: economia, memória e sociedade. Tem experiência na área de História, com ênfase em História Moderna e História do Brasil Colonial, atuando nos seguintes temas: História Agrária, História das Elites, História e Direito e História do Ceará Colonial. Atualmente é professor do Curso de Graduação a distância em História das Faculdades INTA, setor de História do Brasil.

Rafael Ricarte da Silva is a doctoral candidate at the Federal University of Ceará (UFC) with partial completion at the University Institute of Lisbon (ISCTE). Rafael holds a master's degree in Social History (2010) and an undergraduate degree in History (2007) from UFC. He also holds a specialist's degree in Planning, Implementation and Management of Distance Learning from the Fluminense Federal University (2012). He´s part of the History of Colonial Ceará Study and Research Group – economy, memory and society. Rafael is experienced in History, especially in Modern History and Colonial Brazilian History. He's worked with the following subjects: Agrarian History, History of the Elites, History & Law and History of Colonial Ceará. Currently, he's a professor at the distance learning undergraduate program in History at the INTA Faculty in the Brazilian History Department.

....

Vanessa Paula Ponte é doutoranda em Ciências Sociais da Universidade Estadual de Campinas – UNICAMP, mestre em Sociologia (2008) e bacharel em Ciências Sociais (2005) pela Universidade Federal do Ceará. Realizou pesquisas, com abordagem antropológica, na Secretaria de Educação continuada, diversidade e inclusão (SECADI) numa parceria do Ministério da Educação (MEC) e (UNESCO). Foi membro do Projeto de Assistência Técnica à elaboração de Planos Municipais de Cultura no município de Fortaleza/CE, atuando na Secretaria de Cultura de Fortaleza, na função de consultora do Ministério da Cultura (MINC). Como membro do Núcleo de Pesquisa, Cultura e Memória do Centro Dragão do Mar de Arte e Cultura realizou pesquisas e ações educativas relacionadas à cultura, à memória e à oralidade cearense. Na docência, ministrou disciplinas nas áreas de Sociologia e Antropologia para o departamento de Artes Cênicas da Universidade de Brasília (UNB), Instituto de desenvolvimento, Educação e Cultura do Ceará (IDEEC) e para Escola de Gestores da Universidade Federal do Ceará. Desenvolve pesquisas nos seguintes temas: gênero, sexualidade, história da beleza, sociologia da infância, antropologia da criança.

Vanessa Paula Ponte is a doctoral candidate in Social Sciences at the State University of Campinas (UNICAMP). She also holds a master's degree in Sociology (2008) and an undergraduate degree in Social Sciences (2005) from the Federal University of Ceará. She's done research with an anthropological approach at the Secretariat of Continuing Education, Diversity and Inclusion (SECADI) in a partnership with the Ministry of Education (MEC) and Unesco. She was a member of the Technical Assistance to City Culture Plans Project at the city of Fortaleza, in the State of Ceará, working as a consultant from the Ministry of Culture (MINC). As a member of the Memory and Culture Research Group from the Sea Dragon Center of Arts and Culture, she's done research and educational initiatives related to culture, memory and orality from Ceará. As a professor, she's taught subjects related to Sociology and Anthropology at the Brasília University (UNB) Drama Department, at the Institute for Development, Education and Culture of Ceará (IDEEC) and for the Management School at the Federal University of Ceará. She develops studies in the following areas: gender, sexuality, history of beauty, childhood sociology and child anthropology.

....

Vládia Eufrásio Lima possui graduação em Engenharia de Alimentos pela Universidade Federal do Ceará (2006). Tem experiência na área de Ciência e Tecnologia de Alimentos, com ênfase em Ciência e Tecnologia de Alimentos, desenvolvimento de produto, educação alimentar para comunidades bem como direito alimentar e uso de energias renováveis na produção de alimentos. Possui experiência também em pesquisa etnográfica alimentar, com ênfase na comida cearense.

Vládia Eufrásio Lima holds an undergraduate degree in Food Engineering from the Federal University of Ceará (2006). She's experienced in Food Science and Technology especially in product development, community food education, food rights and use of renewable energies for food production. She is experienced in food ethnography research of foods from Ceará.

AGRADECIMENTOS

É, sem dúvida, uma oportunidade única participar do quadro de publicações de uma editora comprometida com a gastronomia como objeto de estudo nas diversas áreas do saber com as quais ela estabelece interfaces. Sinceros agradecimentos a Ivan Prado, consultor de projetos educacionais na área da gastronomia do Senac Ceará, ao olhar aguçado da editora local Denise de Castro e ao Senac Ceará, que integra o Sistema Fecomércio.

Para execução do projeto Comida Ceará, foram de fundamental importância os contatos locais de prefeituras, secretarias, associações, cooperativas, além de voluntários e dos próprios entrevistados. Somos gratos aos funcionários das secretarias municipais de Cultura: em Assaré, a Marcos e Vandinha; em Barbalha, a Nice; em Banabuiú, a Sata; em Beberibe, a Evandro; no Crato, a Paulinho; em Croatá, a Aurinha Feitosa; em Guaramiranga, a Ricardo Ovídio; em Guaraciaba do Norte, a Batista Aragão; em Icapuí, a Antoniete; em Itaiçaba, a Luíza Ferreira; em Icó, a Deuzimar; em Iguatu, a George; em Itapagé, a Socorro; em Ipú, a Lúcia Torres; em Jaguaribe, a Jaqueline Rodrigues; em Jaguaribara, a Eva e a Hilda; em Limoeiro do Norte, a Lúcia; em Morada Nova, a Ilzair Castro; em Mulungu, a Nilson; em Orós, a Ananias Arileudo; em Pacoti, a Fagner; em Pentecoste, a Solange; em Quixadá, a Osmundo e Henrique Rabelo; em Quixeramobim, a Karina Dantas; em Russas, a Eliane e a Fabiano; em Senador Pompeu, a Naiana; em Sobral, a Elisa e Rejane; em Tauá, a José Roberto; em Tejuçuoca, a Mansueto; em Ubajara, a Rosimere; em Uruburetama, a George Barroso; em Trairi, a Eva Ribeiro; em Várzea Alegre, a Toinha.

Em Acaraú, a Narcélio, da Secretaria de Agricultura e Pesca; em Baturité, a Maninho Tavera; em Barreira, ao pessoal do Instituto Centro de Ensino Tecnológico; em Barbalha, a Maria Irani Dantas; em Barroquinha, a Jonas Veras; em Beberibe, a Evandro Vieira; em Caucaia, a Weibe e dona Raimunda, da comunidade indígena Tapeba; em Camocim, a Emanuel Santos, do Sindicato dos Pescadores; no Crato, a Vicente de Paulo Souza; em Cruz, a Geraldo Cunha e Geraldo Martins, à Associação de Produtores de Algas de Fleixeiras e Guajiru; em Icapuí, a Antoniete Santos e às Mulheres de Corpo e Alga, projeto desenvolvido pela OSCIP Brasil Cidadão na Praia da Barrinha; em Icó, a Deuzimar Feitosa; em Iguatu, a George Gouveia; em Itarema, aos índios Tremembé na pessoa do cacique João Venâncio; em Jaguaruana, a Dodó, o Franscisco Wellington; em Jardim, a Lucinha Meneses; em Mulungu, a Nilson Alves; em Orós, a Ananias Aurileudo;

em Pacatuba, aos índios Pitaguary, cacique Daniel (*in memoriam*) e Madalena e Ceiça; em Paracuru, a Teresinha de Fátima; em Pentecoste, ao Centro de Pesquisa do DNOCS nas pessoas do Pedro Eymard e à Maria do Socorro Mesquita; em Palhano, a Pequena; em Pacoti, a Fagner; em Sobral, a Rejane Reinaldo, em Tejuçuoca, a Mansueto e a Franscisco Maciel; em Tianguá, a Didi do Bardega, ao Instituto Terramar e ao Instituto de Ciências do Mar (Labomar) em Fortaleza.

À superprodução da Conceição Moura, que junto à Magda Mota, responsabilizavam-se pelos planejamentos de rotas no calendário e logísticas das viagens, nosso reconhecimento e gratidão pela paciência e entrega ao projeto com vibração contagiante sem temor às dificuldades.

Aos consultores, pesquisadores e colaboradores que contribuíram com o projeto Comida Ceará em suas várias fases: Raul Lody, Maria Lúcia de Sá Barreto (*in memoriam*), Simone Lima, Prisciliana Barreto, Silvia Leão, Bruno Xavier, Cícera Barbosa, Delano Pessoa, Elias Veras, Evandro Magalhães, Fátima Façanha, Herbert Pimentel, Luana Messias, Kelly Damasceno, Karla Torquato, Luís Antônio Araújo, Nayara Marinho, Rafael Ricarte, Vládia Eufrásio, Anderson Souza, Cris Soares, Daniel Barros, Graciele Siqueira, Iran Monte, Isabel Mulato, Márcia Moreno, Myrta Mara, Natália Maranhão, Thiago Shead, aos fotógrafos José Albano e Maurício Albano (*in memoriam*), aos nossos cuidadosos motoristas, o Arnaldo e seu Salustiano.

A Vanessa Ponte, a Fátima Farias, a Fátima Façanha, a Rosalete Lima, a Magda Mota, que são como o alicerce deste NPCM há algum tempo. Enfrentando tempos de fartura e escassez, se assemelham ao sal na comida: fundamental para preservar o alimento e sustentar a vida.

Não podemos esquecer de fazer referência ao apoio dado por parte do Governo do Estado por meio do então Secretário da Casa Civil, Arialdo Pinho, que teve a sensibilidade de olhar para este projeto como possibilidade de diálogo entre instituições e órgãos públicos, como interesse turístico dentre outros elos que contribuem para a valorização do nosso patrimônio alimentar e promoção de desenvolvimento econômico e social.

E agradecemos ao Universo pela breve, mas marcante companhia dos colegas Maurício Albano e Maria Lúcia Barreto, fotógrafo e nutricionista de quem lembramos com saudade das tantas vezes que nos fizeram sentar à mesa de seus fartos e generosos corações.

ACKNOWLEDGEMENTS

Doubtlessly, this is a unique opportunity to join a selected list of books published by a house that is committed with gastronomy as a study subject in the various areas of knowledge it touches. We'd like to thank Ivan Prado, educational projects consultant in gastronomy from Senac Ceará, local editor Denise de Castro and her extremely accurate look, and especially Senac Ceará, part of Sistema Fecomércio.

For the execution of this project, it was fundamental to be in touch with city halls, secretariats, associations, cooperatives, in addition to all the volunteers and the interviewees themselves. We are deeply thankful to the teams at the municipal Culture Secretariats in: Assaré (Marcos and Vandinha), Barbalha (Nice), Banabuiú (Sata), Beberibe (Evandro), Crato (Paulinho), Croatá (Aurinha Feitosa), Guaramiranga (Ricardo Ovídio), Guaraciaba do Norte (Batista Aragão), Icapuí (Antoniete), Itaiçaba (Luíza Ferreira), Icó (Deuzimar), Iguatu (George), Itapagé (Socorro), Ipú (Lúcia Torres), Jaguaribe (Jaqueline Rodrigues), Jaguaribara (Eva and Hilda), Limoeiro do Norte (Lúcia), Morada Nova (Ilzair Castro), Mulungu (Nilson), Orós (Ananias Arileudo), Pacoti (Fagner), Pentecoste (Solange), Quixadá (Osmundo and Henrique Rabelo), Quixeramobim (Karina Dantas), Russas (Eliane and Fabiano), Senador Pompeu (Naiana), Sobral (Elisa and Rejane), Tauá (José Roberto), Tejuçuoca (Mansueto), Ubajara (Rosimere), Uruburetama (George Barroso), Trairi (Eva Ribeiro), and Várzea Alegre (Toinha).

We'd also like to thank the people in Acaraú (Narcélio, Secretariat of Agriculture and Fishing), Baturité (Maninho Tavera), Barreira (the team at the Technological Teaching Center Institute), Barbalha (Maria Irani Dantas), Barroquinha (Jonas Veras), Beberibe (Evandro Vieira), Caucaia (Weibe e Raimunda, from the indigenous community in Tapeba), Camocim (Emanuel Santos, from the Fishermen's Union), Crato (Vicente de Paulo Souza), Cruz (Geraldo Cunha and Geraldo Martins), the Association of Producers of Algae in Fleixeiras and Guajiru, Icapuí (Antoniete Santos and the Mulheres de Corpo e Alga (or Women of Body and Algae), a project developed by the Brasil Cidadão association, in Praia da Barrinha), Icó (Deuzimar Feitosa), Iguatu (George Gouveia), Itarema (the native Tremembé people and chief João Venâncio), Jaguaruana (Dodó, Franscisco and Welligton), Jardim (Lucinha Meneses), Mulungu (Nilson Alves), Orós (Ananias Aurileudo), Pacatuba (the native Pitaguary people, chief Daniel (in memoriam), Madalena and Ceiça), Paracuru (Teresinha de Fátima), in Pentecoste (Research Center at the DNOCS, Pedro Eymard and Maria do Socorro Mesquita), Palhano (Pequena), Pacoti (Fagner), Sobral (Rejane Reinaldo), Tejuçuoca (Mansueto and Franscisco Maciel) Tianguá (Didi do Bardega), Terramar Institute and Sea Sciences Institute (Labomar) in Fortaleza.

Thanks to the superproduction by Conceição Moura. Together with Madga Mota, they were responsible for planning itineraries, agendas and logistics for the trips. We're deeply thankful for your patience and dedication to the project with high energy and without fearing difficulties.

Additionally, thanks to the consultants, researchers and other people who contributed for this project in its various phases: Raul Lody, Maria Lúcia de Sá Barreto (in memoriam), Simone Lima, Prisciliana Barreto, Silvia Leão, Bruno Xavier, Cícera Barbosa, Delano Pessoa, Elias Veras, Evandro Magalhães, Fátima Façanha, Herbert Pimentel, Luana Messias, Kelly Damasceno, Karla Torquato, Luís Antônio Araújo, Nayara Marinho, Rafael Ricarte, Vládia Eufrásio, Anderson Souza, Cris Soares, Daniel Barros, Graciele Siqueira, Iran Monte, Isabel Mulato, Márcia Moreno, Myrta Mara, Natália Maranhão, Thiago Shead, photographers José Albano and Maurício Albano (in memoriam) and our careful drivers (Arnaldo and Salustiano).

Also, thanks to Vanessa Ponte, Fátima Farias, Fátima Façanha, Rosalete Lima and Magda Mota, you were the foundations of this NPCM for quite some time. In times of riches and poverty, they're like the salt in our food: fundamental to preserve it and sustain life.

Also noteworthy is the support provided by the Government of the State of Ceará through former Secretary of the Governor's Office Arialdo Pinho. He was sensible enough to look at this project and see its potential for dialogue between institutions and government agencies, its possible outcomes for tourism and so many other outcomes. We hope it may shed light upon our culinary heritage and promote social and economic development.

Finally, we'd like to thank the Universe for the brief – although unforgettable – company of our dearest colleagues, photographer Maurício Albano and dietitian Maria Lúcia Barreto. We kindly remember all the times they invited us to share a table with them and be touched by their deeply generous and warm hearts.

Este livro foi impresso em papel couché fosco 150 g/m², na Gráfica Santa Marta, em abril de 2018.
Em sua composição foram utilizadas as seguintes fontes:
1Rial (desenvolvida por Fátima Finizola),
FabfeltScript (de Fabien Despinoy)
e News Gothic (criada por Morris Fuller Benton).